臺灣歷史與文化 研究輯刊

二二編

第 3 冊

宜蘭二結王公廟與台灣的古公三王信仰

林容瑋 著

花木蘭文化事業有限公司

國家圖書館出版品預行編目資料

宜蘭二結王公廟與台灣的古公三王信仰／林容瑋 著 -- 初版
-- 新北市：花木蘭文化事業有限公司，2022〔民111〕
目 6+202 面；19×26 公分
（臺灣歷史與文化研究輯刊二二編；第3冊）
ISBN 978-986-518-983-9（精裝）

1.CST：寺廟 2.CST：民間信仰 3.CST：宜蘭縣五結鄉

733.08   111009903

ISBN-978-986-518-983-9

9 789865 189839

臺灣歷史與文化研究輯刊
二二編 第三冊   ISBN：978-986-518-983-9

宜蘭二結王公廟與台灣的古公三王信仰

作　　者　林容瑋
總 編 輯　杜潔祥
副總編輯　楊嘉樂
編輯主任　許郁翎
編　　輯　張雅淋、潘玟靜、劉子瑄　美術編輯　陳逸婷
出　　版　花木蘭文化事業有限公司
發 行 人　高小娟
聯絡地址　235 新北市中和區中安街七二號十三樓
　　　　　電話：02-2923-1455 ／傳真：02-2923-1452
網　　址　http://www.huamulan.tw 信箱 service@huamulans.com
印　　刷　普羅文化出版廣告事業
初　　版　2022 年 9 月
定　　價　二二編 9 冊（精裝）新台幣 26,000 元
版權所有・請勿翻印

宜蘭二結王公廟與台灣的古公三王信仰

林容瑋 著

作者簡介

林容瑋，現為國立政治大學民族學系博士生，曾任國立政治大學原住民族研究中心及財團法人大二結文化基金會計畫專任助理。長期關注與投入民間信仰、文化資產、原住民族議題，持續在台灣各地廟宇、部落進行田野調查，透過實地走進村落，紀錄下台灣的多元面貌，期待為文化保存盡一份心力。

提　　要

　　本篇論文主要以二結王公廟為研究對象，藉此探討台灣古公三王信仰的發展。透過長期於二結王公廟的田野調查，釐清大二結社區不同階段的社會發展與歷史脈絡，進而理解二結王公廟的建廟歷程及在地互動，以此為中心向外討論目前台灣各古公三王廟的分布情形、發展概況等，從深入訪談及參與觀察所蒐集之材料，探究二結王公廟在古公三王信仰中的角色、傳播上的重要性及其各項祭儀之特色。

　　二結王公廟作為大二結地區的信仰中心，除了原有的宗教功能外，也因王公廟與古公三王對在地人的特殊意義，故在二結王公廟重建工程上做出不一樣的選擇，激發社區居民對公共事務的關心及參與，成為大二結社區營造的一個起點，更從往後的二結王公文化節、大二結王公藝術研究所、二結庄生活文化館等，清楚看見大二結社區如何在原有的古公三王信仰基礎上，運用社區營造的概念，讓宗教活動添增創新的元素，以現代的手法保存及宣揚廟宇文化，並在過程中再次拉近社區居民之間的關係，加深對社區的認同及情感。

　　王公廟最為人知的宗教祭儀為每年農曆十一月十五日的王公生，其中的抓乩童及過炭火儀式更獲選為十大民俗祭典，並被登錄為無形文化資產，使王公生儼然成為二結王公廟的特色。除了王公生慶典外，王公廟的濟世類祭儀保留了傳統關輦出字方式，替信徒解決各項疑難雜症，即使在醫學、科技發達的今日，仍有許多信徒至王公廟問事尋求協助。至於歲時祭儀與公事類祭儀，雖與一般廟宇未有太多不同，但依舊可從儀式進行上的些微差異，進而理解二結王公廟的發展背景與經營情形。

　　根據內政部宗教團體登記與中華道教古公三王弘道協會會員名單，目前台灣共有二十四間古公三王廟，其中十七間寺廟為直接或間接自二結王公廟分香，顯示出二結王公廟在古公三王信仰傳播上的重要性。若以地區進行區分，宜蘭縣以外的九間古公三王廟，傳播原因多與二結人、宜蘭人向外遷徙移居有關，呈現古公三王作為宜蘭人地方神的特色。民國九十年（2001），中華道教古公三王弘道協會成立，並透過至中國大陸重修祖廟、恭迎中國大陸王公神像來台祀奉以及組團進香謁祖等計畫，建立與加深在台古公三王廟對中國大陸祖廟的認同，開始讓分香廟對二結王公廟在台祖廟的認同造成影響，使以二結王公廟為中心的廟際網絡逐漸產生變化。

目

次

表目次

緒　論

一、研究動機與目的

　　筆者從小生長於人二結社區，二結王公廟為村民們的信仰中心，廟埕更是孩子們遊玩的場所，廟宇及古公三王於村民們的日常生活中是那樣自然般地存在，對我而言亦為如此。但也因為太過熟悉與親切，讓人往往忽略它／祂的特殊性及重要性，直到離開宜蘭至外地求學，有更多機會接觸到不同的廟宇、信仰及儀式，提供我進行比較與對話的機會。大學期間修習黃季平教授開設之「民俗學」課程，藉由課堂報告〈二結王公廟的過火儀式——傳統祭儀的現代演繹〉，再次回到自身熟悉的場域進行田野調查，以民族學方法主位／客位兩種對應的視角進行觀察與參與，拓展因在地人身分而產生的侷限性，同時亦消除因外來觀察者所產生的距離感，雖然當時候的主題以過火儀式為主，但從中所衍伸出的種種疑問成為今後欲探討之課題。

　　乾隆五十一年（1786），三王公神像隨著漳州移民來到宜蘭二結，並在二結落地深根流傳至今，其保存下的濟世類與王公生祭儀，更成為二結王公廟與古公三王信仰的特色。在濟世類祭儀逐漸式微的今日，二結王公廟依舊於每個禮拜二、六替信徒辦事，希望透過對濟世類祭儀的深入觀察，梳理出辦事流程並嘗試歸納問事類型與化解方式之對應關係，再藉由李亦園根據其早年研究民間信仰資料與概念之成果，所提出致中和宇宙觀之三層面和諧均衡模型，[註1] 檢視在二結王公廟濟世類祭儀中所呈現出的漢人宇宙觀，並

〔註 1〕李亦園，〈和諧與超越的身體實踐——中國傳統氣與內在修練文化的個人觀察〉，
　　　　《氣的文化研究：文化，氣與傳統醫學學術研討會論文集》，2000 年，頁 2。

從包含內在與外在的個體系統（人）、空間與時間的自然系統（天）、人間與超自然的人際關係（社會），〔註2〕分析如何透過濟世類祭儀的進行達到各層面之和諧。

至於王公生祭典中的抓乩童與過火儀式，為目前全台獨有且炭火數量最為盛大之祭儀，在以關輦執行各項儀式為主的二結王公廟，乩童在儀式中又扮演什麼樣的角色值得進一步討論。在面對神聖的過火儀式前，不論是廟方或過火參與者皆須遵守相關儀式禁忌，從禁忌的內容去理解 Mary Douglas 對於不潔的定義〔註3〕，在過火儀式中如何被體現。此外，針對過火儀式空間的劃分，則將透過神聖存在物、世俗空間、潔淨儀式等方向進行探討，試圖釐清神聖／世俗領域在過火儀式中如何被界定與區隔。

信徒因有感古公三王的靈驗，陸續自二結王公廟分香至各地，並在當地建立古公三王廟宇。藉由分香廟宇的分布，可以明顯觀察出古公三王廟多集中於宜蘭縣，外縣市的分布則以鄰近的花蓮縣與新北市為主，幾乎未再向其他縣市推移，產生此地域性分布的現象，即為有趣的議題。一個信仰的傳播或廟宇的延續，有賴宗教儀式維繫人與神之間的關係，二結王公廟至今仍保有關輦辦事、王公生過火等儀式，其五營的設立更加鞏固其祭祀圈之範圍／界域。隨著信仰的傳播，儀式能否持續存在及展現其維繫的力量，以及與在地互動後所產生的轉變，亦為觀察之焦點。此外，二結王公廟作為古公三王信仰在台灣的祖廟，對於信仰的傳布與維持，被賦予重要之責任，然而，面對民國九十年（2001）年中華道教古公三王弘道協會的成立，是否對二結王公廟的祖廟角色產生影響，值得進一步觀察。

本研究之目的，即透過以二結王公廟為中心探討台灣古公三王信仰的發展，主要問題意識為：

（一）從各古公三王廟所在縣市之漳州籍移民分布，至近代二結人、宜蘭人的遷徙及村落民族組成等面向，歸納古公三王廟在清朝時期、日本時期與民國時期，三個不同階段的分布特色，釐清不同歷史脈絡、社會背景對廟宇建立的影響，藉此分析古公三王信仰由二結向外傳播的過程。

〔註2〕張珣，〈民間寺廟的醫療儀式與象徵資源：以臺北市保安宮為例〉，《新世紀宗教研究》第 6 卷第 1 期，2007 年，頁 8。

〔註3〕Mary Douglas 認為一個社會有其文化法則及社會關係，逾越或破壞此法則、脫離原有的秩序與關係，皆被視為罪惡與不潔的。

　　（二）宗教儀式在民間信仰中，發揮其維繫人、神關係及廟宇發展的影響力，因此將儀式保存最為完整的二結王公廟作為主要參考對象，探究各古公三王廟在各項儀式上的異同與原因，歸納出古公三王信仰的儀式特色。同時亦透過宗教儀式、丁口錢、頭家爐主制、廟宇建築、寺廟組織等面向，剖析現今古公三王廟的經營與發展情形。

　　（三）中華道教古公三王弘道協會至今已成立十餘年，透過至中國大陸修建祖廟、謁祖進香等儀式，再次塑造出有別於二結王公廟在台祖廟的另一種祖廟認同，本研究將透過二結王公廟與其他古公三王廟的互動交流，檢視二結王公廟在台灣古公三王信仰發展中的角色變化。此外，隨著歷史更為悠久的大洲開安宮被發現，將運用簡瑛欣所提出之祖廟構成元素的三權威——歷史權威、神物權威與儀式權威，分析二結王公廟與大洲開安宮於在台祖廟上的代表性。

二、研究定義與研究範圍

（一）古公三王

　　關於古公三王的調查紀錄，鈴木清一郎所著之《台湾旧慣冠婚葬祭と年中行事》，其中記載古公三王柳、葉、英阻止生番出草的神蹟，故在羅東郡五結庄二結建立鎮安宮。〔註4〕至於古公三王發源之說多為民間流傳，經過詳實考察、整理的文本不多，一般以〈財團法人二結王公廟〉折頁中的說明最受採信，茲就該內容節錄：「西元1276年五月，南宋國都臨安陷落後，……當時有一路義軍撤至漳州漳浦，隱藏於叢山密林中的湖西坑。這路義軍的首領三人，義結金蘭，大哥柳信、二哥葉誠、三弟英勇，因精通醫藥、勘輿、道術，屢為山民治病、分金點穴、消災解厄，故甚受鄉民敬重。……西元1278年……宋室亡。時柳信、葉誠、英勇所領導之義民仍湖西坑孤軍苦撐，迨元兵至，終因寡不敵眾，義軍潰敗，兄弟三人義不降元，乃壯烈犧牲殉國。湖西坑民感念三人忠義英烈，將他們埋葬於坑仔尾獅球山後，……屢屢顯靈庇佑鄉民，湖西坑民乃恭塑三人神像，於墓前建廟以祀，尊稱『古公三王』。」〔註5〕其他版本的內容尚稱一致，僅在關於三位王公姓名及專長的描

〔註4〕鈴木清一郎，《台湾旧慣冠婚葬祭と年中行事》，台北：南天書局有限公司，1934年。

〔註5〕財團法人二結王公廟，〈財團法人二結王公廟〉折頁，宜蘭：財團法人二結王公廟，2003年。

述部分有所出入。如有認為三王公姓「黃」的說法、三位王公另有他名或者在三位王公的職業技能上穿鑿附會者。根據林福春《大二結社區地方總體營造文物採集田野調查》等研究之文獻資料，大致與王公廟提出之版本無異，總結出大王公柳信精通醫術，是位名醫，生日於農曆一月十六日〔註6〕；二王公葉誠是地理師，通曉堪輿之術，生日於農曆二月十六日〔註7〕；三王公英勇為道士，能降妖伏魔，生日於農曆十一月十五日〔註8〕，而這些前世專長亦演變為後來三位王公在法術上的分工，信徒將根據自身需求來向各王公做請示。

（二）研究對象

以財團法人二結王公廟為主要研究對象，其餘古公三王廟則為重要參考對象，包含已向內政部登記主祀神為古公三王〔註9〕之寺廟及財團法人、已加入中華道教古公三王弘道協會之廟宇，總計二十四座（表0-1），目前分布計有宜蘭縣十五座、花蓮縣四座、新北市三座、台北市、桃園市各一座。至於未向內政部登記或古公三王由主祀神轉變為陪祀神之廟宇，將視田野材料蒐集情形與內文斟酌實地進行田野調查。

表0-1　各縣市古公三王廟宇名稱表

縣市	廟宇名稱	登記〔註10〕	會員〔註11〕	縣市	廟宇名稱	登記	會員
宜蘭縣	財團法人二結王公廟	●	●	宜蘭縣	西安鎮安廟	●	○
宜蘭縣	冬山進興宮	●	●	宜蘭縣	蓁巷三賢廟	●	●
宜蘭縣	冬山保安宮	●	●	宜蘭縣	大洲開安宮	●	×

〔註6〕大部分古公三王廟以農曆一月十五日作為大王公聖誕。

〔註7〕大部分古公三王廟以農曆二月十五日作為二王公聖誕。

〔註8〕根據林福春的考證，三王公之千秋日早期設在農曆十二月二十一日，廟方於當日舉行王公祝壽與過火等祭典儀式，但因春節在即，二結居民生計不勝負荷，故於民國三十五年（1946）以後，將三王公聖誕之期自歲末改為仲冬（十一月），以便信眾提前祝壽，光復後廟方再將祭典日期改為農曆十一月十五日，並以此作為老三王公之生日。

〔註9〕亦包含登記同樣指涉古公三王的三王公、三府三王公、古公三聖為主祀神之廟宇。

〔註10〕已向內政部登記為寺廟、協會或財團法人。

〔註11〕已加入中華道教古公三王弘道協會之成員。

宜蘭縣	美福鎮安廟	●	●	花蓮縣	大富富安宮	●	●
宜蘭縣	壯二鎮安廟	●	●	花蓮縣	花蓮鎮安廟	●	●
宜蘭縣	壯五鎮安廟	●	●	花蓮縣	花蓮鎮安宮	●	●
宜蘭縣	南方澳鎮安廟	●	○	花蓮縣	吳全順天宮	×	●
宜蘭縣	南方澳鎮南廟	●	●	新北市	新莊鎮安廟	×	●
宜蘭縣	天送埤鎮安廟	●	●	新北市	板橋觀聖宮	×	○
宜蘭縣	大溪大安廟	●	●	新北市	溪北鎮安宮	×	○
宜蘭縣	下埔振興宮	×	●	台北市	洲美三王宮	×	●
宜蘭縣	武荖坑大進廟	●	●	桃園縣	桃園福元宮	●	●

（筆者整理，2015 年）
●記號者為已登記或已加入成為正式會員，○為僅參加聯合祭典之會員或已退出之會員，×為未登記或非會員。

三、研究回顧

（一）古公三王信仰及其儀式研究

　　台灣民間信仰各式研究豐富，但關於古公三王信仰及其儀式等文獻記錄較少，與其在台灣的發展情形密切相關。古公三王信仰未如其他信仰遍地開花的形式傳播，並且將古公三王作為主祀神的廟宇多集中於宜蘭縣，因信仰傳播的侷限性，讓研究產出未有明顯成長。

　　《宜蘭古公三王的祭祀與慶典之研究——以二結王公廟為中心》是少數針對古公三王信仰研究深入且詳細的學術論文，該文蒐集信仰發源地中國漳浦縣志、不同時期學者研究成果等調查資料進行交叉比對分析，釐清古公三王信仰的起源。作者亦透過二結地理位置之重要性、蘭陽平原的原漢衝突、自然災害、疾病威脅等面向說明二結王公廟祭祀圈建立的過程，至於古公三王廟在宜蘭的傳播與發展，主要為王公由原乩童所供奉或放牛小童捏製王公土偶等兩種情形。

　　此外，特別針對古公三王廟宇之祀神、祭祀活動來探討宜蘭人民對古公三王的信仰情形，在二結王公廟祀神的部分，作者以民國八十八年（1999）三王公舉行玉帝褒封之儀式為前、後期之劃分，其餘廟宇則以表格方式呈現

各祀神的數量，從統計結果歸納出同祀神與祭祀圈信徒祖籍、職業、宜蘭地區民間信仰特色之關聯性。至於祭祀活動，分別以祝壽祭祀、普渡祭祀、祭化儀式祭祀及過火儀式四種類別論述，當中又因過火儀式特別盛大，故另以一節深入探究其進行流程細節。當王公慶典面對時代變遷的改變，作者以祭典日期浮動制、人力動員、媒體與觀光、結合社區資源為切入點進行討論，並將二結王公廟與社區活化做連結，以舊廟改建計畫作為開啟二結社區營造之門，古公三王除了宗教信仰功能外，更扮演凝聚社區居民向心力的源頭，繼而推動社區總體營造的理念。

同年由林坤和所撰之《二結王公廟的過火儀式》，是第一篇探討台灣民間信仰當中過火儀式的學術論文，作者採用台灣民間信仰起源與演變進程三階段、四階段、七階段論述，延伸說明宜蘭二結王公信仰的形成、發展意義與特殊性，期待從過火儀式的操作模式與內涵，觀察人與廟、人與神、人與人、人與地的相互關係，藉此探討二結王公廟過火儀式的社會功能。火，是人類發展史上重要的發明，在日常生活中更是不可或缺的一個元素，該文首先闡述火在世界各地民族原始信仰中的角色，並透過不同民族對火崇拜以及與火有關的各種儀式，了解火在該民族中所代表的意義與地位，特別聚焦於中國與台灣，從婚喪喜慶、廟宇祭典等儀式中分析過火形式、作用與象徵內涵，同時也針對台灣民間信仰中過金火、過炭火、過爐火、過水火等七種過火儀式進行方式予以說明。

林坤和在文獻回顧的部分非常詳細，收集到豐富的過火資料，但也因材料繁多顯得內容龐雜，若能採用有系統的論述與歸納，可避免相似內容重複並讓讀者更加釐清文章脈絡。該文雖然著重於過火儀式，但在剖析二結王公廟過火儀式前，對於田野領域二結王公廟祭祀圈——大二結社區歷史、社區組織、社區活動以及王公廟沿革、祭典活動、信仰傳說、諺語、廟宇文物、神祇等也一併介紹，有利大家建立了解當地人與神、人與廟聯繫的基礎。在進入該文重點王公過火儀式的章節後，不論是儀式場所布置、器物使用、流程等細節，皆進行相當詳盡的參與觀察與陳述，但部分內容未能解釋其代表意義稍嫌可惜。再者，作者將全部受訪者的深入訪談內容完整呈現在其中一節較不恰當，若能加以統整，依受訪內容適時穿插至論文當中，可增加內文流暢性與精彩度，訪談完整內容可以附錄方式表現。雖然兩者研究成果稍有缺漏與錯誤之處，但仍提供本研究對古公三王信仰及其儀式概括性的瞭解，以

前人的研究成果作為對照與參考，希冀透過筆者長期田野調查所採集之資料，持續在此議題上深入探究。

在兩岸古公三王廟宇頻繁交流互動後，中國漳浦縣開始出現古公三王相關研究成果，林祥瑞發表〈漳浦的三王公信仰初探〉一文，主要探討三王公，亦即三山王、三山國王信仰在漳浦縣的發展，文中將漳浦縣湖西鄉坑仔尾三王公廟視為三山國王信仰之廟宇，並提及該三王公在台灣被稱為「古公三王」，更將古公三王一詞與太公明王〔註12〕一併討論，認為兩詞彙結構組成相似，試圖以此作為解釋三山國王與梁山明王關聯性之原因。筆者認為不應將所有被稱為「三王公」之神祇視為三山國王，如同該作者另一篇〈漳浦的「王公」信仰〉所闡述，在漳浦地區的「王公」信仰極為豐富，作者將「王公」信仰進行概述並分成一般王公、超王公及準王公三類，不同分類下又可細分不同種類之神，明顯可得知被稱為「王公」者，除道教之神靈外，亦包含在歷史上對社會有貢獻而被神格化者，因此透過林祥瑞對王公之研究結論延伸討論至三王公，即使使用名稱相同，但實為完全不同之神祇，更不應混為一談。

目前台灣對於古公三王的源流及各神執掌等資料，說法大致相同，但王文徑於〈漳浦湖西三王古公史跡考辨〉中則對古公三王傳說、身分提出新的解釋，作者以湖西鄉坑仔尾古公三王祖廟遺址文物與台灣對古公三王之研究成果進行對照，證明古公三王信仰與其廟宇起源於元代，此外亦針對目前流傳古公三王起源之說提出兩點質疑，其一為歷史背景不符，其二為古公三王三者的生日、職業及姓名過於雷同，作者認為現今流傳古公三王源流之版本為後人以訛傳訛而成，故透過《漳浦縣志》等史料，試圖解釋三位王公的身分應為蔡青、鄒進與熊保〔註13〕三人，但因該說法仍有不少缺漏，目前尚未被採信，不論中國大陸或台灣依舊以柳、葉、英的版本為古公三王起源。

（二）二結王公廟研究

在民國八十二年（1993）二結王公廟透過信徒大會通過，延聘日本象設

〔註12〕亦稱「梁山明王」，俗稱「梁山神」，為漳浦縣梁山山神，相對於潮州傳入之三山國王，梁山明王為在地山神。

〔註13〕皆為漳浦人，南宋紹興年間同為守城軍士，山寇攻城，人多畏懼，唯三人奮勇拼殺，但終因力竭而犧牲。

計集團負責新廟設計工作後，〔註14〕關於二結王公廟的研究開始出現，胡珍妮隔年（1994）發表〈「新人類」跨進「老廟埕」——二結王公廟歡慶之後〉，主要關心年輕一代如何將新的概念帶入傳統廟宇中以及過程中與老一輩信徒、委員們間的互動，反思在現代、傳統不斷交流、轉變之間和學者、文化人士參與後，尊重在地聲音的重要性。

民國八十四年（1995），大二結社區居民成立「大二結文教促進會」，隨即展開二結王公廟舊廟保存工作，並在財團法人仰山文教基金會協助下，於民國八十六年（1997）舉辦「千人移廟二結埕」活動，該活動為台灣文化資產保存史上重要事件之一，同時亦被視為社區總體營造概念的展現與實踐，往後與二結王公廟相關研究幾乎皆和社區營造主題脫離不了關係。

陳瑞樺〈起新廟，留古情——宜蘭二結王公廟平移建立臺灣傳統建築保存新模式〉、陳其南〈古蹟、建築與社區營造——從臺中摘星山莊到宜蘭二結王公廟的省思〉等文，從學者的角度肯定社區居民自發性發起千人移廟活動，並藉此重新改寫古蹟的意義，透過二結王公廟保存的成功案例，重新檢討政府在文化資產法及配套制度上的缺漏，而于國華〈二結王公廟的省思——公共藝術與常民生活美感的追尋〉將新廟視為在地居民參與公共藝術及美感教育的成果，如同陳其南與陳瑞樺的結論，二結人在推動保存舊廟過程中，與專家學者的溝通互動，充分表達草根的聲音與力量，更被視為社區總體營造的典範。

西尾昌浩為日本象設計集團的建築師，他以實際參與「二結鎮安廟重建計劃」的經驗發表〈建築專業者在社區整合中的角色——宜蘭二結鎮安廟的社區營造經驗〉，在投入計劃的過程中，可以發現二結人因長期生活在同一個地方，反而難以提出對重建計劃的期望或不容易自覺對一件事物的喜惡，這時建築專業者在地方上因外來者的角色，較能以客觀的角度提供諮詢，並透過不斷的溝通，引導及激發社區居民對公共事務的想法，讓居民以自己的手來營造自己的社區，透過作者長時間在二結執行計劃的案例，期待能將其交流經驗影響至台灣更多地方，改善專業者與居民的互動關係。

在地居民的聲音則可透過林奠鴻〈二結・王公・咱的埕——文化資產保存與社區營造結合的典範〉一文中瞭解，作者為在地居民參與的代表性人

〔註14〕林會承，〈二結王公廟保存事件〉，臺灣大百科全書，2009 年，檢索網址：http://taiwanpedia.culture.tw/web/content?ID=4898，檢索日期：2014/3/14。

物，文中清楚闡述二結居民投入二結王公廟舊廟保存與重建工作的過程，如同上述文獻所呈現，村民透過不斷的溝通協調，改變人與人之間的互動關係，同時再次凝聚社區的力量，將原來舊廟的宗教場域轉變為居民共同使用的空間，成為文化資產活用的範例，亦開啟當地社區總體營造之路。

　　總結以上不同領域之學者及參與者，二結王公廟的舊廟保存事件在台灣社區總體營造及文化資產保存上，皆注入正面的力量及形象，居民對信仰的虔誠、對廟宇的情感記憶，凝聚二結人對舊廟保存的共識，並成為社區營造最主要的動力。

　　廟是傳統台灣人信仰的中心，聚落也習慣以廟宇為核心向外圍發展，施承毅在《「神的厝・咱的廟埕」轉化中的宗教空間意義──宜蘭二結王公廟新廟空間生產過程》中，透過二結產業結構變化作為不同發展階段的分野，綜觀二結的歷史與地景，同時簡單回顧二結王公廟的發展歷程與古公三王信仰，藉由訪談社區居民、廟方主事人員、設計單位、政府機關等，說明二結王公廟新廟在強調本土認同，卻又有政治力干預以及菁英領導的時代氛圍下，如何逐漸建構出藍圖並符合社區居民對廟屬於共有空間的期待。二結王公廟在七○、八○拆舊廟蓋新廟的風潮下，決定保留舊廟、蓋新廟，對居民來說，不只蓋一間實體的廟，還有一座無形的廟──凝聚人心，透過大二結文教促進會的成立、學習、轉化以及與外來專業團隊互動等過程，進入大二結地區社區營造的發展軌跡。最後，作者從今昔二結王公廟周圍生活地景變遷、社會關係的比較，以及新廟、舊廟、臨時行宮三者帶給居民的觀感，勾勒出二結居民對「廟」的想法與認同。

　　早於施承毅，於民國八十七年（1998）發表《轉化與沉澱──社區空間營造與社區主體性的重建》的王惠民，以二結社區組織為研究對象，與《「神的厝・咱的廟埕」轉化中的宗教空間意義──宜蘭二結王公廟新廟空間生產過程》一文主要的差別在於，從在地組織參與空間議題上的認識學習、與專業團隊的討論等過程，逐漸浮現出社區的主體性與認同感，這樣的生成歷程為其著墨之重點，而較不涉及新廟建廟的相關事件與進程。

　　政府在民國八○年代提出以「生命共同體」為論述基礎的一連串地方發展和社區營造政策，《從舊廟改建到認同轉化──宜蘭縣大二結地區社區營造之研究》以此為基礎，先從社區政策的演變分析台灣社區在不同階段的目標，並回顧大二結地區與二結王公廟的歷史沿革，藉此展開大二結地區推動

社區營造的討論，二結王公廟的改建計畫是二結社區營造之路的起頭，並且亦以它為中心持續向社區其他空間推移，從二結庄生活文化館的成立到二結圳親水空間規劃案等營造計畫，皆是社區充分利用當時因政策目標而獲得的資源，同時組成社區組織及凝聚社區意識，三個條件相互配合，讓大二結社區得以完成階段性的成果。最後，作者透過大二結社區不同組織間以及與專業團隊的互動關係，探討社區意識的建立過程，並針對大二結社區在推動社區營造過程中可能面臨的困境——傳承及永續，提出因應之道。

在《蘭陽溪南二結地區區域發展研究》中，雖然主要探討各階段二結地區聚落的形成、交通變遷與產業發展歷史、分析二結地區的血緣關係與地緣組織等，但在血緣關係的部分，作者透過昭和四年（1929）王公廟重建發起人——四大柱，以及舊廟兩側壁上之捐題碑捐款者明細，歸納出簡、張、楊三姓在二結地區的重要性與影響力。地緣組織中則包含王公廟等三家廟宇，其中特別強調王公廟在時代推進過程中，在社區所發揮的宗教信仰功能，成為推動社區總體營造理念的一股趨力。

至於陳瑞樺的《民間宗教與社區組織——「再地域化」的思考》，為第一篇與二結王公廟相關的學術論文，該文選擇三個類型相異的調查點——宜蘭縣仁澤社區、宜蘭縣二結社區、新竹市科學社區，經歷從「去地域化」到「再地域化」兩階段後，民間宗教組織與社群連帶的變化，當中詳細記錄二結社區組織的成立、運作以及與廟委員會間的互動關係，討論再地域化過程中的人群動員。

關於二結王公廟的研究成果，因其研究對象、觀察切入點、研究主題的差異性，更能全面性的理解二結王公廟與在地居民的互動關係，並結合1990年代興起之社區總體營造概念，從舊廟保存與重建工作，進入大二結地區的社區營造推動之路，豐富的研究成果皆為本研究重要參考材料。

根據以上的文獻回顧，關於古公三王信仰與其儀式的研究較為缺乏，且多以二結王公廟為研究對象，因此本研究預計將研究對象擴及所有以古公三王為主祀神之廟宇，藉由豐富的田野材料，試圖歸納出台灣古公三王信仰之特色與發展概況，並比較各廟宇間的差異。此外，社區營造與二結王公廟的研究產出年代多於民國九十三年（2004）以前，故希望在十年後的今日，本研究能重新檢視社區總體營造的概念在此十年之間，是否持續在大二結地區與二結王公廟發揮作用或產生影響。

四、章節說明

　　在緒論與結論部分，主要闡述本論文之問題意識、研究範疇、文獻回顧以及總結研究發現，內文共安排四個章節，以下將針對各章節進行概要說明。

（一）第一章　王公廟與二結人的凝聚

　　古公三王信仰由廖地先民於乾隆五十一年（1786）自中國大陸傳入宜蘭二結，並讓二結王公廟成為古公三王信仰在台灣的第一間廟宇，本章首先將透過台灣三個重要時期的劃分，藉由蒐集不同時代下的古公三王傳說、俚語、大事記，對應當時大二結社區之自然人文背景，釐清該時空下的社會發展與歷史脈絡，並從管理委員會至財團法人的轉變，分析組織架構的分工與階層，進而理解其建廟歷程。

　　二結王公廟舊廟保存活動為大二結社區社區營造的一個起點，這亦為本章另一個討論重點。信仰影響社區發展的同時，新概念的引進對信仰的維持或廟宇經營亦產生不同程度之互動，因此先將針對 1990 年代中期興起之社區總體營造概念進行相關背景概述與討論，以此作為切入點，並藉由新廟工程、「千人移廟」、「萬人起廟」以及二結王公文化節等活動之舉辦，探討二結王公廟如何運用社區營造的理念，在現代社會中持續維持其重要性與影響力，此外，亦透過古蹟活用的概念，探究當舊廟少了宗教意涵成為社區公共空間後，如何再次與地方產生連結。

（二）第二章　王公廟的祭儀

　　本章主要透過參與觀察、深度訪談及文獻蒐集之資料，對王公廟每年固定舉行之歲時祭儀，如：新年、中元普渡，以及各神明之聖誕祝壽活動進行討論，歸納出二結王公廟之年例祭儀。其次，則依照儀式舉行之目的、性質區分成公事類儀式、濟世類儀式及王公生過火儀式。公事類儀式多關係到社區公共事務，例如遶境出巡、五營的安置、活動場地的淨化等，其目的為消災驅邪、祈求境內平安，並以此延伸探究宗教儀式的社會功能如何透過公事類祭儀加以體現，這樣的過程涉及社區集體記憶重建、認同的凝聚。濟世類儀式則是讓民眾請示私事，解決善男信女的疑難與病痛問題，透過分析問事類型、化解方式，進一步理解漢民族之宇宙觀。最後的過火儀式為古公三王信仰中的一大特色，從研究大王公生、二王公生過金火儀式以及三王公生過炭火儀式的過程與內容，包含分工準備、祝壽活動、儀式進行、禁忌規範等，

釐清過火儀式的功能及意義。

簡言之，本章之目的在於透過檢視不同時代脈絡下儀式轉變的軌跡，進而探究政治環境、產業結構等社會外在因素對儀式發展之影響。另外，藉由二結王公廟各項儀式內容，解析儀式之象徵意義與其社會功能，最後歸納出古公三王信仰儀式之特殊性。

二結王公廟為古公三王信仰在台灣的祖廟，並在台灣主祀古公三王的廟宇中，保有最豐富且完整之宗教儀式，故在儀式研究的案例選擇上，深具代表性，可作為後續第三章及第四章其他廟宇及其儀式比較參考之標的。

（三）第三章　台灣古公三王廟的建立與發展

本章首先以王公來源進行分類，將二十四間古公三王廟區分為三種型態，第一種為早期由先民自中國大陸攜至臺灣之類型，包含財團法人二結王公廟、大洲開安宮與海口福元宮等三間寺廟。第二種類型為王公直接降神於土偶神像或降筆於鸞生，包含冬山進興宮、壯五鎮安廟、武荖坑大進廟、南方澳鎮安廟等四間寺廟。第三種王公來源為直接或間接自二結王公廟分香而來，分別為美福鎮安廟、壯二鎮安廟、南方澳鎮南廟、天送埤鎮安廟、大溪大安廟、下埔振興宮、冬山保安廟、西安鎮安廟、蓁巷三賢廟、大富富安宮、花蓮鎮安廟、花蓮鎮安宮、吳全順天宮、溪北鎮安宮、洲美三王宮、新莊鎮安廟、板橋觀聖宮等十七間寺廟。再進而以區域位置分類，匯整台灣各古公三王廟之建廟歷程與概況。

最後，依照第二章祭儀的分類方式：年例祭儀、公事類儀式、濟世類儀式與王公生儀式，詳實紀錄與整理各廟宇的儀式類型、內容與過程，試圖歸納出各古公三王廟在宗教儀式上的異同，作為後續章節分析之材料

（四）第四章　二結王公廟與台灣古公三王信仰的關係

本章主要從信仰的傳播、宗教儀式的舉行與中華道教古公三王弘道協會的成立，分析二結王公廟在台灣古公三王廟中所扮演的角色以及在古公三王信仰中的代表性。透過第一章至第三章對二結王公廟及各古公三王廟建廟歷程與現況，彙整古公三王廟在清朝時代、日本時代、民國時代各時期的建立特色，進一步理解古公三王信仰自二結王公廟至台灣各地傳播的過程，並從原鄉祖籍、移民遷徙等信徒背景，分析不同因素如何影響古公三王信仰在臺灣的傳播與分布。

二結王公廟為目前古公三王廟宇中，祭儀保存較完整且豐富者，故透過二結王公廟的祭儀觀察各古公三王廟舉行之儀式活動，從儀式的存無、儀式內容等項目，分析各廟差異之因素。此外，亦從各項祭儀、頭家爐主制、丁口錢等面向，討論宗教儀式的舉行與延續如何強化古公三王信仰，以及如何在廟宇發展上產生影響與匯集信徒。

作為古公三王信仰在台灣的祖廟，對於信仰的傳佈與維持，無疑被賦予重要之責任，因此最後希冀透過二結王公廟與其他古公三王廟宇的互動過程，以及理解中華道教古公三王弘道協會的成立背景、組織架構、內部運作及外部連結，分析二結王公廟在台灣古公三王信仰中角色與功能的變化。

五、研究方法

在本文的研究方法上，首先採用「文獻回顧法」，彙整漳浦與台灣古公三王信仰及其儀式、宜蘭二結王公廟、台灣各地主祀古公三王廟宇之相關專書、論文、期刊等文獻材料，作為本研究背景知識的建構，並輔以各地地方誌等史料，分別對照各地概況及社會發展脈絡，試圖理解不同時代下信仰與在地互動之情形。

由於古公三王信仰及其廟宇之相關研究產出數量較為不足，並且集中於某個時間區段，因此本研究將著重「參與觀察法」與「深入訪談法」的運用，以充實研究內容之完整度。筆者自小即開始參與二結王公廟的祭儀與活動，於民國一百至一〇四年（2011～2015）共五年的時間，長期並全程針對二結王公廟進行儀式的參與觀察與深入訪談，參與之儀式包含年例祭儀、公事類、濟世類及過火儀式等，並與廟方人員、儀式參與者、信徒、在地居民等人物進行當面訪談。同時，亦於民國一〇三至一〇四年（2014～2015）共兩年的時間，實地至台灣各地古公三王廟進行訪談或儀式觀察，希冀透過第一手材料的採擷，全面而深入地了解台灣古公三王信仰、儀式與廟宇發展的各個細節，以及與在地居民的互動關係。

最後，藉由上述所蒐集到的材料，進行資料的歸納與分析，探討二結王公廟在台灣古公信仰發展中所呈現的意義，並從民族、儀式等面向進一步觀察古公三王信仰在台灣的擴散與延續。

第一章　王公廟與二結人的凝聚

作為大二結居民的信仰中心，二結王公廟的發展、變化皆牽動著社區及居民的生活。本章將從不同階段的歷史背景、社會環境理解二結王公廟在宜蘭二結的建廟歷程，並從千人移廟、二結王公文化節等活動之舉辦，探討社區居民的參與過程，進而分析社區總體營造理念在大二結社區的萌芽與發展。

第一節　王公廟的歷史發展

中國大陸福建省的先民廖地於乾隆五十一年（1786），帶著三王公神像至宜蘭開墾，並在二結搭建草廟，成為古公三王信仰在台灣的第一間廟宇，本節將透過台灣三個重要時期的劃分，藉由蒐集不同時代下的古公三王傳說、俚語、大事記及大二結社區之自然人文背景，釐清該時空下的社會發展與歷史脈絡，並從管理委員會至財團法人的轉變，分析組織架構的分工與階層，進而理解其建廟歷程。

一、清朝時期的建廟

根據民國六十一年（1972）二結王公廟沿革記載：「……乾隆丙午時瘴氣瀰漫、兇番擾亂、瘟疫流行、民不聊生，適時恰有湖西坑來臨之士，廖地先生、親自奉請，老三王公金身駕此，隨而男女周，辦香參拜，求無不驗，從此地方瘴氣亦漸消沉，瘟鬼退走，山胞之欲跡，實神奇有感焉。因此於本地址建立草廟奉祀，使人稀地荒之二結，漸增加人口再改築瓦厝廟……」〔註1〕明

〔註 1〕二結鎮安廟管理委員會，〈二結王公廟沿革〉，宜蘭：二結鎮安廟管理委員會，1972 年。

確指出廖地於乾隆五十一年（1786）自中國帶著老三王公之神像至宜蘭，並成為學者研究二結王公廟及古公三王在台起源的重要參考資料。

關於二結王公廟或古公三王之研究，多集中於 1990 年代後期至 2005 年間，其中民國八十二年（1993）由林福春撰寫之《大二結社區地方總體營造文物採集田野調查》，為最早針對二結王公廟及古公三王信仰進行系統性的整理及調查，於林福春的研究當中亦提及：「清乾隆五十一年（1786），有閩省漳浦縣湖西坑先民廖地，奉迎古公三王神像一驅（即老三王）前來二結定居，奉為居家守護神，鄰近居民每遇凶歲苦難，輒驅往禱祝，咸認王公靈感庇佑可以消災解厄，村民遂共議于本址築茅屋為廟奉祀，迨清代中葉始以土墼為壁建『架筒厝』。」〔註2〕不論是二結王公廟沿革或林福春的研究，皆顯示古公三王信仰由「湖西坑」傳至台灣，往後的研究者皆以此追溯古公三王在宜蘭建廟與傳播之起源，同時延續「湖西坑」為古公三王來源地的說法。實際上，中國未有稱作「湖西坑」之地，根據報導人表示，古公三王來自湖西鄉坑仔尾〔註3〕，而非「湖西坑」，但因早期文獻闕漏，造成許多研究或報導使用錯誤資訊，使許多人一直將「湖西坑」作為古公三王之發源地。

目前一般都以乾隆五十一年（1786）作為古公三王在台建廟的年代，但亦有研究者對此有不同的見解及討論。羅東鎮成功國小退休教師白長川曾對此提出質疑，其所持之論證有二點，首先為吳沙於嘉慶元年（1796）入蘭，廖地何能於乾隆五十一年（1786）來二結，其次為傳言廖地係因聞有同姓遷蘭落居，故來依附，廖地所依附之廖姓族人，經白長川之調查，該廖姓傳衍至今六代，每代以二十五年計，斷言廖地來蘭至今（以民國七十五年為準）當在一百五十年左右，絕無兩百年之可能。〔註4〕高志彬對白長川的質疑提出回應，針對第一點的部分，在吳沙開蘭前，早自康熙末年即有漢人來蘭，最遲乾隆中葉，亦有墾眾如林漢生等入蘭，文獻記載確鑿，應無可疑。至於第二點，則因廖姓族人無族譜、神主牌等明確生卒年可考，僅以傳六代、每代二十五年推算，以台灣移墾初期，每一代平均絕不能以二十五年計算，此說法

〔註2〕 林福春，《大二結社區地方總體營造文物採集田野調查》，宜蘭：宜蘭縣政府，1993 年，頁 6。

〔註3〕 按中國大陸行政區域之劃分，其地點位於中國福建省漳浦縣湖西畬族鄉豐卿村坑仔尾。

〔註4〕 高志彬，《中興紙廠產業人文研究調查報告書》，宜蘭：宜蘭縣政府文化局，2003 年，頁 33。

實難採據。因此高志彬認為吳沙入蘭前，有無漢人落居二結，迄今尚未發現有直接史料，以廖地與老三王入蘭，或以林漢生於乾隆中葉入墾五結，推斷二結拓墾始於乾隆年間，僅為歷史情境之推想，難得信史之確證。按廖地入蘭如確為丙午年，高志彬推想丙午年或有可能是道光二十六年（1846），道光末葉，頂二結已陞科，當時二結已是大聚落，廖地於此時來二結依附同姓，則可與今存史料所載之史實相印證。

此外，林宏仁在《蘭陽溪南二結地區區域發展研究》論文中，藉由廖地入蘭時間與《宜蘭廳館內埤圳調查書》探討二結地區的開發史，其中作者以《噶瑪蘭廳志》、《噶瑪蘭志略》等歷史文獻對於二結地理環境及宜蘭開墾史之描述，歸納出漢人大規模開發蘭陽平原，始於嘉慶元年（1796）吳沙率領三籍移民入墾，但僅限於溪北西勢地區，雖然嘉慶十二年（1807）已有李穆生、謝三江、范阿謙等，在溪南紅水溝堡南興庄建置田園，開築水圳，仍應只是零星的侵墾。溪南東勢地區大規模的漢人移墾，應肇始於嘉慶十六年（1811），奉命入蘭查核開蘭事宜的楊廷理，將溪南可耕埔地，於該年二月分給漳、泉、粵三籍移民墾耕，因此，林宏仁認為廖地與當地居民於乾隆五十一年（1786）即已在二結築茅屋為廟的說法，似乎不盡可信。

對於古公三王來台年代有疑問者，多與漢人至宜蘭開墾年代有關，根據《宜蘭縣志》：「已開漢人有計畫移殖之端，而為吳沙開拓蘭地之先河矣！」〔註5〕無疑將嘉慶元年（1796）至宜蘭開墾之吳沙視為開拓宜蘭地區的第一人，因此，廖地於乾隆五十一年（1786）至二結的可能性較低。針對漢人於宜蘭開墾起始年代，亦有諸多討論，在《礁溪鄉志·開闢篇》中，藉由分析《噶瑪蘭志略》漢人與噶瑪蘭族交易之史料，說明漢人已於康熙年間在宜蘭地區活動，此外，並指出乾隆三十三年（1768）的林漢生，由五結利澤簡上岸，於附近高地拓墾，後因被原住民殺害而拓墾不成，而乾隆四十一年（1776）的林元旻則從烏石港北邊的河流，以船隻上溯至二龍河淇武蘭社隔河對岸落腳，再向四周拓墾。〔註6〕從上述資料，可以發現對漢人開墾的記載與描述則多從吳沙開墾後出現，但仍有漢人早於吳沙之前至宜蘭開墾，因此廖地亦有

〔註5〕盧世標，《宜蘭縣志·卷首下·史略》，宜蘭：宜蘭縣文獻委員會，1960年，頁8。

〔註6〕李心儀、陳世一，《礁溪鄉志——增修版·沿革篇》，2010年，檢索網址：https://3d9fc27b3a26975b47dd9cd71e5fd687d620f992.googledrive.com/host/0B-kiAkXUv0bBNzcwYmFrR0V4NkU/index.htm，檢索日期：2014/12/22。

可能於乾隆年間將王公攜至二結。

　　然而，再根據《大二結社區地方總體營造文物採集田野調查》的研究成果：「乾隆五十一年（1786），湖西坑民廖地決定到台灣謀生，其母到三王公廟求得三王寶像一尊以求平安，廖地到宜蘭之後，正值吳沙大規模墾殖哈仔灘（宜蘭）之時，兩百年前的宜蘭，蠻煙稀瘴，人煙稀少，瘟疫猖獗，而且缺醫少藥，墾殖者及居民生命受到環境威脅，廖地耳聞，帶著三王寶像來到宜蘭，憑以道法及三王靈感庇佑，解決居民墾民苦難，因而聲名遠播，使奉「三王公」為護土保家尊神，且合資共議於現址籌建『鎮安廟』。」〔註7〕按照林福春的說法，乾隆五十一年（1786）應為廖地自中國大陸來台的年代，而非建廟年代，此說法亦較能呼應當時的歷史背景。但按目前所蒐集之資料，仍無法直接說明與證實廖地是否於乾隆五十一年（1786）至宜蘭二結，故在本篇論文中，依舊以目前廟方與民間通用之乾隆五十一年（1786）作為古公三王在二結發展的起始年代。

　　在文獻資料中，尚未說明廖地為何選擇二結定居，據廟方與在地居民表示，當年廖地至宜蘭開墾，沿途經過二結，便在一棵榕樹下小憩，稍作休息之後，當廖地再次揹起老三王公神尊欲繼續前進時，卻無法移動神像，因此，廖地以擲筊方式詢問老三王公是否為想留在此地，最後得到聖筊的指示，廖地遂定居於二結，隨著王公陸續彰顯神威，廖地便與村民一同建草廟祭祀之。

　　二結王公廟目前位於宜蘭縣五結鄉鎮安村，但名稱未稱為鎮安王公廟而是二結王公廟，則與清朝時期地域劃分有關。二結地名的由來與當時漢人在蘭陽平原的開墾形式有關，根據姚瑩《東槎紀略》：「昔蘭人之法，合數十佃為一結，通力合作，以曉事而貲多者為之首，名曰小結首。合數十小結，中舉一副強有力、公正服眾者為之首，名曰大結首。有事，官以問之大結首，大結首以問之小結首，然後有條不紊。視其人多寡授以地，墾成眾佃公分，人得地若干甲，而結首倍之，或數倍之，視其資力。」〔註8〕這種開墾方式即為「結首制」，依照結首分段數或其順序命名，因此在宜蘭地區出現一結、二結、三結、四結……三十九結，許多以「結」為名稱之地名。宜蘭溪南的開發始於嘉慶十六年（1811），當時奉命入蘭查核開蘭事宜的楊廷理，將溪南漢人可以開

〔註7〕林福春，《大二結社區地方總體營造文物採集田野調查》，宜蘭：宜蘭縣政府，1993年，頁3。

〔註8〕姚瑩，〈埔裏社紀略〉，《東槎紀略》，台北：成文出版社，1986年，頁88～89。

墾之埔地，於該年二月分給漳、泉、粵三籍拓墾，同年三月，已有多名佃戶
自行開築水圳。〔註9〕根據《宜蘭廳管內埤圳調查書》對於萬長春圳的開鑿
記載：「一結林儀等佃人五十名，二結簡桃等佃人共參拾四名，三結魏建安等
佃人共肆十四名，四結林青、林華等佃人共參拾八名，五結賴濕等佃人共七
名。」〔註10〕顯示嘉慶十六年（1811）已出現「二結」之地名，但未明確指
出二結的地理位置與範圍。

　　至道光十五年（1835），因人口增加，噶瑪蘭廳境內從道光三年（1823）
的七堡增劃成十二堡，而在十二堡中的七堡為頂二結堡，範圍包含頂三結、頂
五結兩個聚落。至光緒十二年（1886）清丈土地時，再次調整與合併部分街庄
的範圍，其中的二結堡由頂二結堡延續發展而成〔註11〕，轄二結庄、四結庄、
頂三結庄、頂五結庄等四庄，並延續至日治初期。針對堡與庄的位置與範圍，
在明治三十七年（1904）所出版的《台灣堡圖》有清楚的標記，因此將《台灣
堡圖》與現今地圖進行對照，王公廟所在的鎮安村亦在二結庄之範圍內。

　　雖然在清朝時代未有明確關於二結王公廟之文字記錄，但目前二結庄生
活文化館仍保留不少清朝時期所遺留下的文物。其中光緒二十一年（1895）
的古公三王神禡雕刻，信徒可將拓印於紙上之三王公神像帶回，用以祈求平
安，雕板歷時百年歲月完整如初，新如今鑴〔註12〕。另外，於清末之際所雕
刻的二結王公廟籤詩，更是宜蘭縣內兩套保存最完整無缺的雕刻板之一，籤
詩內含籤王計二十九首，籤詩文字內容只有籤文，未刻有聖意〔註13〕，板面
所雕刻之文字，其字體之美為蘭邑之最〔註14〕。

〔註 9〕　高志彬，《中興紙廠產業人文研究調查報告書》，宜蘭：宜蘭縣政府文化局，
　　　　2003 年，頁 23。

〔註10〕　臨時台灣土地調查局，《宜蘭廳管內埤圳調查書》，台北：臺灣日日新報社，
　　　　1905 年，頁 236。

〔註11〕　林宏仁，《蘭陽溪南二結地區區域發展研究》，國立東華大學鄉土文化學系碩
　　　　士論文，2009 年，頁 84。

〔註12〕　國家文化資料庫，〈宜蘭縣五結鄉鎮安廟古公三王神禡雕版〉，國家文化資料
　　　　庫，檢索網址：http://nrch.culture.tw/view.php?keyword=%E5%8F%A4%E5%
　　　　85%AC%E4%B8%89%E7%8E%8B&advanced=&s=80586&id=0004708059&pr
　　　　oj=MOC_IMD_001，檢索日期：2015/3/7。

〔註13〕　解曰。

〔註14〕　莊建緒，〈宜蘭縣五結鄉鎮安廟籤詩雕板第一籤第三籤〉，國家文化資料庫，
　　　　檢索網址：http://nrch.culture.tw/view.php?keyword=%E5%AE%9C%E8%98%
　　　　AD%E5%9F%8E%E9%9A%8D%E5%BB%9F&advanced=&s=81060&id=0004
　　　　709079&proj=MOC_IMD_001，檢索日期：2015/3/7。

二、日本時期的建設

　　光緒二十年（1894），清朝與日本發生甲午戰爭，兵敗的清朝在隔年（1895）與日本簽訂《馬關條約》，將台灣全島與附屬島嶼、澎湖群島等割讓給日本，自此開始台灣的日本時期（1895～1945），直至第二次世界大戰後，才交由中華民國政府接手。在日本時期的五十年中，因日本政府對民間信仰的政策、態度以及在大二結地區的產業建設、開發等，皆對二結王公廟與古公三王信仰產生不同程度之影響，以下將從日本時代的政治背景、產業發展等面向探究二結王公廟的發展情形。

　　二結位於往來宜蘭與羅東兩大城鎮之交通樞紐上，在清朝時期漢人入墾後即在二結設置二結渡與東勢二結橋，《噶瑪蘭廳志》對兩者之描述分別為：「在廳南八里，為羅東大路。其水上通清水溝，下達茅仔寮官渡……」、「在廳南八里，通羅東路。長三丈，高八尺……」〔註15〕作為濁水溪〔註16〕之水路、陸路要津，因交通之便利性，使前來二結王公廟祭祀的信徒增加，原來以茅草搭建而成的廟宇已無法容納，便將茅屋翻修成以土壁所砌成之土埆厝。至日本時期，日本政府於明治三十年（1897）先將舊有道路拓闊為軍用道路，明治三十七年（1904）時，沿此道路建築輕便鐵道，導致大二結地區人口逐漸增加，信奉古公三王信仰的民眾亦逐年增多，原有空間已不敷使用，於是將廟體改建為單殿之「穿樑式」〔註17〕屋架建築，俗稱架筒厝。

　　在日本取得台灣後，積極發展台灣的製糖產業，除提供日本本國食用外，更期待藉此達到台灣財政獨立之目標，遂於明治三十五年（1902）頒布「糖業獎勵規則」，其主要內容有資金補助、確保原料、市場保護等措施，希望吸引日本資本家到台灣投資設廠，獎勵規則頒布後，陸續有不少日本企業在台灣各地設廠。在宜蘭地區，明治四十二年（1909）台資之宜蘭製糖公司成立，擁有七張〔註18〕及茅仔寮〔註19〕兩間改良糖廍。大正四年（1915），宜蘭殖產會社將宜蘭製糖公司合併，由日人小松楠彌等人出資成立宜蘭製糖所，將七張改良糖廍改建為新式製糖工場。大正五年（1916）宜蘭製糖所併入台南製

〔註15〕陳淑均，《噶瑪蘭廳志》，南投：臺灣省文獻會，1993 年，頁 34、36。

〔註16〕蘭陽溪因含砂量豐富，河水混濁，舊稱為濁水溪。

〔註17〕以柱子直接頂住樑，特別是中脊樑由直達地面的柱子來承接，柱距較小。

〔註18〕七張庄於清朝時代及日本時代初期屬民壯圍堡，今位於宜蘭市。

〔註19〕位於蘭陽溪出海口，因遍地茅草，昔稱「茅仔寮」，光復之初改名為「錦草」，民國六十七年（1978）與大眾村合併為錦眾村。

糖會社，並將七張的製糖工廠遷移至二結，大正七年（1918），時任台南製糖會社社長鈴木梅四郎，於二結同址新增建壓榨能力為 750 公噸之製糖工廠。〔註20〕在製糖過程中所產生的甘蔗渣除了可作為燃料外，又因其極具纖維，故可成為製作紙張的原料，同年（1918），為有效利用製糖後所產生的甘蔗渣，鈴木梅四郎於二結製糖工廠旁新建製紙工廠，開啟並奠定了大二結地區的產業，同時擴大影響宜蘭地區甚至整個台灣的糖業與紙業發展。

在日本時代中後期，糖廠曾於昭和二年（1927）、昭和十四年（1939）併入昭和製糖株式會社與大日本製糖株式會社，但隨著第二次世界大戰爆發後，大日本製糖株式會社會配合政府當局的食糧政策，於昭和十八年（1943）關閉二結製糖所。二結紙廠則因國際紙價不振，於大正十年（1921）暫時營運，直至昭和二年（1927）鈴木梅四郎等人出資將製紙工場買下，成立三亞製紙會社再次開始製紙作業，製紙工場經營從此獨立於製糖會社。之後幾年，三亞製紙會社接連改名、改組為台灣紙料研究所蔗渣工業試驗所，〔註21〕至昭和八年（1933），大川平三郎於二結設立「臺灣紙業株式會社」，兩年後（1935）大川平三郎又集資於四結設立「臺灣興業株式會社」。昭和十一年（1936）二結臺灣紙業株式會社併入臺灣興業株式會社，該廠為當時東南亞最大之製紙工廠。雖然糖廠與紙廠歷經數次經營權轉移、更名，甚至停止營運，但隨著產業的擴張，在人口部分，自光緒十年（1884）至昭和二十年（1945），約六十年的期間，二結地區的戶數從 196 戶增加至 453 戶，增加率達 231%。〔註22〕交通方面則自二結糖廠設立後，陸續開闢以二結製糖所為中心向其他原料採取區之鐵道，〔註23〕此外，於大正六年（1917）開工之八堵－南澳段鐵路，〔註24〕在二結設置車站，因其地理位置之優越性，再加上作為周邊工廠原料及成品的運輸要站，讓當時二結車站成為台車二結線與蒸汽

〔註20〕台灣製糖工場百年文史地圖，〈二結製糖所〉，台灣製糖工場百年文史地圖，2013 年，檢索網址：http://map.net.tw/?dir-item=%E5%AE%9C%E8%98%AD%E7%B3%96%E5%BB%A0，檢索日期：2015/3/8。

〔註21〕黃淑玫，《台灣省營中興紙業的經營（1959～1971）》，東華大學歷史學系碩士論文，2013 年，頁 19。

〔註22〕高志彬，《中興紙廠產業人文研究調查報告書》，宜蘭：宜蘭縣政府文化局，2003 年，頁 27。

〔註23〕黃雯娟，〈日治時代叭哩沙地域的產業開發與人口成長〉，《宜蘭文獻雜誌》，2004 年第 69、70 期合訂本，頁 93。

〔註24〕後改稱為宜蘭線。

火車宜蘭縣的大站，〔註25〕在大正九年（1920）《臺灣日日新報》針對二結地區之記載：「羅東郡二結庄，自台南製糖會社工場及製紙工場創立而後，該庄遂成一小市鎮，內地人及本島人移住其地者，日漸增加，東西兩畔園地，俱變為建築用地，造成店屋四十餘軒。殊因昨年鐵道開通，設停車場於市後，別開鑿一條車路，可通行人力車，於是戶口日益繁盛；又有該社工場前年開鑿五分汽車縣道，及輕便軌路，通於三星庄、員山庄、浮洲、並茅仔寮、利澤簡、小南澳、九芎湖，搬運甘蔗，或搭乘人客，交通愈為便利。現在市內建築家屋，鱗次櫛比；往來交易，益形輻輳；旗亭旅社，尤見繁昌。當局鑒於時勢，早有籌及經費，建造一市場。乃擇於二結市南畔，築造一市場，內分魚、菜、肉三廊，改造下水工事。既於本年六月著手興工，乃至近日告竣，去三日舉落成開場式。是日台南會社諸工場，設備各種餘興；該庄市人民，多有築造花棚，歌妓彈唱；又有本島戲二檯，以助餘興。當日羅東郡及宜蘭郡諸重要官民，由列車至該市，參列式場。入夜台南會社工場，電火光輝閃爍，照耀如同白日。附近男女，往觀者絡繹不絕云。」〔註26〕顯示當時二結之繁榮情形，就業人口的移入與對外交通建設的大幅改善，亦間接影響二結王公廟整體發展與古公三王信仰的傳播。根據日本時期的傳說：「在糖業發達的階段，日本政府極力勸導宜蘭縣境內農民墾植蔗田，員山鄉大崛地區亦成為甘蔗種植地。有一年，在蔗苗長到一公尺高的時候，突然在一夜之間一甲多地的蔗苗全被蚱蜢吃得精光，蔗農百思不解，何處來的可怕蟲害，這種情形持續了好幾天，農民受不了這樣的損失，但是無論如何辛勤維護，也不見改善，每天晚間到蔗田巡邏，只聽到一片蚱蜢啃嚼蔗苗的聲音，卻看不到任何蹤跡。第二天早上，又是一大片蔗田遭殃了。當地的民眾商量之後，便延請古公二王與正三王前往協助。經『踏金輦』指示用黑狗血及黑羊血寫成符籙，在各個田園焚化。這天晚上，果然蟲害減少了許多，但仍有少數被吃掉，第二天由正三王公『踏金輦』，老三王公坐鎮指揮。正三王公奔往山坡竹林內，以三張黑羊血符焚化後，命人從地下掘出一堆貓骨頭。蔗農將貓骨頭帶回，用三張黑羊血潑油焚化後，大崛地區的蔗田從此平安無

〔註25〕林宏仁，《蘭陽溪南二結地區區域發展研究》，國立東華大學鄉土文化學系碩士論文，2009年，頁175。

〔註26〕臺灣日日新報編輯部，〈二結開市式〉，《臺灣日日新報》，1920年11月9日，6版。

事。」〔註27〕顯示出當時古公三王的信仰逐漸由二結地區傳播至宜蘭其他鄉鎮市。

　　在產業進駐二結之後，因在地人口的增加，使原來以「架筒厝」建造之王公廟再次不敷使用，且信眾為答謝王公的恩典，故開始共議改建事宜，其中尤以二結地區的四位大地主——張阿富、簡奇財、簡阿才與楊標，投入最多的精力與金錢，人稱為「四大柱」。改建工程始於昭和四年（1929），為期三年，在昭和七年（1932）完工。王公廟由當時著名的噶瑪蘭第二代匠師〔註28〕依循傳統古制構築的廟體合力完成，屬於漳州傳統風格之寺廟建築，以下將針對建築本身之特殊處進一步說明。王公廟全殿以烏心石木為主要建構材質，因其質地堅硬，使廟宇建築可保存較長時間，屋架部分屬於抬樑式〔註29〕的「疊斗式屋架」〔註30〕，由三根通樑、五個瓜筒所組成的棟架結構，俗稱「三通五瓜」，在瓜筒部分，其中上面的三個瓜筒為普遍的金瓜筒〔註31〕，而大通上的兩個瓜筒則極具蘭陽地區特色，為「象首瓜筒」，整座瓜筒雕成象頭形狀，並以長長的象鼻抱住通樑。至於一般廟裡常見的龍柱，在王公廟無法見到，取而代之的是八仙柱，具有祝壽之意，在道教中所指之八仙分別為李鐵拐、曹國舅、韓湘子、何仙姑、漢鍾離、張果老、呂洞賓與藍采和，但在王公廟的八仙柱上則以劉海戲金蟾取代手持花籃的藍采和，較為特殊。〔註32〕於廟內樑柱木材的選用上，可看出匠師的用心，王公廟步口廊〔註33〕的壽樑〔註34〕採用亞杉〔註35〕，而前點金柱之壽樑選用「厚殼桂」〔註36〕，俾以諧音引喻「三王尊貴」之意。

〔註27〕林福春，《大二結社區地方總體營造文物採集田野調查》，宜蘭：宜蘭縣政府，1993 年，頁 30。

〔註28〕匠師出生年份介於 1872～1911 年間。

〔註29〕由間距較大的兩根柱子抬起一根大通樑，通樑上再跨立短柱（常雕成瓜形，因此習慣上稱作瓜柱）撐起桁樑，桁樑與屋頂的荷重，完全由通樑承接再傳給這兩根柱子，故稱為抬樑式。

〔註30〕比較講究氣派的建築，常由一連串的斗拱組合串疊來取代瓜柱，如此複雜型態的抬樑式又稱作疊斗式屋架，是中國南風所特有之形式。

〔註31〕在疊斗式屋架中，瓜筒通常肥短變形得不像柱狀，泉州匠師喜用瘦長的木瓜筒，漳州匠師則愛圓肥的金瓜筒。

〔註32〕李心儀、陳建志，《認識傳統建築——認識二結王公廟》，宜蘭：大二結文教促進會，2004 年，頁 14。

〔註33〕王公廟屋簷下的走廊。

〔註34〕與屋脊平行，亦即左右方向、但不緊貼屋頂的樑，均稱壽樑。

〔註35〕即台灣杉，亞杉台語讀作「阿三」。

〔註36〕樟科植物。

　　整座廟宇建築深具傳統特色，但亦可看見與外來文化交流的成果，在步通〔註37〕上方有兩個疊斗，用以承托兩根桁樑，架起弧形的廊頂，疊斗下方的斗抱，〔註38〕雕有大象背小象、大獅背小獅的象座與獅座，左側斗抱雕有裸體天使，其在寺廟建築中的出現極為特殊，顯示西方文化在台灣寺廟建築上的影響。此外，在匾額的部分，則有日本元素的加入，於「同恩再造」匾額上的裝飾，以雙鳳捧珠在上，珠代表太陽，中間還有一個「日」字，雙龍則護左右，下方獅座中間則飾以兩片旗子與圓球，象徵日本軍旗與日本神社的鈴鐺。在此時期於寺廟建築內製作的雕刻裝飾，多將日本年號刻於物件上，但在國民政府來台後，一連串去日本化的政策下，日本年號多已被清除，無法辨認物件製作之年代。而在二結王公廟仍有一處的年號未被清除，於神龕後方花照外圍四角的木雕隔板仍清楚看見昭和五年（1930）之字樣，〔註39〕由於當年花照以玻璃罩住，而玻璃又被香煙燻得較為模糊，使年號未被發現，故可保存至今，也是現存唯一載有捐贈年代的物件。

　　二結地區在日本時代因產業的推動而繁榮，帶動了在地的廟宇及信仰，此外，另有一項因素同樣牽動著寺廟與信仰的發展，即為日本政府的民間信仰政策。在日本時代初期，擔任台灣總督府首任總督的樺山資紀於「治台宣言」中曾強調，對於一般順從的台灣人民，皆採綏撫政策，在宗教舊慣信仰方面也是採此態度，表示尊重台灣人的固有寺廟，並認同宗教信仰為秩序之本源，不容許軍隊破壞寺廟，〔註40〕但因日本時代初期兵荒馬亂，政府無暇顧及民間信仰，造成大部分的寺廟多被軍隊占用與破壞。〔註41〕至大正初期，台灣發生許多大規模武裝抗日事件皆與宗教寺廟有關，〔註42〕日本政府開始重視並著手進行寺廟調查工作，同時設置「社寺課」、「南瀛佛教會」，對台灣民間宗教進行監督、指導。日本當局對台灣宗教的控制，採取漸進而深入的方式，直到戰事擴大，開始以彈壓手段嚴格取締，同時為配合「皇民化運動」推動相關控制宗教的措施，更於昭和十三年（1938）進行

〔註37〕檐廊處的通樑。
〔註38〕具有斗的功能，為強調其裝飾性，特別在正面增加雕飾構件，稱為斗抱。
〔註39〕李心儀、陳建志，《認識傳統建築——認識二結王公廟》，頁126。
〔註40〕李嘉嵩，〈日本治台——宗教政策考（一）〉，《滅光》，1963年第128期，頁709。
〔註41〕陳秀蓉，〈日據時期台灣民間信仰的發展〉，《歷史教育》，1998年第3期，頁146。
〔註42〕大正元年（1912）林圯埔事件、大正四年（1915）西來庵事件等。

「寺廟整理運動」〔註43〕。

　　不論是日本軍隊在初期對寺廟的破壞或往後政府對民間信仰的政策，從二結王公廟建築本身的擴建、寺廟內部各項裝飾雕刻落款年代、過火儀式的持續舉辦等，可推測出當時日本政府對二結王公廟及其信仰的限制影響較小，得以讓寺廟建築與儀式流傳至今。根據林福春採集之傳說：「大正九年初，日本佔領台灣已經二十多年，當時西醫並不普遍，民眾偶有疾病都是延請古公三王之乩童或以『踏金輦』作指示，配合以草藥來治病。但是日本警察視台灣的民俗為迷信，一律嚴加取締。一日蘇澳某居民感於二結古公三王之靈驗，正為其父延請『踏金輦』者治病，恰為巡邏警察撞見，日本警察不由分說，隨即將神像監禁在蘇澳車站內，後移至蘇澳分局裡，雖經鎮民多次請託，仍然不願將神像歸還。此時在二結本廟附近，有位簡姓鄉民正恭請老二王公治病，就在『踏金輦』正要開始的時候，『輦轎』旋即前往二結派出所，在日警上岡彌三郎的辦公室上寫下數字：『弟老三王公被蘇澳派出所監禁，請放回。』上岡警察一驚，馬上打電話向蘇澳分局查詢並請釋回古公三王，而在蘇澳分局內，這時老三王公的『輦轎』搖晃不已，並突然有兩隻黑狗闖入派出所內，令圍觀的民眾大為稱奇。」〔註44〕顯示當年仍有警察取締之零星事件，至於警察取締事件能圓滿解決則與二結派出所上岡彌三郎警察有關，由於上岡彌三郎的妻子曾患重病，多方延醫仍然無效，後經村民指點向古公三王求助，服了兩帖草藥之後，全身病痛就痊癒了，成為日後上岡彌三郎願意替古公三王擔保之原因。

三、民國時期的興盛

　　從清朝、日本時代流傳下來不少王公的神蹟傳說，民間亦有不少俚語與古公三王及二結王公廟有關。由於早期每年到三王公生的時候，二結地區的居民們便會在家擺設流水席宴請親朋好友，花費許多精力與金錢準備，因此產生「驚王公生，不驚過年」這句俚語，顯示出當地居民對於王公生的重視程度更勝過年。另有兩個俚語主要說明二結王公法力的高強與其靈驗性，其中「二結王公請會著就免吃藥」表示只要請的到二結王公作法、辦事，即使

〔註43〕陳秀蓉，〈日據時期台灣民間信仰的發展〉，《歷史教育》，1998 年第 3 期，頁146。

〔註44〕林福春，《大二結社區地方總體營造文物採集田野調查》，宜蘭：宜蘭縣政府，1993 年，頁 29。

生病，不用吃藥也會痊癒，而「請二結王公——尾步了」的意思為請二結王公解決問題是最後的辦法，延伸為若王公也解決不了這個問題，亦沒有其他辦法可以解決了。至於「若像二結王公」則用來形容一個人很有本事，就像二結王公一樣厲害。〔註 45〕從以上俚語中，皆可明顯看出民間對王公所展現之神力的敬佩以及對其儀式之重視程度，使俚語仍流傳至今。

「二結」地名由來可追溯至清朝時期之二結庄，至日本時代大正九年（1920）二結庄一名改為二結大字。民國三十四年（1945）第二次世界大戰結束後，台灣由中華民國政府接收，同時頒布「台灣省縣政府組織規章」，二結大字經行政區域調整後，分為復興、學進、雙結、舊街與會社村，二結王公廟則位於舊街村內，其中會社村之名稱源自於日本時代之製糖會社，村名帶有濃厚日本色彩，因此於民國五十二年（1963）改名為西河村。

宜蘭地區因夏季多颱風肆虐，在多次的風災侵襲下，王公廟廟體多有損壞，因此於民國五十八年（1969）展開建築體全面修護計畫。除了重做屋頂的泥水瓦作、更新剪黏人物、正殿內部重新彩繪外，同時亦在正殿龍虎邊增建「過水門」與「護室」，並興建金亭，現今所見之王公廟舊廟（二結庄生活文化館），即為重修增建的樣貌〔註 46〕。因廟體建築的擴建，使空間上的使用更為充裕，正殿為主要的祭祀空間，是頂禮膜拜、擲筊杯、求籤問卜的地方，中龕花罩後方的內室，奉祀古公三王之神像，左邊龕供奉廖地先賢，右邊龕則祀土地公。〔註 47〕左右兩側過水門分別連結護室，右過水門牆邊設有鹽洗台，方便香客洗滌蔬果，右護室為乩童起乩、輦轎辦事的場所，左護室則作為管理委員會辦公、開會使用。

至民國六十七年（1978），行政區域再次進行調整，學進村與雙結村、西河村與舊街村、復興村與三結村〔註 48〕分別合併為二結村、鎮安村、三興村，此階段的命名原則，多由兩村村名各取一字所組成，鎮安村則因信仰中心——鎮安廟而得名。雖然村里合併至今已將近四十年，但二結王公廟中元普渡輪祀仍以早期五村行政區的劃分進行祭祀。

二結王公廟最早的組織為「二結鎮安廟管理委員會」，約於 1980 年代

〔註 45〕林茂賢，〈宜蘭俗語初探〉，《「宜蘭研究」第三屆學術研討會》，2000 年，頁 332～333。
〔註 46〕李心儀、陳建志，《認識傳統建築——認識二結王公廟》，頁 126。
〔註 47〕李心儀、陳建志，《認識傳統建築——認識二結王公廟》，頁 126。
〔註 48〕日本時期屬於頂三結大字。

前後設立，在管理委員會成立之前，王公廟是委由地方上有德望者擔任管理人，在意義上是全村居民委託少數人代表管理。第一屆管理委員會委員為召開信徒大會時由信徒彼此選出，舊的五個行政村每村推舉出三名管理委員、一名監察委員，再加上住在祭祀圈外的信徒代表 2 名，共 22 人。第二屆時增加「當然委員」制度，凡祭祀圈內居民擔任各村村長及民意代表者為當然委員，第三屆改選因正值工公廟提出重建之議，於 20 名由信徒推薦之委員外，增添 24 名不分區域由推薦產生之委員，從第一屆 22 名委員增加至 44 名〔註49〕。在管理委員會期間，委員經信徒大會選出，當時因參與者眾多以及地方派系等問題，造成廟方在決策、執行工作上推動的困難，故於信徒大會上表決通過，在民國八十八年（1999）登記為「財團法人二結王公廟」，由管理委員會簡進輝主委擔任第一任董事長，再由董事長推派董事等人，組成人數共三十人之董事會。目前（2015）設有董事長一人、常務董事四人、董事十四人、常務監察一人、監事二人，每四年改選　次，董事長由常務董事五人內選出一人。管理委員會與財團法人為兩種不同的組織型態，曾任董事的林茂賢教授認為，財團法人的組織形式相較於管理委員會更為透明、公開，目前亦較少廟宇為財團法人，面對管理委員會至財團法人的改變，曾任董事長的林奠鴻表示，兩種組織形式各有優缺，管理委員會可擴大信徒對廟務的參與，但因意見眾多使決策時較難取得共識，亦讓廟務推動不易，至於財團法人則因彼此有一定的共識，故於廟務推動上較容易執行，但卻因決策權多集中於董事會，造成參與者有限。目前（2015），董事會下亦設有志工隊、大鼓隊、巡守隊等團體，亦為另一種在地居民與信徒對廟務的參與方式，其中較特別的是辦事組，雖不是常設組織，但平日皆有固定人員在廟裡協助神轎相關事宜，待重要祭典時則會全體動員支援儀式的舉行及相關準備事宜。

　　臺灣寺廟由於信眾需求，多半是諸神共祀一廟，此種現象是世俗官僚體制和社會關係的翻版，其意涵非宗教信仰的俗化，而是社會生活的神化〔註50〕。根據學者鈴木清一郎對臺灣寺廟祭神的分類，寺廟中所祀奉的神明可分為

〔註49〕陳瑞樺，《民間宗教與社區組織──「再地域化」的思考》，清華大學社會人類學研究所碩士論文，1996 年，頁 53。

〔註50〕陳其南，〈宗教信仰與意識形態〉，《婚姻、家庭與社會》，台北：允晨，1993年，頁 147。

「主神」和「附屬神」兩類。〔註51〕主神即為某一寺廟主要祀奉的神明，一般坐鎮正殿中央；附屬神則是主神外的所有神明。關於王公廟祀神的紀錄，日本時代鈴木清一郎《台湾旧慣冠婚葬祭と年中行事》：「羅東郡五結庄二結三百九十二番地有座鎮安宮，主神古公三王。……配祀有神農大帝和福德正神……」〔註52〕較完整的記載則可見於昭和十二年（1937）所出版之《南瀛佛教》中〈寺廟祭神調〉：「鎮安廟（古公三王）、神農、福德、王爺公、媽祖、開台首廟、廖地神位（木牌）、印、劍、大一二王。」〔註53〕早期先民廖地移墾宜蘭時只有攜帶三王公香火，因此王公廟最初僅供奉三王公神尊，於嘉慶二十一年（1816）廖地再返回湖西鄉將大王公、二王公神尊攜至台灣安奉，故將三王公視為鎮殿二結王公廟之主神，而將大王公、二王公列為附屬神類別下之親屬神。民國八十八（1999）年廟方向三王公擲筊請示接受天庭敕封為「正二品金闕總督上相」一事獲准，於當年十二月二十八日起連續五日按傳統科儀為三王公加封進爵，並由玉皇上帝欽賜玉旨聖九龍令、尚方寶劍二口〔註54〕。目前（2015），王公廟中的同祀神現包含福德正神、關聖帝君、王爺公、張天師、三太子、九天玄女等。

　　王公廟的陪祀神皆以男性神為主，因此，九天玄女在所有陪祀神中顯為特別，早期王公廟雖有陪祀媽祖，但在敕封大典火化歸天後，王公廟曾有數年皆未陪祀任何一尊女性神祇。九天玄女原為信大水泥股份有限公司董事長家中所供奉之神明，後因信大水泥贊助新廟工程的水泥建材等，與王公廟建立緊密的關係，便將九天玄女移駕至王公廟供奉。主神與同祀神並無從屬關係，只是於同一寺廟內共同祭祀的神佛，早期同祀神尚有媽祖和神農大帝等神明，在敕封大典後經擲筊請示，表示不願留任，便將其神像火化以示「歸天」。配祀神是指與主神有某種關係的屬神，現今王公廟之配祀神有王爺公和招財使者陳九公、利市仙官姚少司等，王爺公指三位王公的各個分身，是因應信徒祈求王公神尊到府安宅的需求，由廟方或信徒製作之神像，後因各種

〔註51〕鈴木清一郎著，馮作民譯，《增訂臺灣舊慣習俗信仰》，台北：眾文出版社，1989年，頁7～14。

〔註52〕鈴木清一郎，《台湾旧慣冠婚葬祭と年中行事》，台北：南天書局有限公司，1934/1995年，頁307。

〔註53〕南瀛佛教會，〈寺廟祭神調〉，《南瀛佛教》第15卷第8期，1937年，頁60。

〔註54〕財團法人二結王公廟，〈財團法人二結王公廟簡介〉折頁，宜蘭：財團法人二結王公廟。

因素回歸廟方供奉；招財使者和利市仙官是三王公受玉帝敕封後新增設之神尊，目的是為了符合社會變遷及各方信徒需求。

因舊廟平移工作及新廟工程的進行，王公廟之神尊皆在民國八十六年（1997）遷移工作開始前，移至臨時行宮〔註55〕供奉，由於行宮為一般建築修建而成，故與一般廟宇配置較不相同，呈現「四開間」之建築形式，並非常見以主祀神神龕為中軸向兩側展開之對稱格局。值得一提的是，廖地身負三王公神像來臺，備受信徒尊崇，雖不具有正式神格，但王公廟於左邊龕祀奉先賢廖地之牌位，其木製牌位兩旁並刻有文、武裝扮的廖地像，土地公則祀奉於右邊龕，在民國八十八年（1999）敕封大典後，因便於祭祀活動中儀式的進行，加上廟方及信徒仍須尊重具有正式神格之土地公，因此將廖地與土地公供奉位置對調。

王公廟在民國七十五年（1986）時，因空間不敷使用及廟體漏水等問題，開啟了重建之路，於民國八十年（1991）起，藉由公開比圖、票選等程序，進行設計稿之選擇，最後由日本象設計集團之作品獲得廟方及民眾青睞。新廟工程於民國八十六年（1997）「大家搬石來起廟」活動後開始動工，期間因經費、工法等問題，使工程延宕數年，直至民國一百年（2011），張明華董事長上任，請日本象設計集團修改新廟設計圖與建築工法，使所需之建廟經費及時程皆減少許多，工程順利重新於民國一〇二年（2013）三月二十四日復工，並於民國一〇三年（2014）三月舉行上樑儀式，現今已完成新廟主體工程。雖然現在所呈現之新廟與最初設計不同，但廟方仍舊希冀透過新廟的建造，使其成為兼顧信仰、生活與觀光的人文空間。

第二節　「千人移廟二結埕」與「萬人起廟萬世情」

二結王公廟的重建計畫於1990年代開始展開，由於期待建造一座不一樣的廟宇，因此從前期企劃開始，即花費比一般廟宇還要長的時間進行規劃，同時亦將舊廟保存納入整體計畫案中，試圖兼顧創新與傳統兩種理念。在經過了二十個年頭以後，再次檢視二結王公廟的重建計畫，除了直接與二結王公廟本身發展產生關係外，其對大二結社區之整體發展亦有深遠之影響。因此本節將針對新廟規劃、千人移廟、大家搬石來起廟、新廟復工等活動，探

〔註55〕臨時行宮之建築本體原為鎮安托兒所。

討不同階段重建計畫之執行及面臨之困境，進而分析社區營造的理念如何在大二結社區萌芽與深根。

一、新廟工程規劃

　　大二結社區的社區總體營造是從搶救古蹟開始的，而他們所守護的就是大二結社區信仰中心——二結王公廟。民國七十五年（1986），香火鼎盛的王公廟，每到假日便會顯得空間狹小擁擠不敷使用，再加上屋頂長年漏水，因此廟方產生拆舊廟、建新廟的念頭，當時的台灣由於經濟發達，許多地方會將舊廟拆除新建更富麗堂皇更大間的廟宇，二結王公廟起初於民國八十年（1991）時，決議觀摩全台廟宇，選擇其一作為重建時的參照對象，並拆解古樸的舊廟，原地興建。民國八十一年（1992）時於王公前擲筊，選定台南白河大山宮為草圖依據重建，但卻被廟方請來的評審否決，同時，當年宜蘭縣縣長游錫堃在參與信徒大會時，提出建廟應有自己的文化特色及具有長遠的整體規劃等意見，加上藝術家林正仁向王公廟介紹日本象設計集團，因此廟方邀請日本象設計集團提出初步構想，與其他設計圖一起公開展示十五天。〔註56〕二結王公廟的新廟規畫，與一般廟宇的執行方式稍有不同，新廟的設計並非單純由設計師與管理委員會討論而成，而是將討論、決策過程開放給信徒、村民參與，將設計圖於廟埕公開展示，並安排新廟設計說明會，讓居民、信徒對新廟整體規劃有進一步的了解，隨後於民國八十二年（1993）經由社區居民、信徒票選以及向王公擲筊徵詢意見，最後決定聘請日本象設計集團負責新廟的設計工作，並於同年（1993）年十二月二十六日舉行「動土奠基百年大典」，由當時的游錫堃縣長代表廟方與日本象設計集團簽約。

　　日本象設計集團對於新廟的設計，主要基於王公的神格、廟宇的功能，再搭配大二結社區整體環境及公共建設之考量進行規劃。厚牆由廣場中心向外放射，呈現王公廟於蘭陽平原之地理位置，同時象徵廟宇與外界事務的結合，而層層的拱圈圍繞廣場及廟的正殿代表著和諧，並欲傳達信徒對古公三王信仰的凝聚力，至於聳立在兩者交點之石柱，以垂直向上延伸的方式，象徵永恆以及王公廟在宗教信仰上之地位，透過與不同元素與供奉神像的結合，

〔註56〕柯廣宇，《移廟建新埕——以廟宇帶動社區活力的大二結》，台北：行政院文化建設委員會，1999年，頁7、23。

試圖打造廟宇整體之莊嚴神聖感〔註57〕。

　　象設計集團對於新廟的設計與台灣傳統廟宇的形式很不相同，在地居民面對這樣的創新也產生贊成與反對兩種聲音。在地居民藉由參加說明會、讀書會，進一步了解新廟設計的理念與內涵，年輕一代以及未長期居住在二結的居民〔註58〕較能接受新廟的形式，至於對於年紀較長，有著過往經驗及回憶的居民，則較難接受，或者需要透過一段時間的調適與理解〔註59〕。新廟工程不只是大二結社區的大事，更受到外界極大的注目，在縣長的背書下以及這是王公自己選的這兩項因素下，居民逐漸接受新廟的走向。

　　而象設計集團除了新廟設計外，同時將日本「造街」運動的概念帶入二結，期待在地居民能積極參與環境的創造與經營，保有對自我環境的發言權，鼓勵二結居民自動探詢社區的空間結構、發現居住的環境問題、蒐集眾人的意見，並尋求解決的方法〔註60〕，在這一連串的事件過後，大二結社區以及二結王公廟的新廟計畫深受政府機關的重視，更被文建會選為「輔導美化地方傳統文化建築空間」〔註61〕試點，同時亦促成大二結文教促進會〔註62〕於民國八十四年（1995）成立。在地方派系運作頻繁的大二結社區，財團法人大二結文化基金會制定了「排除政治條款」〔註63〕，為避免遭受政治勢力之干預，期待成為單純為地方做事的組織，但卻也因此成為地方派系的眼中釘。此外，管理委員會的老派〔註64〕認為社區事務以王公廟名義舉辦、管理委員

〔註57〕財團法人二結王公廟，〈財團法人二結王公廟簡介〉折頁，宜蘭：財團法人二結王公廟。

〔註58〕此指因婚姻、工作等因素遷移至二結，未從小即居住於二結者。

〔註59〕施承毅，《「神的厝‧咱的廟埕」轉化中的宗教空間意義——宜蘭二結王公廟新廟空間生產過程》，國立台灣大學城鄉與建築研究所碩士論文，2003年，頁93。

〔註60〕柯廣宇，《移廟建新埕——以廟宇帶動社區活力的大二結》，台北：行政院文化建設委員會，1999年，頁29。

〔註61〕本計畫期程自民國八十四（1995）年度至八十八（1999）年度，旨在鼓勵居民關心社區內的傳統文化建築空間，並擴及其他周邊設施的整建，成為居民關心歷史性空間與改善社區環境、重建地方文化產業的起點。

〔註62〕於民國一〇一年（2012）改制為「財團法人大二結文化基金會」，為避免混淆，以下統一以財團法人大二結文化基金會稱之。

〔註63〕「凡是經由人民直接選舉產生之各級地方民意代表及公職人員，不得擔任本會的理、監事、總幹事等職」、「本會會員（含名譽理、監事、顧問）不得利用大二結文教促進會的名銜參與或贊助政黨及公職人員競選活動」。

〔註64〕年紀約五十歲以上，較為保守，亦是社區老一輩中地方派系勢力的主要代表。

會負責即可，新組織的成立被視為一種奪權的舉動，並且最後仍會落入地方派系的鬥爭當中，因此社區居民並不看好基金會的未來發展。

在之後文建會的「輔導美化地方傳統文化建築空間」期中審查會議中，評審委員認為在象設計集團的規劃報告中未能呈現地居民的參與，最後未能通過審查並中止美化案的進行。雖然象設計集團對廟宇及社區關係有深刻的認識，但在與社區互動的過程中，多停留於告知、詢問的態度，實質上仍未突破專家主導的規劃設計模式〔註65〕。因此大二結文化基金會尋求財團法人台灣大學建築與城鄉研究發展基金會宜蘭工作室的協助，主要針對舊廟保存的部分進行溝通。在原先象設計集團的規畫中以及與在地居民討論初期，針對舊廟重建的部分有各種想法，包含全面拆除僅留具價值部分、拆遷原廟後再重新組合成古蹟文化館、將舊廟作為新廟過水門等，但在地人認為二結王公廟不只是宗教場所，更凝聚了大二結人之間的向心力與情感，因此在大二結文化基金會、社區民眾及專業團隊經過充分討論後，決定採取平移方式，將舊廟整體遷移保存，並將其規劃成社區居民信仰、休憩、活動的綜合場所。

二、千人移廟與萬人起廟

民國八十六年（1997），為了將原廟地留空以供興建新廟之用，由遷屋師傅鋪設遷移軌道之鋼條，將舊廟地面挖開重新構築基礎，並以千斤頂將廟體抬起，同年（1997）九月二十八日，大二結文教促進會發動社區居民舉辦「千人移廟二結埕」的活動，在師傅的指揮下，由社區居民、信徒以及外來的文化工作者等，以共同拔河的方式，將舊廟廟體平移約180公分，當年十一月底舊廟廟體平移至原廟埕對面約90公尺的預定地點上，並旋轉180度，隨後由師傅將舊廟廟體與新的地基接合，完成廟宇搬遷的活動。〔註66〕當時擔任文建會副主委的陳其南曾對此表示：「雖然是小小的一間廟宇的平移活動，代表的意義和凝聚的象徵卻遠超過工程技術本身。」〔註67〕更將千人移廟視為一件「以社區總體營造」方式保存一座台灣傳統廟宇的行動計劃。

〔註65〕施承毅，《「神的厝・咱的廟埕」轉化中的宗教空間意義——宜蘭二結王公廟新廟空間生產過程》，國立台灣大學城鄉與建築研究所碩士論文，2003年，頁71。

〔註66〕林會承，〈二結王公廟保存事件〉，臺灣大百科全書，檢索網址：http://taiwanpedia.culture.tw/web/content?ID=4898，檢索日期：2012/6/20。

〔註67〕柯廣宇，《移廟建新埕——以廟宇帶動社區活力的大二結》，台北：行政院文化建設委員會，1999年，頁36。

　　在千人移廟之後，二結王公廟延續活動的熱潮，於同年（1997）十二月二十四日三王公生慶典時舉辦「大家搬石來起廟」活動，居民及信徒從王公廟排至蘭陽溪河床，透過接力的方式，將一千兩百顆經信眾認購並刻有認購者姓名之建廟基石，從河床傳回至新廟址臨界線放置，待新廟起建時，作為基地的奠基石，象徵著新廟由居民共同參與建造而成。此後，二結王公廟打出「萬人起廟萬世情」之口號，希望號召更多大二結社區以外的信徒，加入捐款建廟的行列。

　　由於廟方欲打造一座可保留百年、千年的建築，不希望廟宇經過五十年又面臨拆遷改建，因此在建材使用、建築工法上格外講究，除了在地基部分安置二十四座大型避震器加強建築強度外，同時計畫以大塊花崗石作為建材，打造石造大廟，即使未來建築需要整修，也不必將整棟廟宇拆除，而是可以採用部分拆解的方式進行更替、維修。基於新廟所需之花崗石材料必須仰賴進口、台灣在新廟所需之建築工法上尚未成熟以及建廟資金不足等原因，造成新廟工程在完成地基部分後停工將近十餘年。在林奠鴻擔任董事長期間，在二結庄生活文化館右側進行新廟照壁工程，選擇新廟某一部分建築以 1：4（照壁工程：新廟實體）的比例實際模擬，雖然工程中最為困難的花崗石切割與建造已經可以克服，但由於每顆花崗石皆非常巨大且尺寸皆不相同，若整間建築皆以此工法與材料搭建，仍需有更為純熟之技術。

　　然而新廟停擺之原因並非上述如此單純，在施承毅於民國九十二年（2003）發表之《「神的厝・咱的廟埕」轉化中的宗教空間意義──宜蘭二結王公廟新廟空間生產過程》中，另外指出重建工程面臨之問題，首先為對於新廟與造街之間的拿捏，部分居民擔心象集團為了造街的工作而延誤新廟的設計及工程，同時居民亦對新廟規劃的時程產生正反兩種意見，其次為居民對廟方的不信任感，由於居民沒有參與及了解廟務的機會，以及未能明顯看見新廟建設進度，造成在地居民對捐款建廟一事卻步。〔註68〕

三、新廟復工

　　至民國一百年（2011），張明華董事長上任，廟方決定以水泥取代花崗石

〔註68〕施承毅，《「神的厝・咱的廟埕」轉化中的宗教空間意義──宜蘭二結王公廟新廟空間生產過程》，國立台灣大學建築與城鄉研究所碩士論文，2003 年，頁 55～56。

搭建新廟，將石塊堆疊的工法改為 SRC 鋼骨結構，再灌注混凝土，外觀則以石片黏貼，並請日本象設計集團修改新廟設計圖與建築工法，使所需之建廟經費縮減為兩億五千萬元，建廟時程亦減少許多，工程順利重新於民國一○二年（2013）三月二十四日復工。因復工日期接近二王公生，故在早上典禮前先於村內進行許平安安五營之儀式，而復工典禮在道元文化館、學進國小、大二結王公藝術研究所等團體的表演下揭開序幕，隨後由二結王公廟張明華董事長帶領董事會成員、與會貴賓、信徒及工作人員一同進行祭禮儀式，向王公獻上清香、鮮花、素果、財帛、復工疏文，祈求新廟復工順利、早日完工。接著以輦轎於典禮會場發輦之方式進行安營儀式，確保復工典禮活動圓滿，之後則為淨場儀式，由新二王公神轎於新廟工程場地進行巡視，工作人員於工地內撒鹽米、灑符水，並揮舞黑令旗與七星劍，潔淨工地現場。最後在避震器的安裝與邀請貴賓一同安放奠基石之儀式下完成典禮，新廟建設工程再次展開。此次新廟復工共可分為兩期，第一階段施工為主殿工程，預計至少需要一年之時間，經費上則需花費約四千一百萬元，至於第二期工程則視募款狀況而定。

圖 1-1　復工典禮	圖 1-2　淨場儀式

（卓碧珠攝於 2013/3/24）	（卓碧珠攝於 2013/3/24）

隔年（2014）待工程完成至一個階段後，於同年（2014）三月十四日舉行上樑儀式，並配合上樑儀式舉辦宗教文化藝術展及福宴。上樑主要是指安裝建築物屋頂最高一根中樑的過程，而這裡所謂的中樑，除了是建築結構的重要位置外，同時更有其無形的宗教層面的意義。中樑是廟宇本身的中心，也是廟中進行儀式時定向的依據。在上中樑時所舉行的隆重儀式，乃期盼中樑支撐永保建築物之堅實，民宅合境平安，並能香火旺盛，澤被蒼生，因此中樑安置的順利與否就宗教人而言，不僅關乎有形建築往後的堅實牢固，其本身的象徵性更影響到廟宇本身以及廟宇相關的人、事、物未來的命

運〔註69〕。上樑儀式當天除王公廟本身之王公外，亦邀請中華道教古公三王弘道協會之廟宇及其他友宮一同共襄盛舉，在正式進行上樑前，先由所有與會嘉賓向王公祭拜，同時王公輦轎以發輦方式在會場進行安營，在黑令旗於中樑上完成潔淨儀式後，才由王公廟張明華董事長、五結鄉簡松樹鄉長及工程人員於廟頂進行最後之上樑儀式。

圖1-3　黑令旗於中樑上進行潔淨儀式　　　　圖1-4　上樑儀式

（卓碧珠攝於 2014/3/14）　　　　　　　　（卓碧珠攝於 2014/3/14）

　　現今已完成新廟主體工程，雖然現在所呈現之新廟與最初設計不同，但廟方仍舊希冀透過新廟的建造，使其成為兼顧信仰、生活與觀光的人文空間。在二結王公廟的重建過程中，二結人選擇了一條迂迴又不容易的道路前進，雖然必須花費更多的時間與精力達到目標，但因此埋下社區總體營造在大二結社區的種子，激發往後居民對公共事務的關心及參與，重新建立對土地的認同與光榮感，也促使今日大二結社區在台灣社區總體營造領域中的成就。

圖1-5　新廟模型　　　　圖1-6　目前（2015 年）新廟工程進度

（筆者攝於 2015/04/30）　　　　　　　　（筆者攝於 2015/01/05）

〔註69〕王鏡玲，《台灣廟宇建構儀式初探——以 Mircea Eliade 神聖空間建構的觀點》，輔仁大學宗教學系碩士論文，1991 年，頁 22。

第三節　社區營造與信仰的維繫

　　二結王公廟的重建工程及舊廟保存計畫，激發社區居民對公共事務的關心及參與，成為大二結社區社區營造的一個起點，信仰影響社區發展的同時，新概念的引進對信仰的維持或廟宇經營亦產生不同程度之互動，本節將針對二結王公文化節的舉辦、大二結王公藝術研究所的成立，說明傳統廟會文化的保存工作及創新，此外亦透過古蹟活用的概念，探究舊廟少了宗教意涵成為社區公共空間後，如何再次與地方產生連結。藉由不同活動案例的分析，探討在地居民的參與過程以及二結王公廟、社區組織如何運用社區營造的理念，在現代社會中持續維持其重要性與影響力。

一、二結王公文化節

　　二結王公文化節於民國九十九年（2010）由大二結社區文化節改名而成，為每年大二結地區之重要活動之一，內容包含社區傳統文化特展、民俗陣頭表演、音樂會、三村擲筊搶頭旗、成年禮、王公過火儀式等，由於文化節經歷過活動名稱與主辦單位的更動，因此此部分將分成兩個階段——大二結社區文化節與二結王公文化節進行討論。

　　大二結社區文化節於民國九十年（2001）開始舉辦，並由財團法人大二結文化基金會作為主辦單位，希望讓具有宗教性質的王公生與文化活動作連結，將社區文化節塑造成大二結社區新的節慶活動，吸引與擴大社區民眾的參與。大二結社區文化節於民國九十九年（2010）更名為二結王公文化節，主辦單位於同年改由二結王公廟擔任，大二結文化基金會則轉為協辦單位，其轉變因素主要與經費來源有關。過去由於二結王公廟本身經費較為不足，因此文化節活動的規劃、執行與費用支出，皆由主辦單位大二結文化基金會負責，在民國九十八年（2009）三合一選舉〔註70〕中，擔任王公廟常務董事的簡松樹當選五結鄉鄉長，上任後積極協助王公廟活動等相關事宜之推動，並提供經費予王公廟，以實際行動支持文化節的舉辦。在王公廟經費充足下，自民國九十九年（2010）起，成為文化節的主辦單位並將活動改名為二結王公文化節。由於主辦單位、活動名稱及經費來源之差異，在文化節活動內容安排上亦有不同的考量，從以下針對各項活動整理的表格可以觀察出不同時期文化節的特色與改變。

〔註70〕2009 年三合一選舉包含中華民國縣市長、縣市議員與鄉鎮市長。

表 1-1　大二結社區文化節與王公文化節活動內容整理與比較

活動名稱	大二結社區文化節（2001～2009）	二結王公文化節（2010～）
活動內容相同處	王公生慶典各項祭祀、慶祝活動(2001～) 歌仔戲表演(2004、2005、2009～) 王公盃卡拉 OK 歌唱比賽(2009、2011、2012～) 民俗技藝表演(2009、2013～) 社區青少年成年禮(2001～2013) 踩街繞境(2003、2004、2013) 二結王公神鼓隊表演(2009～2011) 二結福蘭社北管戲曲表演(2009、2010、2015) 踩街繞境(2003、2004、2013) 王公廟歌仔戲班表演(2009～2013)	
活動內容差異處	社區歷史空間特展(2001) 全國社區論壇(2001) 「文化入厝」開館活動(2001) 台灣東區社造夥伴成果展(2002、2003) 宜蘭社區影像日曆展(2002、2003) 版畫製作比賽(2002) 擲筊搶頭旗求平安圖活動(2002～2008) 二結土公廟特展(2003) 宜蘭縣武術表演(2003) 宜蘭縣寺廟經營研習活動(2004) 土公生慶典寫生比賽(2004) 社區相褒歌擂台表演(2004) 社區歌仔戲(2004) 傳統建築工藝特展展覽(2005、2006) 我的社區有寶貝展覽(2005、2006) 大二結文化產業發展平台成果展(2006) 傳統民藝特展(2007) 社區文化特展(2007、2009) 六星計畫成果展(2007) 祥獅獻瑞祈太平(2007、2008) 投籃機比賽(2007) 青少年搖滾樂團競演(2007) 台灣日治時期歌謠 78 轉音樂會(2009)	五結鄉北管大會串(2010) 社區劇場表演(2010) 五結鄉地方農特產品展(2010～) 精彩100——百人畫王公(2011) 歡天喜地——宜邑道元文化館表演(2011) 撐轎民俗文化傳承(2011、2012) 五結鄉社區電影院(2011) 街頭藝人表演(2011～) 古今中外——當搖滾遇上北管(2011) 文化二結‧四十有慶——陣頭展演(2011、2012) 宜蘭在地藝術節(2011) 稜轎腳(2011～) 蘭陽戲劇團歌仔戲表演(2011) 拼戲——西皮對上福祿(2010、2012) 夜巡(2012) 福宴(2012～) 街頭藝人表演(2012～) 祭祀科儀示範演出(2013)

（筆者整理，2015 年）

　　大二結文化基金會將社區總體營造、文化資產保存作為組織主要推動工作及宗旨，因此在其主辦之大二結社區文化節中，除了王公生慶典各項祭祀、慶祝活動為既定活動項目外，亦規劃推展社區文化特色以及增進社區民眾認

同之相關活動，如：社區歷史空間特展、二結王公廟特展、我的社區有寶貝特展、社區文化特展、大二結文化產業發展平台成果展等。在各年度之特展中，分別針對不同的主題，呈現大二結社區的歷史與文化，並搭配鄰近陳阿土古厝、廟邊柑仔店等景點，再次喚起居民對於這塊土地的情感及記憶。

在活動中最為特別的是擲筊搶頭旗求平安圓活動，王公廟祭祀圈內的民眾將以社區為組隊單位，共有鎮安村、二結村及三興村三組隊伍，由各村村長召集該村村民共同參與，在活動當天，三村村民一同於王公廟舊廟廟埕廣場擲筊，擲筊總數量最高之社區隊伍可將王公廟的平安旗帶回村辦公室，而所有參與的村民則有平安湯圓作為參加獎，至於擲筊數量最高的村民可獲得金元寶。於擲筊搶頭旗求平安圓的活動中，擲筊不再單純只有向神明祈求問卜的功能而已，而是透過活動的舉行，添增擲筊的趣味性，同時，村民亦在搶頭旗的競賽過程中，活絡居民之間的關係，並加深對社區的認同。

此外，由於大二結文化基金會長期與政府機關合作，推動全縣性或全國性之社造工作，因此在文化節中亦結合全國社區論壇、台灣東區社造夥伴成果展、宜蘭社區影像日曆展、宜蘭縣寺廟經營研習活動、六星計畫成果展等，將文化節活動延伸至社造領域，參與對象亦拓展至外縣市觀光客、學者等。

於民國九十九年（2010）年開始舉辦之二結王公文化節，由於五結鄉鄉公所給予經費上的支持，因此在活動中安排五結鄉農特產品、環保機關等攤位，藉由活動推廣在地農產品與進行政令的宣傳。隔年（2011）大二結傳統藝術研究所成立，二結王公文化節亦結合研究所各項傳統藝術課程，規劃葷轎文化傳承、文化二結·四時有慶——陣頭展演等，為傳統廟會文化保存盡一份心力，並增加文化節的深度。而當中值得關注的是於民國一百年（2011）開始舉辦的福宴，宜蘭有句俗諺：「驚王公生，不怕過年」，形容在地居民對王公生的重視與廟會活動之盛大，原意為在王公生的時候，村民們除了至王公廟參與祭祀活動外，更會在家中擺設流水席宴請親朋好友，規模與費用皆比農曆過年更加盛大，使居民比較擔心王公生的慶典，反而不怕過年。隨著時代與社會環境的變遷，越來越少人會在王公生時宴請親朋好友，因此王公廟規畫於廟埕廣場舉行大型福宴，開放村民與信徒訂購，透過專人料理，讓大家省去準備菜肴的麻煩，依舊可以在王公生時宴請親朋好友。而近年來較受歡迎的活動為王公盃卡拉 OK 歌唱比賽，在賽制部分由於參賽者未有資格限制，每年皆吸引許多社區內外民眾參與，另外也因唱歌活動貼近一般民眾生

活，相較於靜態展覽活動或學術論壇等，更能吸引大眾的興趣。

　　雖然文化節在部分活動內容上有稍作變化，但仍有不少特色活動持續舉辦，例如：青少年成年禮，活動目標是期望能藉由具有文化傳承意義的成年禮，跳脫傳統窠臼，以實際行動讓大二結社區青少年藉由活動的洗禮肯定自己，因此在成年禮中特別加入小型過火儀式，這是大二結社區的一項創舉，藉由過火儀式訓練社區青少年膽識。成年禮的小型過火儀式如同王公生過火儀式的簡易版，舉行成年禮當天，同樣以王公輦轎進行安營的儀式，由廟方辦事組協助起火堆的工作，基於安全考量，故工作人員會將燒紅的木炭往兩旁撥成堆，在中間舖上未燒之木炭並撒上鹽米協助降溫。青少年在王公廟董事長或大二結文化基金會董事長帶領下，逐一踏過火堆，象徵生命之更新、身體之潔淨。

　　完成過火儀式後，青少年依序向王公敬酒展現對王公的尊敬與感謝，同時亦在衣服背後蓋上王公印，以祈求王公在未來能持續保佑，主辦單位更準備王公錦囊贈送予每位參加成年禮的青少年，王公錦囊內容物每年皆有些許不同，筆者於民國九十三年（2004）參加成年禮的經驗，錦囊包含由呂美麗精雕藝術館所製作之琉璃項鍊、王公廟平安符、王公關心卡與社區救援卡，王公關心卡提供青少年在外遭遇危急時，可向王公廟借貸現金五千元，社區救援卡則印有王公廟、大二結文化基金會等單位重要幹部之聯絡電話，讓青少年隨時都有求助的對象，根據廟方說法，至今未有青少年向王公廟或大二結文化基金會請求幫忙，顯示參與過成年禮的青少年皆平安順遂。最後則進行對父母之跪拜禮，向父母的養育之情表示感恩。成年禮的舉辦是期待藉此加深青少年對社區的認識，拉近其與土地、在地文化的距離，也讓過火儀式在現代有不同的呈現風貌。成年禮於民國九十（2001）年開始舉辦，主要提供大二結社區青少年參與，後因鄉公所經費的支持，成年禮於民國九十九年（2010）起，擴大至全五結鄉青少年，但近年受少子化的影響，參與人數銳減，今年（2015）開始停辦成年禮活動。

　　雖然大二結社區文化節與二結王公文化節皆以王公生祭典作為活動主軸，但仍可從活動內容觀察出兩者對活動定義上的差異。大二結社區文化節透過社區傳統文化／宜蘭縣社造特展、學術論壇、三村擲筊搶頭旗等活動，試圖喚起社區居民對在地文化的記憶與認同。二結王公文化節則以福宴、王公盃卡拉 OK 唱歌比賽、社區電影院等較親近一般民眾的活動，提升居民對

活動的參與度。筆者認為，大二結社區文化節嘗試將傳統廟會活動轉型，民眾可藉由系列活動豐富其在地知識，並擴大參與範圍，如：觀光客、學者等，但這樣的文化節風格並非一般居民容易接近的。而二結王公文化節則保有一般對傳統廟會活動的認知，以輕鬆休閒的活動吸引居民參加，較被一般民眾所接受。未來若能持續維持民眾對二結王公文化節的參與程度，隨著廟宇觀光發展逐漸成熟以及社會大眾對廟會文化的理解，廟方亦可考慮將早期大二結社區文化節中的部分特展、活動再次舉行，使文化節活動更具深度與豐富度。

二、大二結王公藝術研究所

　　財團法人大二結文化基金會的成立從保存二結王公廟開始，加上二結王公廟的祭祀圈（二結村、鎮安村、三興村）即為基金會所服務的區域，兩者間有著密不可分的關係。基金會除了積極保存建築硬體之外，亦相當重視無形資產──民俗文化，因此在民國一百年（2011）以「文化二結・四時有慶」為主題，提出一個以傳統文化保存、傳習與創生為主軸的計畫。同年（2011）開設台灣拳術、官將首、大神尪、北管、輦轎及表演藝術課程，並結合年底的王公生慶典展演成果，深得社區居民認同。至民國一○一年（2012）社區居民有了更大的自我期許，將大二結社區視為蘭陽地區在地文化傳習的基地，因此大二結文化基金會提出開辦「大二結王公藝術研究所」的想法，並在財團法人臺灣大學建築與城鄉研究發展基金會宜蘭工作室的協助下正式成立。大二結王公藝術研究所秉持開放的社區精神，以大二結社區為基地，辦理傳統農村生活藝術及民俗傳習課程，前來學習的民眾不分男女老幼，皆一同在廟埕、穀倉這些與生活結合的社區公共空間中學習，其希望創造出以社區居民為主體的學習環境，讓大家皆能在生活中體會藝術的樂趣，進而達到文化保存、延續的目標。〔註71〕同時大二結王公藝術研究所也是一個藝術交流的平台，至今已和「無獨有偶」劇團、「身聲劇場」等藝術家／團體合作、交流，將現代元素與傳統藝術文化進行結合與創新，重新賦予傳統文化新生命，吸引更多人的參與及重視。

〔註71〕財團法人大二結文化基金會，〈大二結王公藝術研究所〉，二結穀倉稻農文化館部落格，檢索網址：http://tw.myblog.yahoo.com/drj9600277，檢索日期：2012/6/20。

　　大二結王公藝術研究所的課程於每年七月開課，除了必修的表演藝術課程外，其他課程則依學員興趣自由參加，並於年底進行成果發表，成立後的頭兩年（2011、2012）結合二結王公文化節活動，於二結王公廟廟埕展演，近年（2013～2015）則規劃「祈冬」活動於立冬前舉行，活動設計的理念來自於立冬進補的習俗，早期農村社會多在立冬時進補，藉此補充整年辛苦農耕下來的體力耗損與慰勞工作上的辛苦，同時增強自己的元氣以抵抗冬天寒冷的氣候。研究所在祈冬活動中分享薑母鴨、麻油雞等補品了大家食用，同時精心準備各項傳統藝術的表演，使前來參與的民眾，同時補身又補心，身心靈皆能得到滿足。而最為特別的是社區五大宮廟的參與，過去由大二結文化基金會所舉行之活動多於王公廟廟埕進行，進而影響社區內其他廟宇或居民參與的意願，研究所認為應突破這樣的侷限，因此邀請社區內的五大宮廟——二結王公廟、二結福德廟、開基灶君省民堂、三結三山宮和三結國安廟加入，打破廟宇之間的藩籬，共同為村民與活動祈福。於活動前一週，大二結文化基金會的董事長會率領大鼓隊、大神尪神將團及工作人員等，至五大宮廟邀請神明與村民前來參加祈冬活動，董事長唸誦疏文通告神明活動內容，同時準備紙錢、紅龜粿〔註72〕祭祀神明以示尊敬與誠意。活動舉辦至今，各宮廟大致支持祈冬活動的理念，並樂於提供廟方人員、廟埕場地〔註73〕等方面之協助，更將各宮廟所奉祀之神明請出參與踩街遊行及祈冬活動。

　　筆者認為，大二結王公藝術研究所的成立，除了保存廟會傳統藝術及農村文化外，另一項更重要的意義是，透過祈冬活動創造大二結社區居民集體參與的機會，有別於一般社區所舉辦的活動規模，打破各庄廟、各村的界線，聯合大二結地區五大庄廟、三個村庄共同完成，更加凝聚大二結地區居民的向心力及認同感。

三、舊廟活用——大二結庄生活文化館

　　臺灣早期對於古蹟保存的法規與觀念較為保守，即使民國七十一年（1982）已制定文化資產保存法，但嚴格限制古蹟的發展、利用，隨著時代

〔註72〕農村社會於廟宇祭典時，多準備紅龜粿祭祀神明並分送親朋好友，因此，研究所延續此傳統，以社區居民製作之紅龜粿祭祀，並於祭祀後分送予廟宇周邊之居民、信徒。
〔註73〕2013～2015年分別於二結王公廟舊廟廟埕、二結福德廟廟埕與三結三山宮廟埕舉行。

更迭，技術、風氣逐漸進步、開放，法規亦更趨成熟與完整，於民國八十六（1997）年修正的《文化資產保存法》第三十條：「古蹟應保存原有形貌及文化風貌，不得變更，如因故損毀應依照原有形貌及文化風貌修復，以延續其古蹟之生命，並得依其性質，報經內政部許可後，採取不同之保存、維護及管制方式。古蹟之發掘、修復、再利用，應提出計畫，報經各該古蹟主管機關許可，並送內政部核備後始得為之。」已開始將古蹟再利用的想法試圖透過法規實踐與推動。至民國九十四年（2005）所施行的《文化資產保存法》第二十一條：「古蹟應保存原有形貌及工法，如因故毀損，而主要構造與建材仍存在者，應依照原有形貌修復，並得依其性質，由所有人、使用人或管理人提出計畫，經主管機關核准後，採取適當之修復或再利用方式。前項修復計畫，必要時得採用現代科技與工法，以增加其抗震、防災、防潮、防蛀等機能及存續年限。第一項再利用計畫，得視需要在不變更古蹟原有形貌原則下，增加必要設施。古蹟修復及再利用辦法，由中央主管機關定之。」針對古蹟修復與再利用已有更完整的規範，並於同年發布《古蹟修復及再利用辦法》，針對辦理事項、施工、監造等範疇有更詳盡的依循準則。

從法規的制定可看出在民國八十六年（1997）古蹟再利用的概念於臺灣開始萌芽，但在配套措施、相關辦法等尚未發展成熟的年代，大二結社區的居民選擇將舊廟完整保存下來，且大二結文化基金會為使舊廟空間能發揮其凝聚社區情感之功能，於舊廟平移完成後，集結鎮安村、二結村、三興村三村村長、三個社區之發展協會理事長、學進國小校長、二結王公廟董事長、大二結文教促進會理事長成立九人小組，積極召開「二結庄生活文化館」籌備工作會議，將完工後的生活文化館打造為大二結社區的客廳，而非單純的文化陳設館，並以此作為社區文化發展的平台。在林奠鴻擔任二結王公廟董事長期間，同時也是二結庄生活文化館之執行長，對生活文化館有較積極的想法與願景，主動爭取地方文化館等補助計畫，促使生活文化館於軟硬體方面皆有正面的改善，此外由於與大二結文化基金會關係密切，因此協助媒合基金會將生活文化館作為基地，於舊廟的空間、廣場舉辦各項社區活動、課程和展覽，在正殿部分有常設乩童法器、廟宇相關文物展示，左偏房為資訊室，設置電腦器材提供給社區居民使用，在右偏房則進行手工紙的創作與製作、木刻剪黏課程，促進生活文化館整體空間之使用與地方觀光。

九人小組由九個不同單位共同組成，各單位之代表會因選舉、任期等關

係而進行人員更替，也造成生活文化館的經營理念在銜接上出現斷層。後續因二結王公廟對生活文化館有不同的想法及期待，故將生活文化館收回由二結王公廟管理，大二結文化基金會亦從生活文化館撤出。由於九人小組後續接手的人未能完全理解生活文化館的設立與初衷，因此小組成員對生活文化館的後續經營未有特別的看法，或者出現彼此之間對經營的想法有很大之落差，造成生活文化館後續未有一個明確的經營目標。目前生活文化館除正殿部分仍有常設展覽外，右偏房與左偏房未有特殊規劃及運用，平日開放給一般民眾參觀，有時亦提供社區團體舉辦講座或進行會議之使用。

在民國一〇四年（2015），大二結文化基金會透過申請文化部及宜蘭縣立蘭陽博物館地方文化館之計畫，於二結庄生活文化館右廂房規劃「帶走阮ㄟ故事──地方記憶特展」。在正式開展以前，基金會安排一系列有關導覽解說、博物館策展等課程，引導目前王公廟的志工對特展有初步的想法，再由專業老師協助指導、策畫，一同規劃出本次的展覽，並以故事箱的方式呈現大二結地區的各種生活故事，期待喚起前來參觀民眾對在地的記憶與情感，本次特展亦為近年二結庄生活文化館較具規模的展覽。

二結庄生活文化館因乘載著當地居民的回憶與感情而被保存下來，無疑是希望藉由實體建築的保存與再利用，持續維繫社區向心力，在開館之後的十幾年下來，可以觀察出生活文化館在沒有宗教作為拉力的影響下，必須仰賴活動與課程的辦理，再次將居民聚集於生活文化館，讓舊廟依舊能聯絡、凝聚社區之情感及認同。現今二結王公廟因面臨新廟的重大工程，二結庄生活文化館大致呈現停擺的狀態，期待在二結王公廟新廟落成後，廟方可再次思考二結庄生活文化館的經營、定位，同時延續舊廟保存的初衷。

在上述的案例中，清楚看見大二結在社區總體營造上的成果，從舊廟的保存到現今傳統民俗的傳承，大二結社區的居民同樣積極地參與公共事務。大二結文化基金會在社區原有的古公三王信仰基礎上，運用社區營造的概念，讓單純的宗教活動添增創新的元素，以現代的手法保存及宣揚廟宇文化，同時也在這樣的過程中，再次拉近社區居民之間的關係，加深對社區的認同及情感。

第二章　王公廟的祭儀

　　不論在已經確定或不屬於任何確定的宗教〔註1〕中，其宗教現象可以很自然地分為兩個基本範疇：信仰（beliefs）和儀式（rites），信仰是觀點（opinion）的表達，存在於表象（representation）之中，儀式則是一些確定的行為模式。〔註2〕儀式的實踐在台灣的民間信仰中極為重要，透過有形的儀式，表達出對無形宗教信仰之祈求，在人為的日常生活概念中，透過某種行為，來表達出某種儀式，來祈求神明給予支助保佑〔註3〕。

　　隨著祭祀神祇、廟宇之差異，在儀式的種類、形式上亦有不同程度的調整，目前在二結王公廟每年例行進行之祭儀中，可分為歲時祭儀及神明生日，日常祭儀部分則有公事類與濟世類儀式，其中公事類儀式與歲時祭儀為一般廟宇常見之儀式，如遶境、五營、新年安太歲、中元普渡等，至於濟世類儀式與王公生祭典則因與其他廟宇較為不同，故能清楚觀察出古公三王信仰之特色。

　　二結王公廟為目前主祀古公三王廟宇中，保存最豐富及完整儀式之廟宇，本章藉由二結王公廟各類型的儀式探討，歸納出古公三王信仰儀式的特殊性，並從各項儀式內容之分析，說明儀式的象徵意義與其社會功能。

〔註1〕 宗教是由神話（myths）、教義（dogmas）、儀式（rites）和典禮（ceremonies）所組成的一種比較複雜的或不太複雜的體系，參見《宗教生活的基本形式》，頁37。

〔註2〕 Durkheim, E.，渠東、汲喆譯，《宗教生活的基本形式》，上海：上海人民出版社，2006年，頁37～38。

〔註3〕 吳永猛、謝聰輝，《台灣民間信仰儀式》，台北：國立空中大學，2005年，頁174。

第一節　年例祭儀

　　每間廟宇每年皆有固定要舉行的祭祀活動，不論是神明的聖誕慶典或歲時祭儀，皆能從儀式所舉行的時間、場域及形式等差異，歸納出不同廟宇、信仰的特色及內涵。王公廟每天由廟公於早上五、六點開廟門，並準備茶水、清香祭祀，關廟門時間約於晚上九點，但有時會因辦事或活動需求而延後關廟門之時間。在每月的例行祭祀中，犒軍為主要的儀式，為感謝王公兵將對村里的保護，因此在農曆的每月初一及十五進行犒軍，以慰勞神明兵將，由於王公的兵將有實體神像置於中殿，因此犒軍儀式於中殿前進行，廟方需準備巾衣、刈金、甲馬、水果與一百二十碗菜碗等供品祭拜王公的兵馬。早期犒軍菜碗準備的數量較少，在敕封大典後，因王公官位提升，所帶領之兵馬數量亦隨著增加，故在菜碗數量的準備上更為豐富。至於設於社區內之各五營，除中營因位於王公廟旁，由廟方祭祀外，其餘四個營皆由附近居民在初一十五時，於五營設置處進行犒軍。

　　目前王公廟的年例祭儀主要為歲時祭儀及神明生日兩類，在歲時祭儀部分，因台灣早期為農業社會，一般民眾以務農為主要工作，故隨著節氣的運行與農事的進展，逐漸發展出一套固定的歲時祭儀，即所謂的年節。〔註4〕在台灣漢人社會中，歲時祭儀不只是一般民眾於各重要節慶進行儀式外，在廟宇方面同樣也有儀式的舉行，但不同廟宇會因是否配合該廟宇之神明誕辰慶典或其他因素等，而在歲時祭儀上有迥異的進行方式及呈現。至於神明誕辰，在台灣的民間信仰中，通常為廟宇一年中最為重要的日子，除了一般的祝壽活動外，亦因地區與神明的差異，舉行演戲酬神、遶境、過火等儀式。以下將針對二結王公廟於農曆新年與中元節時舉行之慶典，以及各神明祝壽活動分別敘述之。

一、農曆新年

　　台灣民眾習慣於每年的農曆新年期間至廟宇祭拜，祈求新的一年平安順利，更有許多民眾在大年初一子時，前去廟宇搶頭香，希望可以得到神明更多的保佑。二結王公廟的新年祭祀活動於大年初一子時一刻〔註5〕進行，通常由董事會的成員先行於廟內中殿祭祀古公三王，祭祀完畢後才開啟廟門，由

〔註4〕林美容，《台灣人的社會與信仰》，台北：自立晚報出版社，1993 年，頁 123。
〔註5〕午夜十一點十五分。

居民及信徒祭拜，過去曾經出現一兩年為董事會成員與居民、信徒同時祭祀，但非常態現象。在祭祀活動結束後，由董事長進行抽公籤，象徵祭祀圈內未來一年運勢情形，抽籤內容包含人民、工商、早冬、晚冬、海冬與六畜，董事長在籤筒中抽出一支籤，並再透過擲筊方式向王公再次確認。

　　近年來，二結王公廟為鼓勵及感謝信徒、居民對廟的支持及參與，於開廟門時贈送前來祭拜的民眾發財紅包乙份或其他二結王公廟紀念品。在初一至初五期間，王公廟同時開放七星平安橋供民眾行走，平安橋下方有置有四足鼎，裡面放有燒紅的木炭，民眾從上方走過，象徵將身上的穢氣驅除，迎接嶄新的一年，並可獲得廟方精心準備之平安小禮物一份，此外，在王公廟農曆新年的祈福活動中，尚有「點燈摸彩送金元寶」以及「搏筊得金元寶」兩項活動。點光明燈亦為台灣民眾於春節期間常至廟宇進行的活動之一，希冀藉由至廟宇中點燈，達到消災解厄、祈福轉運之目的，而現今許多廟宇為因應時代變遷與信徒需求，因此依據祈求事項的不同而設有多種燈類，〔註6〕王公廟設有光明燈、元辰燈、文昌燈以及財利燈，每盞每年六百元，在新春活動期間至王公廟點燈即可參加抽金元寶的活動。至於「搏筊得金元寶」為農曆大年初一至初三期間，於王公廟添油香一千元以上者，則具有活動參加資格，連續搏正筊達十次則可獲得價值數萬元之金元寶一個，若當天未有民眾達到十次，則以最高筊者獲得金元寶。〔註7〕

　　另一個台灣民眾習慣於農曆新年到廟宇進行的活動為「安太歲」，太歲原為古代天文學中假設的星座之名，是因應歲星而設的虛擬體，後被術數家加以應用，星命學中認為太歲主宰人之命運的眾煞之主〔註8〕，現今民間信仰中的太歲神為主管太歲神星的神靈，因為以干支紀年，故太歲神有六十位〔註9〕。此六十位太歲星君每人輪值一年，執掌人間之禍福，而在台灣社會中，民眾以干支計算自己的出生年，該年為本命年，若本命年沖犯太歲神，則當年必將諸事不順或大禍臨頭，因此需要藉由安太歲化解〔註10〕。二結王

〔註6〕吳美杏，《台南市光明燈信仰之研究》，國立台南大學台灣文化研究所碩士論文，2009年，頁20。

〔註7〕財團法人二結王公廟，〈財團法人二結王公廟農曆新春祈福活動DM〉，宜蘭：財團法人二結王公廟，2013年。

〔註8〕吳康，《中華神秘文化辭典》，海南：海南出版社，2001年，頁511。

〔註9〕陳蓮笙、黎顯華、張繼禹領授，陳耀庭語譯，《太歲神傳略》，北京：宗教文化出版社，2005年，頁158。

〔註10〕李豐楙，〈安太歲的信仰與習俗〉，《關係我》，1992年第43期，頁30～31。

公廟於右廂房之左側牆上設有太歲牌位，並將安太歲之名條貼於牆上，犯太歲之民眾可繳交三百元功德金進行安太歲，需於留下姓名及出生年月日予廟方工作人員，後續則交由廟方統一處理並固定於初一十五進行祭拜。

二、中元普渡

打從奉迎王公香火自內地來台迄民國六十一年（1972）止，中元普渡擇七月九日，後因政府明令規定始恢復一般習俗七月十五日舉行，在祭祀方面自早起迄民國五十六年（1967）止，中元普渡祭典前夕，經善信擲筊遴選爐主一人、頭家八人〔註11〕，各獻豬隻一頭共計九頭，並各備菜餚供桌等。台灣光復後，殺豬解禁，自民國三十五年（1946）迄至五十六年（1967）年間，頭家、爐主展開競豬，以斤數最重者奪魁。民國五十七年（1968）至六十一年（1972）間，僅爐主獻豬一頭，其餘參與者（含爐主、頭家）各備筵席酒、米包、大型捏麵人、看桌〔註12〕等置於廟前普渡，相互「競桌」，依點計分〔註13〕，並按點之高下論賞〔註14〕。由於競普使中元祭典成為居民很大的負擔，尤其是沒有田產的工人更怕成為爐主或頭家，大家便商議要改用當時的五個行政村來輪普，經過擲筊獲得王公的同意後，各村再以抽籤決定先後順序，民國六十二年（1973）開始，中元普渡便按西河、學進、復興、鎮安、雙結的順序輪流主普，〔註15〕若當年非自己所屬之村莊輪祭，仍可以贊普的名義祭拜，大部分贊普多以餅乾、罐頭、泡麵等較方便食品祭祀，或直接以贊普金的方式，由廟方代為準備。雖然現今不再有競桌論賞，但村民仍盡自己最大誠意與能力祭祀，不少地方頭人除準備供品外，亦於供桌上擺設瓜果雕刻、燈飾等，讓普渡儀式更顯氣派，於民國一〇二年（2013）的中元普渡中，王公廟前主任委員陳樹木為慶賀新廟復工重建，獻祭一頭約一千三百斤之神豬，為近數十年少見。

〔註11〕在 1920 年代，參與輪普的家戶約兩百多戶。

〔註12〕以各類牲禽蔬果雕飾成的人物或擺飾為主的祭品桌。

〔註13〕競爭至後來，甚至以祭拜的酒或罐頭是否開啟來決定點數，未開啟的酒或罐頭可以退還給店家，已開啟的則不行，參見《民間宗教與社區組織——「再地域化」的思考》，頁 53。

〔註14〕林福春，《大二結社區地方總體營造文物採集田野調查》，宜蘭：宜蘭縣政府，1993 年，頁 42。

〔註15〕陳瑞樺，《民間宗教與社區組織——「再地域化」的思考》，清華大學社會人類學研究所碩士論文，1996 年，頁 53。

　　為因應社會環境的轉變，王公廟亦開始提供多種服務信徒之方式，自備祭品至廟前廣場祭拜者需繳交清潔費一桌兩百元，代辦祭品之服務則分成兩千元祭拜組與三千五百元祭拜組兩種，另有豬公份〔註16〕及贊普金〔註17〕各五百元，以上皆可選擇領回或捐贈予廟方。至民國一〇四年（2015），中元普渡的辦理項目稍作調整，未有民眾自備祭品的部分，增加一份五百元的公普法會，並可參加普渡後的平安福宴，以及一包三百元的五公斤裝白米，代辦祭品的部分則維持兩千祭拜組合，並另設超度冤親債主〔註18〕的項目，一份為兩千元（表2-1）。

表2-1　2014、2015年參加中元普渡敬老大公辦理方式表

2014		2015	
項　目	金　額	項　目	金　額
自備祭品清潔費	200元／桌	公普法會（可參加福宴）	500元／份
豬公份	500元／份	豬公份	500元／份
贊普金（白米或罐頭禮盒）	500元／份	白米五公斤裝	300元／包
代辦祭品	2000元／份 3500元／份	代辦祭品（可參加福宴）	2000元／份
		超渡冤親債主（可參加福宴）	2000元／份

（筆者整理，2015年）

圖2-1　超渡冤親債主區　　　　圖2-2　超渡冤親債主區

（筆者攝於2015/8/28）　　　　　（筆者攝於2015/8/28）

〔註16〕普渡豬公之豬公肉一份。
〔註17〕普渡祭祀品，可領取白米一包或罐頭一盒。
〔註18〕分為超渡嬰靈、超渡冤親債主與祿位功德主三種。

　　在輪祭方面，在民國一○三年（2014）經擲筊請示，由五大庄村民一同奉敬老大公，為首次以非輪祭的方式進行普渡，但與往年相比，並未有更多的居民參與，效果不甚理想。今年（2015）的普渡依舊以五大庄合祀的方式進行，並改至下午普渡，晚上為平安福宴，目前極少居民自行準備普渡用品前往廟埕祭拜，多以購買祭拜組的方式參與普渡。

圖 2-3　民眾自行準備普渡品區

（筆者攝於 2015/8/28）

圖 2-4　於普渡會場之布袋戲

（筆者攝於 2014/8/10）

圖 2-5　中元普渡贊普區

（筆者攝於 2014/8/10）

圖 2-6　中元普渡殺豬公

（卓碧珠攝於 2013/8/25）

三、神明生日

　　神明祝壽活動可細分為王公生日與其他神明生日兩類，古公三王為王公廟之主祀神，因此其聖誕祝壽活動較為盛大，亦為王公廟每年最重要之祭典。大王公、二王公、三王公的聖誕日分別於農曆一月十六日、二月十六日以及十一月十五日，祝壽儀式皆於誕辰當天子時進行，大王公及二王公祝壽活動

主要由大王公會〔註 19〕與二王公會成員參與，準備各式供品祭拜王公，三王公生的祝壽活動則以董事會成員為主，而三王公會成員則於農曆十二月二十一日〔註 20〕當天進行祝壽。除了以祭祀活動祝壽外，亦分別進行大王公、二王公過金火及三王公過炭火儀式，以達除穢潔淨之功用及彰顯王公之神威。而設置外五營的王公廟，其安五營及收五營儀式分別伴隨著二王公生及三王公生活動舉行，其中又因三王公生的過火儀式極為盛大，十一月十五日當天未有足夠的時間及人力至各五營處進行收五營，因此收五營於十一月十四日進行，並於當天一併進行謝平安、謝令旗、謝三界、犒軍及拜地府等儀式。

　　至於其他陪祭神明，如：關公、土地公之祝壽活動，其聖誕日分別為農曆六月二十四日與二月二日，廟方僅以牲禮祭拜祝壽，未有其他慶祝祭典，其中較為特別的是九天玄女祝壽活動，九天玄女原供奉於私人民宅，當時已有信徒組成九天玄女之神明會，於其聖誕或其他節日進行祭祀活動。九天玄女約於三年前，由私人民宅移至王公廟供奉，其神明會仍會於農曆二月十五日準備供品，至王公廟進行祝壽祭拜儀式及選出隔年爐主。

第二節　日常祭儀：公事類

　　在二結王公廟的日常祭儀中，又可依照儀式舉行之目的、性質區分成公事類儀式、濟世類儀式及王公生過火儀式。公事類儀式多關係到社區公共事務，例如遶境出巡、五營的安置、活動場地的淨化等，其目的為消災驅邪、祈求境內平安，後可延伸為社區集體記憶、認同的表現，使宗教儀式的社會功能在公事類祭儀中有明確的體現。

一、關輦

　　輦為一種不使用車輪的交通工具，進行方式主要以人力抬、扛為主，古代帝王、官員為展現其顯赫身分地位而乘坐，隨後逐漸流傳至民間，仕紳階級亦開始使用輦為其代步工具，現今因神明在信徒中之地位崇高，故神明出巡遶境時多以神輦作為其交通工具。神輦又可依性質或外型等差異而產生更進一步之分類，可按乘坐神明之特色、屬性及任務職司劃分為文輦與武輦，

〔註 19〕王公會由信徒自發組成，每年擲筊選出爐主負責祝壽活動，各會人數約十幾人。
〔註 20〕二結王公廟早年慶祝三王公生日期。

兩者在轎的大小、結構、扛抬人數等大致相同，主要差別為文轎有牆有頂，只留一門僅供神像出入，武轎則為露天，未有牆或頂遮擋之形式〔註21〕。另外有以神轎外型取名之鳳轎，以及由武轎演變而來，用以改善傳統武轎遇上風雨困擾的篷仔轎（亦稱篷篷轎）。若從神轎大小及扛抬轎人數進行分類，則包含由八人扛轎之大轎，近年大多已裝上輪子，亦稱「八助」，它只是神明遊行時的「流動房子」，無法承擔人神溝通的任務，四人扛轎之四轎，亦叫作「四人轎」，有時也稱為「四輪」〔註22〕，及兩人以抬轎方式操作之手轎，其大小約30公分左右。四轎的功能，除了參與一般性遊行、遶境之外，最重要的就是具有聯絡人神的作用，而手轎則僅有人神交流的功能，四轎大多行於「大場面」和事情嚴重或特殊狀況者，前者如：作醮、普渡、安營、請火與過火等，後者如：建廟、「安金身」或關係整體的安危等；手轎則大多偏重於個別性的問題，如：消災、除病、驅邪、安宅等。四轎進行地點多以廟宇為主，宅第極少；手轎兩者皆有，但以後者較為普遍。以動機而言，在各種廟會的活動中，神明往往會「自動」指示祭典、儀式的時間、方向或行止，以讓信徒有所憑藉，四轎即常表現出這種「內發性」行為，而神明接受信徒祈求所給予的指示，則偏向於「外塑性」行為，手轎幾乎是它的專屬工具〔註23〕。其中，四轎及手轎又被合稱為「輦轎」，與其相關之儀式為「關輦轎」，亦有人按其操作之神轎稱呼關四轎或關手轎，或簡稱「關轎」，關輦轎主要由兩人扛著，隨著神明附身而開始上下左右晃動，依不同祭儀之需求而進行出字、潔淨場地等。

人神在不同世界中，彼此無法直接溝通，因此人們對神明有所請求或神明對凡間有所指示時，經常必須透過第三者傳達訊息，其進行種類與形式眾多，二結王公廟主要以輦轎起乩做為人神間之溝通媒介。一般輦轎包含四轎及手轎兩種類型，二結王公廟之輦轎則只有四轎一種，故在輦轎操作、形式及功能上與上述有所差異，進而發展出在地輦轎文化之特色。

大二結地區居民或信徒習慣以台語「關輦」（kuan-lián）稱呼二結王公廟之「關輦轎」儀式，王公廟關輦所使用之神轎為四轎，與前述之四轎略有不

〔註21〕劉還月，《台灣民間信仰小百科——迎神卷》，台北：台原出版社，1994年，頁238。

〔註22〕黃文博，《台灣民間信仰與儀式》，台北：常民文化，1997年，頁191。

〔註23〕劉還月，《台灣民間信仰小百科——迎神卷》，台北：台原出版社，1994年，頁194。

同。一般的四轎由四人扛抬，可以分為「硬貫」及「軟貫」兩種，所謂「硬貫」，即只是利用轎子左右兩支九尺長的扛木（俗稱「轎貫」），作為扛、抬而已，扛轎者較為吃力、辛苦，而「軟貫」，則在扛木間，前後各以麻繩或鐵絲繫上一支平行、長約五尺半的「籤木」（俗稱「貫仔」），四名扛轎者形成一條線，而左右扛木也變成他們的扶手，不論是行止、跳動或出字皆比較輕鬆〔註24〕。二結王公廟使用的輦轎為四轎中的「硬貫」，特別的是，四轎主要以兩人扛在雙肩的方式進行，而非一般所見之四人，王公廟亦有採用四人的方式扛轎，但較不常見，目前多見於王公生之過火儀式，其乘坐神明分別為古公三王之三尊神明，由於神轎本身體積較大且重者，故其發輦時主要只有進行符令的製作。

關輦的主要成員包含扛神轎兩位及桌頭一位，另依不同祭儀而需要數名助手協助儀式的進行。其中，桌頭在關輦過程中，亦扮演非常重要之角色，因其經常出現在乩童旁或神桌旁，解釋及翻譯神明的指示，故被稱為桌頭，在關輦過程中，有時神明會透過神轎於神桌上出字，但寫出的字或畫出的圖並非一般民眾可以理解，因此需要桌頭在旁協助認字並解釋神明的意見。

前述有談及四轎與手轎使用的場合及功能具有差異，目前二結王公廟因只使用輦轎中的四轎，故其融合原來四轎與手轎兩者之功能，包含大場面之普渡、安營、過火或信徒個別性之驅邪、除病、消災、安宅等，操作場所包含廟宇及民宅，有時因活動舉行等因素，亦會在活動現場或街道上等地進行關輦儀式。

二、遶境

遶境為將原來在廟中坐鎮的神明，在神明生日或重大祭典時，請出廟巡視信徒所居住的鄰里再返回廟中的儀式活動，藉由神明遶境儀式祈求境內平安。依照廟宇規模的不同，遶境儀式亦有程度上之差異，一般而言，庄廟的遶境規模不必太大，通常約進行半天至一天，行進路線亦具有彈性，只要庄內各角頭分攤工作，扛神轎、執旗、敲鑼打鼓等就可舉行，稍有財力的，可以量力請來各種南北管陣、藝陣、西樂隊、童乩來增添熱鬧，但不論規模大小，很少會超越其神明的祭祀轄境，然而遶境亦可發展成大規模的系統，結合多

〔註24〕劉還月，《台灣民間信仰小百科──迎神卷》，台北：台原出版社，1994年，頁191。

村組成龐大香陣，並延長遶境天數〔註25〕。

根據昭和十二年（1937）一月三日《臺灣日日新報》關於二結王公廟的報導：「羅東郡五結庄二結鎮安宮，去三十日，值主神古公三王誕辰，盛舉致祭，由祭典委員陳全、簡祠在及簡阿達諸氏，熱心鼓舞，而蘭陽三郡下諸信徒，陸續參拜。過火後，迎神輿出境，陣頭計二十餘陣，觀眾約五千名。壯丁圍及青年員。出為取締交通。各回乘合車，均告滿員。其他，廟前演戲二臺，極呈熱鬧云。」〔註26〕顯示早期二結王公廟於三王公生過火儀式後，進行遶境活動，但此種先過火後遶境之模式持續多久，目前尚未有相關文獻記載。

藉由訪談的蒐集，民國時期的遶境活動於農曆十一月十四日，即三王公生過火前一天舉行，由於需動員大批人力以及擔心參與者不堪體力負荷影響過火之安全性，因此舉行遶境時間有所更動。從筆者近年參與遶境活動之經驗，目前二結王公廟並未每年舉辦遶境儀式且規模及舉行時間亦不固定，但仍可歸納出三種類型，分別為規模遍及蘭陽地區的遶境、於二王公生進行之遶境以及於二結王公文化節期間之遶境（表2-2）。

表2-2　二結王公廟三種類型之遶境

遶境類型	第一類型	第二類型	第三類型
舉行時間	不一定	二王公生	二結王公文化節
遶境範圍	宜蘭縣	大二結地區	大二結地區
年份	2005、2006	2009、2011	2012、2013

（筆者整理，2015年）

第一類型之遶境為民國九十四年（2005）十一月十二、十三日為期兩天之「乙酉年二結古公三王公蘭陽靖安遶境覃恩大典」及民國九十五年（2006）十一月二十五、二十六日為期兩天之「丙戌年二結古公三王公蘭陽平安遶境大典」，範圍遍及宜蘭縣十鄉鎮〔註27〕，遶境參與之陣頭、信徒等將近千人，亦為規模最大的遶境。於九十四年（2005）之境安遶境前，除了將香條張貼

〔註25〕林開世，〈移動的身體：一個遶境儀式的分析〉，《空間與文化場域：空間之意象、實踐與社會的生產》，台北：漢學研究中心，2009年，頁198。

〔註26〕臺灣日日新報編輯部，〈五結庄二結鎮安宮祭典〉，《臺灣日日新報》，1937年1月3日，8版。

〔註27〕十鄉鎮分別為五結鄉、宜蘭市、礁溪鄉、員山鄉、頭城鎮、羅東鎮、三星鄉、冬山鄉、壯圍鄉及蘇澳鎮，未至大同鄉與南澳鄉。

於沿途所經之廟宇外，亦張貼曉諭於本次遶境最北端之大溪大安廟、最南端之南方澳進安宮及二結王公廟，將本次遶境目的、資訊一併知悉予陰陽兩界。

　　由於此次遶境以靖安為目的，需大量兵馬同行，因此於遶境前一天午時向玉皇大帝調兵借用，領兵地點於蘭陽溪溪口之一百甲港口，為求慎重，由三王公本尊親自前往進行領兵儀式，除準備大三牲〔註28〕、小三牲〔註29〕、清酒、金紙祭祀外，亦於現場進行點令旗儀式，包含兩支長二丈四〔註30〕、三支長十二尺二〔註31〕之黑令旗，兩支較長之令旗於領兵結束後，安置於蘭陽大橋南北橋頭兩端，將所有兵馬暫時聚集於此，三支長度較短之令旗則隨遶境隊伍一同移動。至於遶境前之戴天台與謝天台儀式則於十一月十一日子時至十二日寅時進行，向天庭稟告遶境一事，由於玉皇大帝的神格最高，案桌不可與一般祭祀王公之案桌同高，因此將案桌至於板凳上增加高度，並由董監事輪值顧香火，以表誠意。此次遶境分別選擇台二省道蘇澳蘭陽隧道北側、台九省道恆立幼稚園前、得子口溪、頭城鎮公所〔註32〕等地靖安，在靖安的地點由王公輦轎發犁，同時供奉祭品燃燒金紙予孤魂野鬼，再將符令火化撒下鹽、米，使該地潔淨平安。待兩天遶境完成返廟後，再進行犒軍謝令旗之儀式，同樣準備大三牲、小三牲與金紙，完畢才可由新老三王公〔註33〕至王公廟牌樓外進行送兵將。

　　兩年遶境路線分成民國九十四年（2005）之海線與民國九十五年（2006）之山線，海線行經壯圍鄉，山線則經三星鄉、員山鄉，不論路線差異皆屬於超庄頭之遶境。林開世認為超庄頭遶境進行的意義為嘗試以平等的移動來製造更大集體的同一性，在聯庄中心的主廟，必然要在儀式上，製造出中心與邊緣、古與新、或傳統與現在等區別，以確保轄區的不同庄廟之間的階序，它的移動所產生的空間，是同時具有同質性的水平層面與異質性的階序層面〔註34〕。然而二結王公廟的遶境不只超越庄頭更超越鄉鎮，與大甲鎮瀾

〔註28〕豬肉、全雞、全鴨或魚。
〔註29〕生雞蛋、生豬肉片、生魚或魷魚或豆干。
〔註30〕長約八公尺。
〔註31〕長約四公尺。
〔註32〕原未在靖安行程內，由於鎮公所在人事上持續變動不定，因此臨時連絡廟方請王公至鎮公所進行靖安儀式。
〔註33〕由於二王公及三王公皆有分身數尊，因此廟方以不同名稱區分各分身神像，如：新老三王公、靈三王公、老三聖王公、新二王公、鎮三王公等。
〔註34〕林開世，〈移動的身體：一個遶境儀式的分析〉，《空間與文化場域：空間之意

宮媽祖遶境之形式較為相近，由於遶境所通過的範圍，並無法說是祂的管轄區域，與沿途其他大廟之間的關係，之能說是「交陪」，而不是巡視，亦不會有請火與謁祖的儀式，〔註35〕在兩次遶境特別之處為沿途會香之廟宇，十二間廟宇〔註36〕中的六間為二結王公廟之分香廟〔註37〕，雖然二結王公廟為古公三王之在台祖廟，但不以巡視的名義前往，而以會香的方式進行交流，試圖打破過去二結王公廟與其他古公三王廟宇的互動隔閡，拉近祖廟與分香廟宇之關係，故在二結王公廟超庄頭之遶境中，可以觀察出二結王公廟以平等的移動嘗試與分香廟宇製造更大集體的同一性，並不去處理或突顯廟宇間的階序層面以避免惡化與分香廟宇之關係。

第二類型與第三類型的遶境皆在大二結社區進行，主要差異為舉行日期的不同，分別是二王公生前與二結王公文化節活動期間。民國九十八（2009）年與一百年（2011）之遶境在二王公生前一個假日及二王公生當天舉行，由於二結王公廟固定於二王公生時進行安五營，故在遶境活動中一併巡視五營與進行安營儀式。五營本身的設立即有領域性的意涵，再次透過於其勢力範圍內之遶境持續鞏固古公三王信仰之影響力，從這種更直接的接觸，與信徒間建立起一種更強的互惠關係。

至於第三類型，於二結王公文化節活動期間內舉行之遶境，又可分為兩種形式，此兩種形式皆於三王公生過火前舉行，第一種以夜巡的方式進行，民國一〇一年（2012）十二月二十二日之遶境於三王公生前一個假日進行，其路線與二王公生時的白天遶境路線未有太大差異，五營為遶境必經之處，同時亦於社區內易發生事故路段，如中正路三段與學進路交叉路口、二結火車站平交道、學進路 27-51 號交叉路口、中正西路與中正路二段交叉路口以及當年曾發生意外之民宅進行靖安的儀式，祈求社區、居民平安。第二種遶境為小規模的形式，如民國一〇二年（2013）二結王公文化節的「陣頭踩街遶境」，參與之陣頭及人員皆不及前述遶境，路徑從二結郵局開始，沿經二結新

　　　象、實踐與社會的生產》，頁 199。

〔註35〕林開世，〈移動的身體：一個遶境儀式的分析〉，《空間與文化場域：空間之意象、實踐與社會的生產》，頁 198～199。

〔註36〕利澤永安宮、南方澳進安宮、壯二鎮安廟、美福鎮安廟、壯五鎮安廟、壯圍永鎮廟、大溪大安廟、頭城東嶽廟、礁溪協天廟、玉田慈天宮、南方澳鎮安廟、天送埤鎮安廟。

〔註37〕六間分香廟分別為大溪鎮安廟、天送埤鎮安廟、南方澳鎮安廟、壯二鎮安廟、美福鎮安廟、壯五鎮安廟。

店仔街〔註38〕、王公廟牌樓，再回到二結王公廟，這種形式類似於踩街，於二結王公文化節開幕當天早上進行。由於在三王公生抓乩童返回王公廟的途中，亦有陣頭等團隊之踩街，因此若開幕與三王公生舉辦之時間只相隔幾天，則不會於開幕時進行遶境活動。

圖2-7　2012年王公夜巡　　　　　圖2-8　2011年二王公生遶境

（筆者攝於2012/12/22）　　　　　（卓碧珠攝於2011/3/20）

　　不論是涵蓋整個蘭陽平原或單純祭祀圈內的遶境，過程中皆必須動員大批人力，包含輦轎協會、巡守隊、學進國小、興中國中〔註39〕、各式陣頭、社區組織等，在這樣的組成與過程中，即可對應到林開世對遶境儀式之分析，由於儀式是一種透過社會性的身體來體現與投射各種設計出來的分類與組織，則身體本身與儀式互相建構、互相參照的關係永遠不會是單方面的由上而下的宰制，而是兩者之間的配合與默許。雖然參與之團體性質不太相同，但皆對儀式中的象徵意義上有較強的共識，因此儀式確實可以用來增強社會團結，並達到建立起某種程度的一體性的效果〔註40〕。遶境的社會功能除增進居民對地方的意識與認同外，同時亦有重新再製歷史記憶機制的社會功能，將該地區的移民定居及散布路線再次回溯，以肯定彼此社區居民之間的歷史淵源。〔註41〕在二結王公廟的遶境中，以王公神蹟藝閣與行動劇〔註42〕的方

〔註38〕二結路，為大二結社區最為熱鬧之街道，在地人習慣以台語「店仔街」或「新店仔街」稱之。

〔註39〕興中國中未在大二結社區內，但為社區內學子主要就學之國中。

〔註40〕林開世，〈移動的身體：一個遶境儀式的分析〉，《空間與文化場域：空間之意象、實踐與社會的生產》，頁201。

〔註41〕林開世，〈移動的身體：一個遶境儀式的分析〉，《空間與文化場域：空間之意象、實踐與社會的生產》，頁200。

〔註42〕由大二結文化基金會與台大城鄉基金會宜蘭工作室共同策劃製作，將「鳳陽婆之子害人不成，反自焚身亡」、「妖精破壞蔗田」、「日本警察與古公三王」

式展演二結王公流傳於民間的神蹟，藉由回顧早期的故事，重新喚起居民的
集體記憶。

在林開世的研究中，許多有名氣的廟宇，管理的實權已經落入外地人或地
方官僚的手中，地方的儀式祭典也「民俗化」為一些趣味性、商業性的節慶。
這樣的發展，有明顯「去地域化」與「商品化」的趨勢，遶境活動本身要達成
的在地化，往往成為廟宇次要的關心，取代的是進香、朝聖、交陪等更大型、
更遠程的活動，以及更為個人化的參拜〔註43〕。然而在二結王公廟的兩次蘭陽
遶境中，則有不同的意涵，由於二結王公廟為古公三王的開台祖廟，同時宜蘭
亦為古公三王廟最多的縣市，使古公三王信仰在宜蘭頗具盛名，雖然遶境整
體看似去地域化，打破二結王公廟的原有祭祀圈，但廟方試圖以遶境的方式，
再次將二結王公打造為屬於宜蘭人的神，亦為一種更大範圍的在地化表現。

三、安五營與收五營

所謂「五營」，即以村莊或廟宇為中心，依五行方位而設的「兵營」〔註44〕，
從許宇承對五營的研究成果得知，神軍的組成有「天兵天將」與「五營兵將」
之別，天兵天將可跨越境域的限制出使任務，而五營兵將可說是派駐各地方
的軍隊，依五方配置負起守衛境域的責任，而掌理、調動此一部隊的兵權在
當境之主神，平日除要防止妖魔入侵外，在有任務需要時，也要遵從地方主
神的派遣行事，因此，五營兵將與境域主神之關係十分密切〔註45〕。至於五
營位置的選定與安放，則透過關輦的方式，由神轎指引並點出五營設置處，
目前二結王公廟之五營為露天式，完全沒有硬體建築物，也沒有屏障，只在
營位上插放長約三公尺之王公黑令旗代表王公指令，並設有一張水泥供桌
〔註46〕，提供周圍居民祭祀使用。台灣各廟安營與收營時間因主神神格不同
而有所差異，二結王公廟於每年農曆二月十六日安營，並於同年農曆十一月

與「乩童游連城」四則王公神蹟，以油畫方式繪製於藝閣上並於遶境過程中
以行動劇的方式呈現神蹟故事。
〔註43〕林開世，〈移動的身體：一個遶境儀式的分析〉，《空間與文化場域：空間之意
象、實踐與社會的生產》，頁239。
〔註44〕劉還月，《台灣民間信仰小百科——迎神卷》，台北：台原出版社，1994年，
頁74。
〔註45〕許宇承，《台灣民間信仰中的五營兵將》，台北：蘭臺出版社，2009年，頁11。
〔註46〕於民國一〇四年（2015）以前為一般木頭製桌子，因置於戶外不易維護，故
重新以水泥材料製作供桌。

十四日進行收營。

　　在大二結地區，安五營及收五營之儀式不單指村內之五營，於二結王公廟之輦轎文化中，安五營及收五營儀式的另一種功能與一般熟悉之「淨五方」類似，淨五方為民間各類道法祭祀中常見的一種儀式，淨乃清潔、淨潔之意，五方乃指東南西北中五個方向，在民間舉行跟地有關或者必須借地行事的法事祭儀，包含設五營、普渡、過火、安座、淨宅等絕大多數的法事，在舉行正式的醮儀或法事之前，都必須先淨五方，表示把原來盤據在現場五方的凶神惡煞逐走，以免危害祭儀的進行或者主事者的安全，其儀式相當簡單，用淨水鉢於五方灑聖水、用草龍或法索拍打五方等，最後並貼上符籙，一方面禁止敵人入侵，同時表示淨地〔註47〕。在會場進行安五營儀式前需要準備以下進項物品，包含金紙、王公符令、黑羊血、王公印、毛筆、墨水、鑼等，神轎準備的部分則需事先以擲筊方式向王公請示當天儀式需出動幾尊王公以及何尊土公，將神尊請出廟後，將其放置於神轎上，現今神轎多裝置鐵桿與螺絲，便於將神尊安放穩當，待螺絲鎖緊後，則需再以繩子綑綁，空隙處以金紙填滿，最後以裁剪過的細長紅布將神尊與神轎緊綁，以上皆為防止神尊於關輦劇烈搖晃時鬆動掉落，故採取多道防護措施以保護神尊，安放完畢後，再向神尊上三炷香並以橡皮筋將其綁於神尊前方之神轎上。

　　當前置工作準備完畢後，即可開始進行由輦轎執行之安五營〔註48〕儀式，關輦的兩位人員，先以稍微側身的姿勢左右搖晃神轎，並於原地以逆時針方向繞圈踏步，一旁工作人員需不斷敲鑼，而神轎上的鐵扣因晃動不斷發出聲響，協助王公降於神轎上的神像，待降神後，神轎會開始劇烈且快速晃動，因搖晃幅度極大，扛轎的前者會以扛木撞擊自己的肚子，即為「發輦」之狀態，在地習慣以台語「發聖」（huat-siànn）稱之。接者，神轎會至案桌前，桌頭會向王公說明本次儀式之目的，請求王公之符令待安營及收營使用，隨後則由扛轎前者於準備好之符令及金紙上畫符，以毛筆沾墨汁於金紙上畫符，其符令稱為「黑眼」（oo-gán），主要用於神祇，以毛筆沾黑羊血於金紙上畫符，符令則為「紅眼」（âng-gán），用於陰神、好兄弟，符令製作完畢

〔註47〕劉還月，《台灣民間信仰小百科——迎神卷》，台北：台原出版社，1994年，頁133。

〔註48〕為避免與農曆二月十六日之安五營儀式及農曆十一月十四日之收五營儀式混淆，故儀式會場之安五營及收五營皆以「安營」及「收營」稱之。

後，神轎開始以逆時鐘之方向〔註49〕，以扛木依序點出四個點進行安營程序，每當點出一個五營點後，旁邊助手須將備妥之紙錢與先前製作之王公符令一併燃燒，最後一處則為中營，藉由神轎安五營的方式，潔淨會場，將王公兵將置於五營，防止妖魔鬼怪影響活動之進行且保佑活動順利圓滿。活動結束後，仍需要進行收五營之儀式，其儀式與安五營相似，一樣以關輦的方式，以逆時鐘方向或其他順序依序點出五營位置，並燃燒紙錢與王公符令，代表將王公兵將收回，為整個儀式或活動畫下完美句點。

除了儀式會場之五營外，關於二結王公廟祭祀圈即大二結社區內之五營設置（圖 2-9），則為每年二王公生農曆二月十六日時將黑令旗安置於五營位置，直到三王公生的前一天農曆十一月十四日再將王公兵將召回休息並舉行犒軍儀式。

圖 2-9　黃標處為二結王公廟五營位置

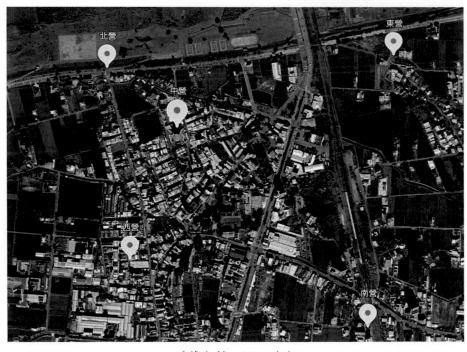

（筆者製，2015 年）

「安五營」約在二王公生當天上午八點多於廟前開始進行，將神像置於神轎上後隨即開始發輦，並於案桌上畫符製作黑眼及紅眼，以沾有黑羊血之

〔註49〕有時會以其他順序代替逆時鐘方向進行安營及收營。

毛筆於符水、馬草（bé-tsháu）〔註50〕上畫符，使儀式所需之用品潔淨，由於仍需要於廟前進行相關儀式，故神轎必須先在現場進行儀式會場之安營〔註51〕，確保往後的儀式不受干擾。安營完畢後，神轎再次回到案桌前，以扛木在案桌上針對安營儀式出字指示，後由桌頭誦讀中營天兵、天將、王公兵將之數量〔註52〕，以擲筊方式確認，若為聖筊即可將該營黑令旗拿至案桌上，桌頭再次複誦兵將數量用以表示將兵將入令，由扛轎者手持沾有黑羊血之毛筆畫令旗以及於整支竹竿上畫符，最後蓋上王公印〔註53〕。隨後將黑令旗拿至廟外豎立，於令旗下燃燒四色金與甲馬，並於一旁撒下馬草，王公神轎此時於黑令旗前以發輦表示操兵，完成後則移動至廟旁中營位置，需先向安置黑令旗之旗座潑灑符水，將周圍保持潔淨，並以素果、鮮花、清茶祭祀之，由董事長、董監事、村長、工作人員等人一同祭拜以祈求闔家平安、廟務順利。將黑令旗插入後，以擲筊的方式詢問王公黑令旗是否安插得宜，若為笑筊或無筊，則需再調整令旗擺放角度、方向直至擲筊出聖筊。中營安置完畢後，再返廟依上述步驟完成東、西、南、北四支令旗之兵將入令，完成後則依序至西、南、東、北營放置令旗，由二結王公廟巡守隊作為前導車，其次為鞭炮車、供品車、大鼓隊、神轎車兩輛、黑令旗車，其祭祀程序與中營相同，居住於各營附近之居民亦會準備供品前來祭拜。

圖 2-10　於五營令旗畫符　　圖 2-11　五營的安置

（筆者攝於 2014/3/16）

（筆者攝於 2014/3/16）

〔註50〕稻草梗切成短節。
〔註51〕此次安營儀式除原先燃燒紙錢與符令外，亦燃燒甲馬（kah-bé）。
〔註52〕中營：天兵三千名、天將兩名、王公兵將三萬兩千六百名；東、西、南、北營：天兵一百六十名、天將兩名、王公兵將三萬兩千名。
〔註53〕蓋王公印時，需於令旗下墊著金紙，由工作人員將印章放置於令旗上，再由神轎扛木按壓，表示蓋印完成。

　　「收五營」的儀式由二至三頂神轎及工作人員於農曆十一月十四日上午八點多進行，神轎數量則依王公指示而有所增減。收五營主要為將置於五營處之黑令旗卸下帶回王公廟。於出發前，王公神轎需先於王公廟發輦製作符令並於儀式現場進行安營，再自王公廟出發，依序前往西、南、東、北、中之黑令旗所在位置，供奉鮮果、茶水祭祀黑令旗，其隊伍以三至四輛小發財車為編組，分別為載有大鼓隊、神轎、工作人員、相關使用器具、供品等，沿途需要撒馬草，象徵王公帶著兵馬出巡，五營附近居民亦準備牲禮、供品等至五營處祭拜。同時間，其中一尊輦轎亦需要在村莊五營處，進行儀式場地之收營儀式，結束後由桌頭念誦各營兵將數量，以擲筊方式詢問黑令旗是否可以收取回廟，若為笑筊或無筊，則會再進行一次收營之儀式，若為聖筊，則可立即取下，但於五營處進行之收營及擲筊儀式並非必要，有時可省去收營及擲筊儀式，在祭祀後即可直接將黑令旗卸下帶回王公廟燒掉，最後再於廟前進行收營儀式，象徵收五營儀式之完成。

圖 2-12	圖 2-13
居民於收五營時，帶著供品一同祭祀	神轎於收五營時發輦

（筆者攝於 2015/1/4）　　　　　　（筆者攝於 2011/12/3）

　　在收五營過後，廟方會進行「犒軍」儀式，意即勞軍，犒賞駐紮在祭祀圈內的五營兵將。於上午十一點開始進行，由王公廟董事長率領工作人員及信徒一同祭祀，廟方會準備一百二十個菜碗，其中包含豆皮、炸丸子、香腸、香菇、魚丸等熟食，以及紙錢、甲馬、巾衣、米等來慰勞兵將。而拜地府亦與犒軍一同於廟棚下進行，目的在祭祀孤魂野鬼，以求冥陽兩利。需準備口咬鳳梨之神豬，神豬架下則吊有豬肝、豬腸、豬肚等生食，來施予廟外之眾生，供

桌上則有雞豬魚等牲禮，和酒、金紙、更衣、鮮花素果等物來作為祭祀之用。

　　此外，當天亦進行謝平安之儀式，每年農曆十一月期間，臺灣有許多廟宇會選擇一天舉行謝平安儀式，感謝神明庇佑地方上一年來平安順利，這個祭典除了以三牲祭品祭祀神明之外，一般是以演戲方式酬神，稱為「平安戲」，顯示出漢民族敬天思想與飲水思源的道德觀。臺灣光復後為了配合大眾之作息，大多選在國定假日或週休二日時舉行，二結王公廟則與三王公生祝壽搭配。二結王公廟的謝平安儀式固定於三王公生前一日舉行，藉此來向眾神答謝致意並向王公祝壽，每年的舉行時間約在上午八點半至十一點舉行。二結王公廟的謝平安儀式亦包含「謝三界」與「謝令旗」，除了廟方準備的供品外，民眾也會帶著三牲前來祭拜。

圖 2-14　犒軍、拜地府

（筆者攝於 2015/1/4）

圖 2-15　信徒一同參與犒軍、拜地府

（筆者攝於 2011/12/3）

第三節　日常祭儀：濟世類

　　民眾至廟宇請示私事，欲解決疑難、病痛等問題，皆屬於濟世類儀式。在二結王公廟的濟世類儀式中，除信徒至廟中問事、辦事外，亦針對信徒個別情形、需求出外進行出煞、安宅等儀式，因此本節將依照濟世類儀式主要舉行之場域分為廟內辦事及廟外出煞兩種類型，最後透過不同案例之歸納，分析古公三王信仰中濟世類儀式之特色與意義。

一、廟內辦事

　　二結王公廟固定於每個禮拜二與禮拜六晚間替信徒辦事，於三王公生前後至大王公生前後以及農曆七月暫停辦事的服務。欲向王公問事之民眾需事先向廟方登記預約報名，除留下問事者之基本資料外，亦同時簡單說明欲詢

問王公之事項。費用收取部分則為自由樂捐，但若過程中需要使用草人脫身進行祭解〔註54〕，每人收費五百元。早期王公廟辦事的輦轎班一度高達八組人馬，以免費或採換工的方式進行服務，後來演變為酌收車馬費用，據傳後來因出現私自接受酬勞與各組人馬搶生意之情形，因此在林奠鴻擔任董事長期間將輦轎班裁撤掉〔註55〕，事實上，林奠鴻董事長並未將輦轎班撤除，而是下令辦事人員不得再向信徒酌收任何費用，並從廟方的經費中適量補貼辦事人員之車馬費，若再次出現私自向信徒收費情形，則將確實將輦轎班裁撤，這樣的作法招來輦轎班的不滿，但因嚴格執行新制規定，使輦轎班人員相繼退出，目前辦事組人員約於十名以內。

前來王公廟問事之信徒來自台灣各地，每次約有五、六人至十多人登記。辦事的程序大致可分成出字、解釋、後續三個部分。首先出字的地點於王公廟最左邊之廂房，工作人員主要為王公廟辦事組人員，包含關輦二人、認字者一人、記錄一人、助手二人。關輦者須先將王公安置於神轎上，每次進行辦事的三王公不太一定，依當天擲筊詢問結果決定，目前多為靈三王公及老三聖王公。隨後即開始進行發輦，待信徒進入左廂房後，認字者會先向王公說明其基本資料及簡述欲詢問之事項或發生之狀況，若問事者本人親自前來，需移動至案桌旁，關輦者以扛木前端觸碰問事者之兩手手腕進行把脈，後再觸碰胸口，若問事者當天由他人代替前來，則必須在問事前向王公稟告，先讓王公至問事者之地點查看情況。

把脈完畢後，輦轎於案桌上出字，每次字數約十個字以內，每出一句話後，認字者會將字唸出，由問事者進行擲筊確認，若為聖筊即可進行下一句的出字，若為笑筊或無筊，認字者則會以其他文字或調整順序再次詢問，直到擲筊出聖筊，出字的句數沒有固定，約十句左右，出字完成後，認字者會再將王公全部所出的字唸誦一遍，再由問事者擲筊，若為聖筊則可結束出字部分，若為笑筊或無筊，王公神轎則會於案桌上點出給予問事者之符令數量，點出「一」則表示給予一張符令作為平安符或貼於家門口上之用，點出「一一」則為一張符令作為平安符之用、一張符令則貼於家中門口上，點出「一三一」則是一張符令作為平安符之用、三張符令作為符水之用、一張符令貼

〔註54〕若以王公香符、大人祭解，則為自由樂捐。
〔註55〕施承毅，《「神的厝·咱的廟埕」轉化中的宗教空間意義——宜蘭二結王公廟新廟空間生產過程》，國立台灣大學城鄉與建築研究所碩士論文，2003 年，頁 87。

於家中門口上，若給予符令後仍沒有擲出聖筊，則會再次給予黑眼。雖然解決的方式多於桌頭解釋後進行，但會依各自情況的差異，有時問事者亦會於出字過程中喝符水，或以毛筆沾黑羊血點於問事者頭上等。

　　出字部分之後，問事者再次移動至中殿，由林坤智擔任桌頭的角色，向問事者解釋王公所出的字、造成的原因及解決的辦法，並由問事者向王公擲筊確認以何種方式進行解決。解決的方式包含開藥符、抽藥籤、求許〔註 56〕等，其對應的病症、疑難並不固定，開藥符為喝符水的方式，抽藥籤則由問事者在王公的藥籤筒中抽籤，每抽一支籤皆需向王公擲筊確認，當抽完一支籤後，需以擲筊方式詢問王公藥籤是否足夠，若非為聖筊，則需再抽一支籤，直到抽取之藥籤足夠，抽籤完成後，問事者再依照所抽出的藥草進行藥湯的熬製。

　　求許是解決辦法當中，屬較繁複的方式，需要用到求許的人，主要是與陰間或其他鬼神有關，由於王公需要時間與其他鬼神協調，因此在出字、解釋之後，問事者仍需留下等待，待其他問事者辦理完畢後，再向廟方購買一百元至一百五十元之祭拜組合〔註 57〕到廟的外面朝外祭拜，此時由桌頭向鬼神說明王公將其調來之原因、問事者的情形，再唸誦出問事者下次回廟時，向祂祭祀所需要準備之供品種類與數量，由問事者之家屬〔註 58〕擲筊確認，若為無筊或笑筊則在供品種類及數量上進行變化增減直至擲出聖筊，若連續兩次皆擲出無筊或笑筊，在旁的王公神轎則會發輦協助與鬼神溝通。結束後再返回到左廂房進行祭解儀式，問事者坐在椅子上面向外面，手持香符〔註 59〕，乩童手持七星刀向問事者的身體輕劃同時唸誦疏文，唸誦完成後，問事者向香符呼一個氣，象徵將體內不好之病氣或運氣排出體外，再將香符向外丟掉，隨後再跨過一盆爐火以及於衣服蓋上王公印以祈求平安驅邪。求許的最後，王公廟會準備三張王公符令、七片艾草葉、七顆小石子〔註 60〕予問事者帶回，返家後將符令燒掉製作成符水，喝下三小口後，將艾草葉及石子放進臉盆，再將剩餘的符水倒入，最後加入陰陽水〔註 61〕，用以擦拭身

〔註 56〕台語發音為 Kiû-hè。
〔註 57〕包含兩包餅乾與紙錢。
〔註 58〕與求許有關之儀式，必須由問事者家人進行擲筊及祭拜，問事者需要迴避。
〔註 59〕將三支香插在金紙上。
〔註 60〕情況嚴重者則為九顆小石子。
〔註 61〕此指熱水加冷水。

體，此步驟宜在當天晚間進行，並且當天不可再出門，需要由他人將水倒至屋外之排水溝或大樹下。

　　使用求許解決之問事者必須於下次辦事時間前半個小時，約晚上六點半，帶著需要準備的供品前來祭拜，祭拜地點仍於廟外並朝外向與問事者犯沖之鬼神祭祀。約於晚間七點，桌頭會帶領問事者之家屬前去案桌旁，向求許之鬼神說明問事者之身分、準備之供品、希望如何解決以及是否已經享用完供品，若擲筊為笑筊或無筊，必須於供品中各抓一小把菜、飯、紙錢、酒於空盤子上，若持續擲不出聖筊，則再次於供品中抓取食物放進盤子並多燒一些紙錢直至聖筊的出現，置於盤子內的食物，由工作人員於祭祀後拿去燒掉獻給鬼神。若執行求許之問事者屬於魂不在身上者，必須要在求許完成後，由扛轎者會拿著問事者之衣服於金紙火堆上繞圈，由桌頭、工作人員、問事者之家人在旁喊叫問事者的名字並請他回來，以擲筊方式詢問魂魄是否已經回來。求許的祭祀活動結束後，再返回至左廂房進行祭解，此次以拿草人的方式進行，問事者同樣面向外面，乩童手持七星劍於問事者背上從右至左輕劃三下，再拿小人於背上及兩手臂共輕劃五下，最後再由問事者向小人呼氣，將小人丟於廟外鐵桶，以過爐火以及於衣服上蓋上王公印完成祭解。

<table>
<tr><td>圖 2-16　關輦出字</td><td>圖 2-17　求許儀式</td></tr>
</table>

（筆者攝於 2015/4/4）　　　　　　（筆者攝於 2015/3/24）

二、廟外出煞

　　除了信徒至廟裡問事外，有時王公亦針對問事者之情形出外辦事，多屬家中有不潔之物，才需由王公親自前往出煞。每次出外出煞至少需要五名工作人員，包含關輦兩名、桌頭一名及助手兩名。以下為民國一〇四年（2015）

三月於宜蘭縣礁溪鄉出煞之情形，當天抵達民宅後，先將老三聖王公置於案桌上，以簡單的素果、清茶、四色金祭拜，同時於家門外進行求許〔註62〕，隨後將王公神像安置於神轎上，開始發輦製作黑眼、紅眼及符令。待所有符令準備完成後，由桌頭、神轎帶領主人以清香、紙錢前往祭拜家中灶神、其他祀奉之神明與祖先，向其說明今日王公欲在家中進行出煞儀式，並請眾神一同前來協助。

之後工作人員手持平底鍋，於半底鍋中燃燒金紙，一路從頂樓陽台呼喊：「家中的陰神好兄弟，主人家在樓下準備一桌很豐盛來奉敬祢，祢就快點下來。」至每個房間將門、電燈打開並敲門發出聲響，催促所有好兄弟下樓吃飯，再次來到一樓家外的供桌前，請所有陰神、好兄弟領收供品。約莫半小時後，桌頭與主人來到家外的供桌前，以擲筊的方式詢問是否已經用餐完畢，若非為聖筊，則必須於供品中各抓一小把菜、飯、酒、紙錢於空盤子上，待稍後與金紙一同燒給陰神、好兄弟，而求許後的供品不可再拿進屋內，主人家亦不可食用。

接下來，神轎再次發輦準備稍後所需使用之符水及鹽米，然而此時王公仍覺得屋內有不潔之物，故以扛木指著玻璃櫃內之獅像裝飾品，將其取出後，神轎轉往電視櫃前，同樣以扛木指著抽屜，由工作人員於抽屜內找出含有生物標本以及其他廟宇之吊飾各一個，再以沾有黑羊血之毛筆於這三項物品上畫符，並準備紙錢一同火化。而神轎再次前往頂樓神明廳，以扛木指出門柱正對供桌上之神明，其為問題所在，使家中奉祀之神明無法施展其神威。

因此次主人家於門口掛有八卦鏡，故由桌頭持沾有黑羊血之毛筆於八卦上畫符表示開光，完成後則於屋內再進行祭解儀式，過程與在廟中進行之祭解相同，但多需準備小三生牲祭拜。最後，所有人員前往頂樓，桌頭口唸咒語手撒鹽米，工作人員則灑下符水，進行最後驅趕之動作，並請主人再將所有門窗關閉，一路從頂樓走至一樓再往外走向稍早選擇送走陰神與好兄弟之地點，將所有紙錢、小三生牲、求謝時所留下之一盤供品、於家中找出之吊飾等一併燃燒火化，待所有儀式完成後，將王公於神轎上取下放至供桌上，由主人準備三牲、紙錢進行犒軍以表感謝之意。以上大致為出煞儀式之形

〔註62〕求許祭祀的方向並不固定，事先會由工作人員進行附近環境之場勘，選擇一處作為送走陰神、好兄弟之位置，再向其方向進行祭祀。

式，但仍會因問事者與其家宅之各別情形而增減、調整出煞之細部儀式、過程，整體儀式約進行兩個小時。

<table>
<tr><td>圖 2-18</td><td>圖 2-19</td></tr>
</table>

圖 2-18	圖 2-19
於宜蘭縣礁溪鄉民宅進行關輦	於台北市民宅進行收魂儀式

（筆者攝於 2015/3/31）　　　　　（筆者攝於 2015/4/1）

王公除因家宅出煞儀式出外之外，由於二王公為地理師，因此許多民眾在搬新家、蓋房子時或與地理風水有關時，皆會請二王公前去指引。在三興村溪底城北側有一處豬公埔仔，根據在地居民說法，早期因蘭陽溪未修築堤防，溪底城這一帶時常氾濫，清朝時期的進士楊士芳至溪底城巡視，感念民生疾苦，因此恭請二王公前來點出界線，祈求好兄弟不再作亂並令蘭陽溪溪水不流入界線內，此後溪水未再氾濫至此處，因此當地居民每年於農曆七月八日，在二王公點出界線之處殺豬公祭拜好兄弟酬謝，亦呈現出宜蘭地區河流沿岸居民，於農曆七月半進行之「拜堤防」特色。至於在蓋房子時，則由問事者分別點出房子欲蓋地點之四面邊界以及詢問相關問題，再逐次向二王公擲筊詢問該點是否合宜，往後則依照王公的指示搭建房屋。而搬新家時，通常亦會供奉二王公於家中以進行安宅，祈求家運昌隆、闔家平安，由於二王公分身不多，加上民眾多喜歡請本尊王公辦事〔註63〕，因此二王公安宅的停留時間通常不超過三天。

三、問事類型與化解方式之分析

目前赴廟問事之信徒多以請示與王公專長有關的事宜，包含健康、運

〔註63〕二結王公廟的主祀神為三王公，因此三王公本尊除三王公生過火外，皆未離開王公廟，出外辦事主要由其他分身進行，大王公則因為醫師，民眾問事多於廟中抽藥籤的方式進行化解，因此大王公本尊亦未出外辦事。

勢、風水，至於學業、財富、婚姻方面，民眾則多以擲筊方式向王公請示或求賜財金〔註64〕、合和金〔註65〕，而不透過關輦方式尋求協助。雖然現今對於問事者之身心狀況、運勢不佳的肇因與解方分析，因王公關輦出字的隨機性及不可預測性，仍未有明確的對應關係及化解方法，但總體而言，依舊可歸納出主要影響身心、運勢之原因以及後續處理的方式。不論是身心狀況或運勢不佳，其產生原因多涉及超自然界，再依照各自情形，使用抽藥籤、符令〔註66〕、求許、出煞、祭解〔註67〕、護體燈〔註68〕等方式處理，若問事者欲請示之問題與超自然界無關，如婚姻，王公多以提供建議予問事者，例如：指出問事者大期〔註69〕的時間、夫妻相處之道等，後續則必須仰賴問事者個人的心態，其處理形式亦與其他疑難雜症較為不同。從問事類型，可歸納出王公主要處理以及能夠解決的，皆與鬼神造成的問題有關，如：健康、運勢，並以實際之儀式進行化解。若非鬼神造成者，如：學業、錢財、婚姻等，王公多以提供意見為主。

　　從問事者的請示動機、病理產生原因的解釋至後續調和化解的方式，象徵著漢人的致中和宇宙觀，李亦園根據其早年研究民間信仰資料與概念之成果，提出致中和宇宙觀之三層面和諧均衡模型，〔註70〕小自個人的身體健康，大至整個宇宙的運作，都需要這三個層面維持和諧均衡。〔註71〕張珣對此有更清楚之解釋：「於個體系統（人）的方面，再分成內在與外在兩部分，內在部分是人體與食物之間的冷熱協調，以達到均衡和諧就是健康，外在部分則是民間姓名學信仰，即個人的姓名可以運用五行或是筆畫吉凶修改，以與外在形式達到和諧。自然系統（天）則分為時間與空間的和諧，前者為民間流年的信仰，個人的生辰八字與年運若與宇宙的時間流和諧，即為吉利，不和

〔註64〕求財利、事業、補財庫者，需拜請三王公、招財使者、利市仙官，擲筊後祈取賜財金。

〔註65〕求婚姻、良緣、夫妻合和者，需拜請三王公、合和郎君，擲筊後祈取合和金。

〔註66〕符令的使用包含喝符水、洗淨身體、貼符令於家門口、戴掛平安符等。

〔註67〕祭解時，草人、香符擇一使用，使用的種類需事先向王公擲筊請示確認。

〔註68〕主要針對身體極為不佳者，需提供一套衣物，廟方將衣物整理於塑膠袋中，包裝外貼有符令並置於中殿旁的櫃子上，於衣物前點燈，為王公附體保佑之意。

〔註69〕機會出現較多的期間。

〔註70〕李亦園，〈和諧與超越的身體實踐——中國傳統氣與內在修練文化的個人觀察〉，《氣的文化研究：文化，氣與傳統醫學學術研討會論文集》，2000年，頁2。

〔註71〕李亦園，《文化與修養》，台北：幼獅文化，1996年，頁127。

諧為凶煞，空間上的和諧為民間風水信仰，個人所處的位置與外在地理空間的和諧與否，分別意味著吉利與凶煞。最後的人際關係（社會）包含人間與超自然兩項，人間部分意指個人與家庭、家族、社區、社會當中，各種人際相處能夠和諧就是吉利，超自然則指個人與過去的祖先、未來的子孫、天上的神明、地下的鬼魂有關，是否取得和諧關係著吉利及凶煞。」〔註72〕

從觀察王公廟濟世類儀式的經驗，多數者未能與超自然界保持和諧之關係，因此直接或間接影響至個人身心狀況、家庭運勢等，王公在處理超自然界之事物時，未因本身具有較高神格的身分採取壓制、驅除之手段，而是透過與超自然界溝通、調解的方式，如求許儀式，再次恢復問事者與超自然界之關係，維持三個層面的和諧均衡。問事者除了事後透過修復關係來重新達到個人、自然與社會的和諧外，在自然系統的部分，則可藉由事前的預防性儀式以減低或避免日後轉變為不和諧關係的可能性，包含於過年期間進行之安太歲、建設樓房前的請示等，皆屬於維持與時間、空間上的和諧，以達到致中和的境界。

第四節　重要祭儀：「王公生」過火儀式

在台灣的民間信仰中，神明誕辰通常為廟宇一年中最為重要的日子，除了一般的祝壽活動外，亦因地區與神明的不同，舉行演戲酬神、遶境、過火等儀式。古公三王的誕辰為二結王公廟每年重要之慶典，於三位王公聖誕當天舉行祝壽及過火儀式，在過火儀式方面，則藉由踏過火堆將神像上與過火者身上的不淨驅除，其中又因三王公為主祀神，故其過火儀式及慶祝活動最為盛大熱鬧，以下將分別針對大王公生、二王公生及三王公生各自祭典進行論述分析。

一、過金火儀式

二結王公廟的過金火儀式，主要於大王公生及二王公生時舉行。大王公生為農曆一月十六日，當天主要進行祝壽活動及過金火儀式，早在民國十九年（1930）以前，大王公聖誕甚是隆重，廟方備豐盛祭禮，道士著道袍集體誦

〔註72〕張珣，〈民間寺廟的醫療儀式與象徵資源：以臺北市保安宮為例〉，《新世紀宗教研究》第 6 卷第 1 期，2007 年，頁 8。

經，稽首禮拜如儀〔註73〕。由於大王公生並非每次皆遇到假日，因此於平日進行之祝壽活動及過金火儀式，參與人員與規模皆不比三王公生。

在民國一〇四年（2015）大王公生之過金火儀式，約於下午一點多開始，輦轎人員於廟前將過火之神明，包含老大王公、新二王公與鎮三王公，三尊神明安座於神轎上，並於過火會場〔註74〕準備過火所需之金紙、祭祀用之案桌、香爐、將斗、乩童五寶、黑令旗、牲禮、鮮花等相關用品。待事前工作準備完畢後，由桌頭以擲筊方式詢問大王公過火時間，確認過火時間後，工作人員開始敲鐘擺鼓與敲鑼，由手持黑令旗者帶領神轎從廟前移駕至過火場地。至過火場地後，需先將黑令旗綁於案桌所在的帳篷竿子上，並以金紙墊在黑令旗竿子底部，避免與地面直接接觸。隨後新二王公即開始發輦畫符，符令製作完成後，扛轎的前者再持毛筆沾黑羊血於牲禮、鹽米、榕樹枝、符水等用品上畫符，以潔淨所有儀式中所使用之物品。

過火開始前，新二王公先至會場之出入口燃燒符令及紙錢，避免儀式過程遭受外物之影響，隨即再至案桌前製作紅眼，完成後則進行會場之安營儀式。過火所需金紙準備完畢後，老大王公神轎開始發輦，並於金紙堆上點出五個方位，在五個點上放置符令，再次確保過火之安全性，而點火的五個方位則由新二王公點出，並開始燃燒金紙堆，同時間工作人員亦手持香爐繞行火堆進行潔淨。待金紙堆燃燒至一個程度後，工作人員會將火堆稍微往兩旁撥開，在中間留下一條金紙燃燒較不完全的路徑，再向火堆撒鹽米以及持榕樹枝沾灑符水。過火由持黑令旗者作為開路先鋒，依序為老大王公、新二王公、鎮三王公、乩童五寶、將斗、王公印，過火後，除新二王公外，其餘皆直接進入廟中，新二王公需再回到案桌前，於牲禮前燒符令，並以扛木前段敲擊案桌一下，表示過火儀式的完成，即可將案桌等物品撤回王公廟。

至於二王公生之過金火儀式則於農曆二月十六日下午舉行，在古公三王信仰及二結王公廟之相關研究中，針對二王公生的記錄極少，其儀式內容與大王公生之過金火幾乎相同。當天約於下午兩點左右，開始將神像安座於神轎上，過火之神像數量並不固定，將視當天可參與過火之人數決定神轎數量〔註75〕，

〔註73〕林福春，《大二結社區地方總體營造文物採集田野調查》，宜蘭：宜蘭縣政府，1993年，頁41。

〔註74〕新廟工程前之廣場。

〔註75〕民國一〇三年（2014）為五頂神轎進行過火，民國一〇四年（2015）為五頂神轎與一尊神像過火。

隨後即發輦進行安營儀式，並由發輦之神轎進入廟內將三隻黑令旗、王公總令請出〔註76〕，在王公總令的帶領下，各黑令旗、神轎、相關用品依序跨過廟前金紙小火堆前往過火儀式會場。進入會場後，由發輦之神轎進行黑眼及紅眼之製作，進行火場之安營儀式以及於會場之出入口燃燒符令、紙錢與撒下馬草，避免儀式過程遭受外物之影響，同時亦以燃燒符令、畫符等方式潔淨各項用品。

圖 2-20　準備金紙堆

（林奠鴻攝於 2015/3/6）

圖 2-21　黑令旗過火

（林奠鴻攝於 2015/3/6）

圖 2-22　二王公生過金火

（筆者攝於 2015/4/4）

圖 2-23　過火後於廟棚下為王公穿衣

（筆者攝於 2015/4/4）

過火所需金紙準備完畢後，神轎開始發輦，於金紙堆上點出五個方位，在五個點上放置符令，再次確保過火之安全性，並於放置符令處開始燃燒金紙堆。待金紙堆燃燒至一個程度後，工作人員會將火堆稍微往兩旁撥開，在中間留下一道燃燒較不完全的路徑，並向火堆撒鹽米以及灑符水。過火由黑令旗作為開路先鋒，依序為王公總令、乩童五寶、神轎、王公印、馬草、將斗

<hr>

〔註76〕民國一〇四年（2015）只請出一支黑令旗，王公總令亦未請出進行過火。

等，除黑令旗與神轎外，其餘則視當年實際情形決定是否過火。過火後，所有神轎與過火者直接返回廟內，將神像由神轎上取下，重新穿衣放置回神龕，而過火現場必須留下一頂神轎進行收營之儀式，收營完成後才可將所有物品整理收回廟內。

二、過炭火儀式

　　根據林福春的考證，三王公之丁秋日早期設在農曆十二月二十一日，若信善在年初許願，年末還願時於此日獻祭豬隻或隨心備牲禮，彩排北管大戲（含「扮仙」）、酬謝神恩加被。廟方並於席間備豬隻、牲禮、圈仔糕、米包（以噸計）禮敬天公、三界；午後祭拜地府並舉行「過火」儀式。民國三十五年（1944）以後，三王公聖誕之期將歲末改為仲冬（十一月），以便信眾提前祝壽，實係春節在即，二節相繼而至善信生計不勝負荷之故〔註77〕。但根據明治四十四年（1911）《臺灣日日新報》紀載：「羅東之廳廳下二結庄鎮安廟，崇祀古公三王，每屆陰曆十一月二十六日慶祝之時，不以豚羊致祀，以犬為犧牲，多者數十頭，少亦十餘頭，客臘二十七日，復值祝辰，是日演唱梨園三檯，庄民宰割黑犬十餘隻，並排列牲醴致祭，男婦老幼，行香參拜者，極見擁擠云。」〔註78〕顯示於明治四十四年（1911）時，二結王公廟已將三王公生提前至農曆十一月進行。在光復後，廟方將祭典日期改為農曆十一月十五日，於民國九十四年（2005）起，再次將日期調整為農曆十一月十五日前的週末假期辦理，其原因一來因農業社會轉型為工商社會，信徒作息改變，週末假日才有人力支援慶典舉行；二來結合假期休閒觀光的人潮，以延續廟會文化，是傳統慶典順應經濟發展和社會變遷的表現。然而近兩年二結王公廟再度將三王公生之過火調整回原來農曆十一月十五日，希望維持祭典之傳統，但也直接影響參與人力的調配與周邊之觀光效應。

　　每年廟方會在三王公生前一個月，舉行董事會議，決定過火日期並向王公擲筊決定炭火數量。炭火數量以一萬兩千台斤為基量，每次以增加一千台斤做為請示，通常最後都在兩萬台斤以內，每年購買炭火所費金額約新台幣十幾萬元。木炭又可分為硬炭與鬆炭兩種，硬炭多為相思樹燒製而成，作為

〔註77〕林福春，《大二結社區地方總體營造文物採集田野調查》，宜蘭：宜蘭縣政府，1993年，頁41。

〔註78〕臺灣日日新報編輯部，〈祭王宰犬〉，《臺灣日日新報》，1911年1月9日，3版。

過火火堆的基座，鬆炭尺寸較小，在硬炭燒製一定程度後，鋪於硬炭上層，便於過火人員踩踏。確定炭火數量後，廟方會公告招募炭火與鹽米的相關事宜，由信徒捐款認購炭火、鹽米或直接添香油錢，約可募得兩百多萬，這也成為王公廟收入的主要來源。場地準備方面，早期過火多於王公廟附近之農田進行，隨著樓房的新建，目前過火地點為新廟前，為一充滿砂石之圓形空地，含環繞場地之看臺區約直徑五十公尺。過火前一週，廟方需於將碎石等障礙物移除，以免在燃燒炭火時造成爆裂，另將沙子整平，以利過火儀式的進行。

雖然三王公生為農曆十一月十五日，但許多祭典皆從十一月十四日開始展開，包含收五營、謝平安、謝令旗、謝三界、犒軍、拜地府、祝壽活動等。三王公祝壽活動於農曆十一月十五日子時十五分，以敲鐘擂鼓一百零八下開始進行，除董事會成員外，亦有五結鄉鄉長、五結鄉鄉民代表及鎮安村村長等人參加，首先參與祝壽活動之全體人員先向王公上香，再由參與祭祀之人員依序向王公獻上鮮花、蠟燭、清酒、水果、牲禮、壽桃、壽麵、壽龜、財帛、疏文等供品，最後在司儀誦讀疏文及三跪九叩後結束祝壽活動，時間總長約十五至二十分鐘，另因祝壽活動主要為廟方內部活動，故只有少數幾位信徒於子時前來參拜。

在宜蘭有句俗諺：「驚王公生，不驚過年」形容大二結地區在三王公生時宴客的盛大情形，早期每至三王公生當天，在大二結地區的每戶人家皆會擺設流水席宴請親朋好友，甚至邀請前來參加廟會之路人一同享用，一輪接著一輪直至深夜，其中特別的是，不屬於王公廟祭祀圈之鄰近村莊，如：上四村、四結村、中興村，亦有許多居民一同於三王公生時擺設流水席宴客。然而隨著時代的變遷，王公生的請客文化大約於九○年代逐漸沒落，現今已不再見到居民於王公生當天擺設流水席，而近年王公廟於王公生前所推動的福宴，採以認購的方式，讓民眾省去準備菜肴的麻煩，依舊可以在王公生時宴請親友。

到了過火當天，約在上午七點至八點間進行「安將斗桌」。在進行過火的場所，最重要的就是先安置將斗桌，將斗桌為王公在過火期間的臨時辦公室，凡事都需要在此向其請示。安將斗桌時，廟方先迎請一尊王公神像安座於將斗桌上，以監督安五營進行、淨炭火、生炭火等工作，另外廟方會從廟中請出「斗桶」與乩童五寶放置架，斗桶插有一支王公令旗與一把七星劍，並在

斗桶中放入八分滿的稻穀，來做為將帥之令，故稱為「將斗」。隨後則會在火場進行「安五營」、「淨火場」、「生炭火」等儀式。

　　淨火場時，火場中間已鋪放稻草與硬炭，王公的神轎開始進行淨火場儀式，在火堆五個方位燒符咒與金紙，並灑上符水，最後王公的神轎會在火堆中央點出起火點，在由王公廟董事長擲筊確認。此後，將事前於王公廟內生好的爐火中取出燒紅的木炭，開始生火。起火的工作看似簡單，但面對大量木炭，仍是一項辛苦又艱鉅的工作，木炭的堆疊、燃燒的速度及程度、鹽米撒下的時機等，皆會影響過火儀式的順利與否及安全。在二結王公廟的過火儀式中，特別規劃火堆組及鹽米組負責起火堆以及過火當中撒鹽米的工作，由鎮安村村長張朝松先生及五結鄉代表會主席沈信雄先生率領工作人員約三十人，火堆組及鹽米組於正式起火前，需先至王公廟祭拜古公三王，以求過程平安順利。為加速木炭燃燒速度，會適時潑上煤油加速燃燒，並在周圍以人型工業用電扇不斷吹送助燃，木炭的部分則必須先置硬碳，後放軟碳，再用特製的長鐵耙和鐵鍊來回掃動，將炭堆夯實鋪平。早期起火方式，是以芭蕉大扇子、草席起火，隨著工業與科技的發展，後來轉變成以噴農藥的用具噴出空氣助燃，近代則以工業用的大型風扇為主要起火之用具，而起火工作人員的服裝，則維持戴斗笠披毛巾的簡單裝備，曾經有數年出現消防防火裝，讓起火人員在起火的時候更加安全與舒適，但因穿上後始行動較為不便，因此目前工作人員仍維持簡單服裝。

　　約在十點至十一點，廟方神轎組人員會將所有需放在神轎的神尊，請出至戶外的臨時棚架，棚架下已羅列寫有各尊王公稱號的神轎，每個神轎並以板凳獨立放置，由於參與過火的人員來自不同宮廟，為使神像能妥善與快速安座於神轎上，故將神像上轎的工作主要由王公廟的辦事組、二結祈安輦轎協會人員進行。安座完畢後，再由工作人員向神轎點上三柱清香，並以香爐燻過每個神轎。隨後靈三王公的神轎移駕至王公廟，將參加下午過火之全部神像〔註79〕、令旗等請出前往火場安置。中午過後，所有神轎陸續進入火場，由於三王公未在上午與其他神尊一併上轎，因此此時由大王公、九天玄女等神尊於廟前迎接三王公、王公黑令、玉旨聖九龍令等一同進入火場。進入過火會場後，神轎開始發輦巡視五營確認場地的安全，並製作黑眼符及紅眼符

〔註79〕包含王公廟供奉之神像、自請神像（由供奉民眾自行手請過火）、代請神像（由廟方安排人員協助私人供奉神像過火）。

待抓乩童、過火時使用。

　　抓乩童是每年王公生的重頭戲，無論乩童躲藏於何處，都無法躲過王公的眼睛，藉此展示王公的神力。二結王公廟的乩童皆為王公親自所挑選，但在上一任乩童林火土〔註80〕退休後，曾有幾年的時間王公未挑選乩童，於這段空窗期間，有信徒自願擔任王公的乩童，但只維持了兩三年，因此，當中幾年過火儀式中的乩童必須跟其他廟宇相借，也較無固定。目前（2015）二結王公廟的乩童由林坤智所擔任，為王公廟董事會之監事並長期於王公廟擔任志工，其被採童的契機發生在於工地工作時，林坤智為了確認此事，即到王公廟擲筊詢問王公的旨意，得到王公的確認後，廟方也著手展開相關作業。

　　由於林坤智本身信仰為達摩祖師，因此王公廟的董事長必須代替王公前去達摩祖師廟示意，得到達摩祖師的許可後，另外也要徵得林坤智父母與祖先的同意，成為乩童其實同時也是王公的「契子」，故王公廟董事長需帶著紙錢、供品前往林坤智家中與其祖先溝通，透過擲筊談好紙錢數量、功德庇蔭祖先等事宜，待祖先同意後，林坤智遂成為王公廟之乩童，並於民國九十五年（2006）三王公生時，在老乩童陳進傳之帶領下首次亮相。

　　王公廟的乩童，除上述特殊時期不固定外，其餘時間皆有一名固定之乩童，每年三王公生時，乩童於村莊內進行躲藏，而非王公於每年王公生抓生乩。每年抓乩童的時間皆不固定，需要擲筊請示三王公，大約都在下午二至三時進行。乩童通常事先選定祭祀圈內一民宅躲藏（圖2-24）〔註81〕，接著在火場的王公廟董事長擲筊請示三王公乩童的藏匿之處，由大王公本尊率領著神轎群、馬伕、護衛隊〔註82〕、工作人員，人數將近百人前去抓乩童，未去抓乩童之神轎則繼續留在現場巡視。神轎隊伍一路發輦，由會場經王公廟牌樓出發，眾人一路奔跑至乩童藏匿之處。抵達民宅後，人員便從發財車上搬下神桌、供品、放神轎的板凳等物，於民宅門前加以佈置，待神像安置完畢後開始進行祭拜，同時大王公神像發輦，於桌上寫字指示過火時間。神轎會先至該人家之神明廳，向其祖先及所供奉之神明稟告，隨後於屋內尋找乩童，乩童未必會躲藏於民宅內，於民國一百年（2011）及一○一年（2012），

〔註80〕林火土，出生於民國二十一年（1933），自民國四十一年（1952）至民國八十九年（2001）左右擔任王公廟乩童，已過世。
〔註81〕今年（2015）乩童藏於上四村及四結村，未於王公廟祭祀圈內。
〔註82〕負責管理現場秩序，避免閒雜人等太過靠近或影響儀式的進行。

乩童皆躲藏於民宅旁的倉庫內。根據事後對乩童林坤智先生的訪談得知，當時他於民宅或倉庫內打坐等待，王公出發時即有感應，隨後就進入恍惚狀態，即所謂「起童」（khí-tâng）。早期由於村內人口不多，王公可以清楚且快速找到乩童所藏之處，但隨著時代發展，居民增加，房屋也越來越密集，因此後來演變成，扛轎的負責人會事先知道乩童的藏身之處，帶領神轎隊伍找到乩童，至民國九十五（2006）左右，王公廟曾恢復傳統的找乩童方式，只有董事長及核心成員，知道乩童的藏身之處，透過王公廟董事長在現場以擲筊的方式得到乩童的藏身之處，再由神轎隊伍出發前往抓乩童。

圖 2-24　乩童於 2011 年至 2015 年躲藏位置

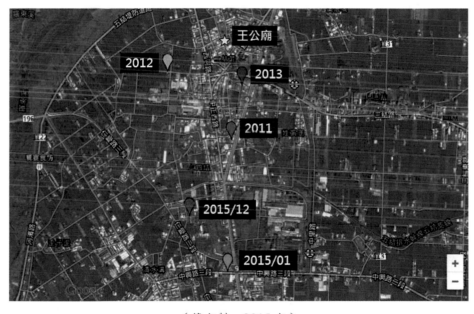

（筆者製，2015 年）

乩童被找到後，神轎會將乩童拉起，乩童則隨著神轎一同轉圈發輦，同時口中哼著日本古調，被領至神桌前，進行「破血頭」、穿「八卦兜」、「貫銅針」等儀式，而於林火土擔任乩童期間，除上述儀式外，亦有背五方之儀式，在乩童背上穿入五支銅針，銅針上帶有五色令旗，為避免令旗掉落，必須將令旗綁成一排，緊靠背後。

破血頭即為乩童手持七星劍，劈砍自己的額頭，造成一道長約六公分左右的血痕，七星刀為乩童五寶之一，屬於流血性法器，原本即具有避邪的作用，乩童在操演時見血更有驅魔之用，惡靈看到血之後會產生懼怕，因此不

敢靠近儀式的場域作亂，得以讓祭儀順利舉行與完成。而林坤智對見血的看法為一種對王公展現誠意、敬意的方法，血流的越多，顯示自己對王公越忠心，而林火土曾表示乩童是王公在人間的代理人，因此王公也希望乩童能被裝扮漂亮，因此乩童「破血頭」所留的血，被視為是王公為乩童穿上新衣，變成裝飾乩童的一部分。

　　接著由一旁的資深的廟方人員為其穿上八卦兜和貫銅針。貫銅針時廟方人員口含米酒噴在乩童兩頰消毒，後再乩童嘴內塞金紙，以兩根約六十公分之銅針，分由兩頰外側往內斜穿，從另一側臉頰穿出，在兩頰各留下一傷口。銅針兩端會各黏上三千元至四千元〔註83〕作為乩童的酬勞。過去王公廟針對儀式中的攝影未有太多規範，約於十年前開始，為使儀式避免受到干擾，以及維持儀式之神聖性，開始控管於乩童貫銅針時攝影，而今年（2015）起，則以紅布將儀式現場圍住，非儀式之必要工作人員，一律不可進入紅布帷幕內，除禁止攝影外，亦禁止儀式之觀看。

　　儀式皆進行完畢後，乩童在攙扶之下站上大王公神轎，手執七星劍與令旗，由扛轎人員扛回會場。不論乩童所藏之地點為何，皆會從二結新店仔街經王公廟牌樓回到火場，同時間王公廟之三支黑令旗、神鼓隊、旗陣、數頂神轎、陣頭、信徒等皆在二結新店仔街上的二結郵局前迎接抓乩童隊伍，一同返回過火會場。

<table>
<tr><td>圖 2-25
陣頭於二結新店仔街迎接抓乩童隊伍</td><td>圖 2-26
乩童隊伍返廟途中</td></tr>
</table>

圖 2-25
陣頭於二結新店仔街迎接抓乩童隊伍

圖 2-26
乩童隊伍返廟途中

（筆者攝於 2011/12/4）　　　　　　　　（筆者攝於 2015/1/5）

　　待神轎隊伍回到過火儀式現場後，乩童會先至三王公面前向祂行禮，一旁的神轎人員手持黑令旗將乩童頭部完全遮住，避免外界干擾，再由工作人

〔註83〕每年所貼之金額及使用紙鈔之面額並不固定。

員將乩童兩頰之銅針卸下。隨後則開始畫符令與在將斗桌前操演乩童五寶，據現任乩童林坤智表示：「游連成〔註84〕開始，二結王公廟的乩童不再操演乩童五寶，只剩七星劍與銅針還有使用。」但在林火土與林坤智兩任乩童中間的乩童空窗期，來自其他廟宇的乩童為了增加儀式的豐富性再次操演乩童五寶，回復最初的傳統，並保留至今。乩童操演完畢後，乩童手持令旗與七星劍巡視五營，再將符令依序在火堆四方點燃，再次進行淨火堆儀式，目的在顯示過火的神聖性，因此要反覆淨火場和淨火堆。起火人員則開始捧鹽米，將鹽米大力撒在火堆上，象徵電光石火以驅魔，實際上亦達到了降溫的作用，而所有過火的人員於此時扛著神轎或捧著神像離開火場至火場外圍整隊準備過火，隨後由董事長發號司令，開始進行過火儀式。

首先過火的是三支黑令旗，黑令旗為王公令，過火人員同時會在背上揹負一個紅色包裹，裡面裝有事先準備好之平安符，為提供接下來一年王公廟所使用，讓平安符得到更多加持，其中擔任第一個手持黑令旗過火者，由於身負重任負責「開火路」的工作，因此多由經驗豐富者擔任，開火路為第一個過火者於火堆上踏出一條路線，由於踏過之處變得較為緊實，後續過火者即可循著前者的腳印過火，較不容易發生跌倒之意外，若開火路的人能順利踏過火堆，接下來的人亦能順利通過。三支黑令旗在過火後需於　旁等待乩童與大王公，待兩者完成過火後，護送返廟。隨後為玉旨聖九龍令及五營旗，持五營旗者則揹有廟方販售的「平安衫」，增加其保平安的功效，亦讓無法參與過火的信徒可以藉由穿著平安衫同樣達到過火潔淨之功效。再次為乩童，乩童手持小支的黑令旗，但因處於恍惚狀態，會由一人攙扶過火。接著為三王公、大王公、二王公、王爺公之神轎依序過火，大王公過火後，乩童必須再次站上神轎上，在黑令旗的護送下返回廟中，由於三王公本尊和其神轎重量較大，為避免人員危險，並未每年參與過火儀式，在筆者目前參與之五年過火中，三王公過火與未過火的次數各為三次與兩次，若該年未參加過火，則僅在將斗桌上觀看整個儀式，廟方表示未來三王公皆會參加過火。最後則是其它前來祝壽之廟宇的神尊、民眾委託廟方代為過火的自家神尊、自請神尊等，因此可見到媽祖、關公等不同於王公的神祇參與過火儀式。

〔註84〕出生於明治三十六年（1903），於民國十六年（1927）至五十九年（1970）於王公廟擔任乩童。

圖 2-27　黑令旗開火路　　　　圖 2-28　神轎過火

（筆者攝於 2012/12/27）　　　　（筆者攝於 2011/12/4）

　　過火完成後，開放民眾至火堆撿拾餘燼，置於家中以保平安，此外，民眾亦會圍繞火堆揮動衣物，藉此將身上的汙穢之物袪除。根據先前的文獻資料，廟方過去曾提供精緻的玻璃瓶，方便民眾填裝平安炭，〔註85〕但近幾年未有發放，改將未燃燒過的平安炭精巧包裝，贈送給捐香油錢之民眾。自民國一百年（2011）起，新增「稜轎腳」〔註86〕活動，三王公神轎由工作人員高舉於廟前廣場停駐，信徒排隊依序彎腰步行通過神轎轎底，以祈求王公的庇佑。而廟方在將所有神尊請回廟內安置完畢後，由董事會成員先行祭拜，隨後才開放大門，讓信徒一同祭拜、慶祝三王公生。此時，廟外的廣場亦有扮仙戲在同時進行，主要向王公祝壽、祈福，信徒可事先向廟方捐款登記，於扮仙戲開始前會先誦讀捐款者之姓名，一場扮仙戲約五分鐘以內，隨著捐款者的人數而不斷重複表演數個小時。

　　觀察目前許多的傳統宗教儀式皆會隨著時空的更迭而有所調整與改變，二結王公廟的過火儀式同樣面臨了相同的過程，不論從以上的討論，可歸納出儀式在舉辦時間、進行方式上的不同程度之變化。而整體過火儀式的規模及人員動員同樣受到影響，從昭和十二年（1937）一月三日《臺灣日日新報》關於二結王公廟的報導：「羅東郡五結庄二結鎮安宮，去三十日，值主神古公三王誕辰，盛舉致祭，由祭典委員陳全、簡祠在及簡阿達諸氏，熱心鼓舞，而蘭陽三郡下諸信徒，陸續參拜。過火後，迎神輿出境，陣頭計二十餘陣，觀眾

〔註85〕林志成，《宜蘭古公三王的祭祀與慶典之研究──以二結王公廟為中心》，國立花蓮教育大學鄉土文化學系碩士論文，2008 年，頁 95。

〔註86〕在民國一〇四（2015）年以前，廟方以「鑽轎底」一詞表示民間習慣稱作的鑽轎腳。根據閩健對媽祖的研究成果，由於大甲鎮瀾宮認為「鑽」之字意對媽祖有所不敬，因此現已改稱「稜轎腳」，二結王公廟目前同樣使用一詞。

約五千名。壯丁團及青年員。出為取締交通。各回乘合車，均告滿員。其他，廟前演戲二臺，極呈熱鬧云。」〔註87〕可以了解當時王公生祭典熱鬧之情形，在地居民亦表示早期於過火當天，鐵路局必須加開數班列車至二結火車站以疏運來自各地之信徒。目前每年參加之人數約有兩千至三千多人，不論舉辦於平日抑或假日，廟方表示參與人數未有大幅增減，而根據筆者近年的觀察，目前因文化資產逐漸受到社會重視，因此舉辦在假日時，除在地居民及信徒外，亦有許多研究者、學校師生、觀光客一同參與祭典。

圖 2-29　民眾於過火後拿著
衣服至火堆上揮動及撿拾木炭

圖 2-30　稜轎腳

（筆者攝於 2011/12/4）　　　　　　　　（筆者攝於 2011/12/4）

　　至於過火的工作人員部分，在過去的農業時代，由於過火儀式舉行的時間正值農閒休耕期，因此參與的人員多為村民，但隨著社會時代及產業結構的改變，目前大二結地區參與過火儀式的村民逐漸減少，若過火儀式舉辦於平日，人力不足的情形更為明顯，面對人員急速縮減的情況，王公廟便開始結合其他友宮或王公廟分香之廟宇人員，使外地參與人數逐年增加。在陳瑞樺於民國八十五年（1996）關於二結王公廟祭典研究中，歸納出三王公生慶典人員動員之特色，由於祭典的各項事務皆由管理委員會負責籌畫執行，因此沒有爐主頭家的卜選制度，但在祭典工作安排上，相當程度地表現出三村作為一地域社群，整體及部分間相互依存的關係。廟方將祭典工作分為十八組，神轎組及平安粥組的工作分派表現出三村個別對王公廟有權利及負有義

〔註87〕臺灣日日新報編輯部，〈五結庄二結鎮安宮祭典〉，《臺灣日日新報》，1937 年
　　　　1 月 3 日，8 版。

務的性質，過火神轎每村各負責四頂，由各村負責人各自募集，其中因老三王公這頂神轎最具象徵性，故三村各輪值一年，讓各村抬到老三王公的機會均等，而平安粥組亦為由三村每村輪一年，由輪值村的村長擔任負責人連絡總鋪師及招募志工。〔註88〕根據近年過火慶典的活動分工，組別細分約二十多組〔註89〕，並不再以村為單位進行動員，神轎組目前由宜蘭縣二結祈安輦轎協會、五結鄉溪底城平安神轎會、簡國龍召集之人員為主要負責團隊，其中因二結祈安輦轎協會人數較多故以連續多年負責需大量人力之抓乩童神轎隊伍，其餘組別則分別由王公廟各董事作為各組負責人，動員王公廟志工、學校團體等，同時因五結鄉公所作為主辦單位之一，故在人力上亦提供相當多的支持〔註90〕。

三、過火儀式的意義

人類文明的發展與火的出現密切相關，透過火的運用烹煮食物，以獲取更多的營養，火亦可用於取暖驅寒、照明與進行防禦，改變了人類的生活方式，並讓人類的生存獲得保障。然而，火同時具有破壞力，會因燃燒而摧毀環境與生命，促使人類開始對火產生敬畏與崇拜，從尚火概念提升至祀火、祭火的信仰崇拜與宗教活動〔註91〕，並延續至今日社會。

自古以來，分佈在世界各地的各個民族都有許多與火有關的信仰與儀式，例如：日本東京近郊高尾山的火渡祭，藉由於火堆上行走祈求神明的保佑；中國古代的火神判，則是具有爭議的雙方通過跳火堆、吞火、火中取物等神判的方式，觀察手腳等是否安然無恙，以此決定糾紛雙方的是非真偽；〔註92〕印度的排燈節則以點燃大量燈火，象徵驅除黑暗迎接光明，皆為以火進行延伸之儀式。台灣不論在歲時祭儀、生命儀禮、宗教活動，以及各層面

〔註88〕陳瑞樺，《民間宗教與社區組織──「再地域化」的思考》。清華大學社會人類學研究所碩士論文，1996年，頁54～55。

〔註89〕督導組、主持組、神轎組、火堆組、鹽米組、過火順序組、鞭炮組、捉乩童組、案桌組、總務組、交通維安組、布置組、內殿組、招待組、播音組、平安粥組、文書組、醫務組、攝影組、禮生組、陣頭組、報到組等。

〔註90〕鄉公所工作人員主要協助布置組、預備機動組、平安粥組、醫務組、神尊報到組。

〔註91〕林承緯，〈火的民俗信仰及宗教祭典：以澎湖、北台灣的法教過火為探討中心〉，《澎博百年‧百年蓬勃：澎湖研究第11屆學術研討會論文輯》，2012年，頁152。

〔註92〕趙棠俊，《先秦巫術之研究》，國立台灣大學中國文學系碩士論文，2002年，頁114～116。

的庶民生活中，皆保有豐富的火文化，包含元月十五元宵的燈籠與天燈、七月份各家戶前懸掛的普渡燈和廟前豎立的燈篙、傳統婚禮新娘步入廳堂前的跨火爐，和進行祭祀時所使用之香火、燭火、燈火、爐火、金紙火等，都為火所延伸出的民俗文化。在以火進行的宗教儀式中，林承緯根據儀式內容與特徵分成兩大類，第一類主要透過與火焰的接觸達到淨化、聖化等宗教目的，如：過火、踏火、踢火、入火、出火，這類儀式不論是以雙腳踩踏、全身接觸，或只是快速從火堆上方、內部穿過，都可達到其宗教功能。宜蘭、台北一帶的過炭火，台南地區的過柴火、過火城，澎湖群島入火出火科儀中的過火，以及各地廣泛存在的過金紙火、爐火等，都可視為廣義的「過火」。第二類則是將火視為一種超自然的象徵靈物，透過火焰的分取、製作、消滅，反映或滿足宗教上的需求，如：刈火、請火、送火王等〔註93〕。

　　台灣的過火形式種類眾多，包含過金火、過炭火、過水火、過柴火、過火城、煮油渦火等，儀式的作用主要與潔淨、除穢、加強神威有關。二結王公廟的過火意義可從人與神兩個面向進行解析，信徒藉由親身踏過火堆、撿取過火後的炭火、將衣物於火堆上揮動等方式，祈求王公的保佑賜福。至於土公本身則透過渦火儀式進行潔淨的作用，由於王公替信徒辦事時，多以處理陰界鬼神事務為主，為問事者驅除穢物，身上難免沾有不潔之物，因此王公神像以過火的方式達到除穢的效果，以增強神力並展現祂的神威。

　　過火被視為一種神聖的儀式，因此扛轎過火的人員於過火前皆必須遵守相關禁忌之規範，包含女性不可過火、在過火前一週〔註94〕吃素、不得行房〔註95〕，若曾於一個月內進入月內房或服喪者，亦不能參與過火儀式。早自中國古代社會至與晚近台灣傳統社會，男性始終為公眾事務的主導者，廟宇事務同樣由地方上的男性進行決策與參與。女性被摒除在神聖的儀式祭典外，除了兩性在社會上的分工差異之外，另一個原因主要為女性具有生理期及坐月子時期，皆被視為不乾淨的，見血具有煞氣，會妨礙人與神鬼的接觸或儀式的進行，〔註96〕因此女性僅能在淨身後，於火場內進行關輦與其他事

〔註93〕林承緯，〈火的民俗信仰及宗教祭典：以澎湖、北台灣的法教過火為探討中心〉，
　　　　《澎博百年‧百年蓬勃：澎湖研究第11屆學術研討會論文輯》，2012年，頁154。
〔註94〕另有過火者表示於過火前三天才開始遵守相關禁忌。
〔註95〕有些過火人員甚至在過火前與妻子分房。
〔註96〕蔡文婷，〈眾神的女兒──廟會生力軍〉，《台灣光華雜誌》，1998年第11期，
　　　　頁102。

物的協助，不可踏過火堆。

　　至於男性過火人員不可行房、不可進入月內房、服喪者不可參加之三個禁忌，則可從 Mary Douglas 對於不潔的定義進行解析，Mary Douglas 認為一個社會有其文化法則及社會關係，逾越或破壞此法則、脫離原有的秩序與關係，皆被視為罪惡與不潔的。〔註97〕因此，涉及到身分、地位轉變的性行為、分娩與服喪，因家庭、社會關係處於曖昧不明的狀態，其隱含了對既有社會秩序的破壞或威脅，故被視為不潔。〔註98〕以上禁忌皆可以自我約束的方式遵守，服喪則為不可抗拒之因素，因此若服喪者為過火儀式的重要幹部，可透過向王公擲筊詢問而解除禁忌，若未事先向王公報備，可能會在過火前無故受傷，迫使其自行退出。

　　過火當日，每位過火人員則須先行沐浴保持身體乾淨，換上廟方統一準備的新衣，象徵以潔淨的軀體來參與儀式。過火人員相傳，若未遵守上述禁忌，極可能會在過火時跌倒燙傷，但長期負責神轎統籌之游國華對於跌倒一事則有不同見解，他認為許多失誤可能因為太過緊張、經驗不足或與搭檔缺乏默契造成，並非完全是違反禁忌所造成。

　　為了安全起見，除廟方人員和經授權之採訪單位、研究單位人員，嚴格限制一般民眾進入火場，僅能在看臺區觀看。由於女性分娩、月事被視為不淨，以往所有女性皆不得進入火場，避免儀式遭受干擾。近年來由於女性記者、研究者、神職人員有增加趨勢，廟方提供數種方法解決與傳統禁忌之衝突，如向王公擲筊請示，若獲得聖筊即可進入火場，或是在進入前以榕樹枝沾符水灑在身上淨身，如此女性方能進入火場。然而以上的禁忌規範於三王公過炭火時才有嚴格的執行，於大王公生及二王公生過金火時，因參與者極少且規模不大，故在儀式禁忌上顯得較為鬆散，包含過金火者有不少以穿鞋方式過金火，未必需要以傳統赤腳形式踏過火堆，更有女性工作人員嘗試過金火〔註99〕等，顯示面對儀式的不同重視程度。

　　目前對於大王公生、二王公生過金火以及三王公生過炭火之儀式差異，

〔註97〕 Douglas, Mary，黃劍波、盧忱、柳博譯，《潔淨與危險》，北京：民族出版社，2008 年。

〔註98〕 翁玲玲，〈漢人社會女性血餘論述初探：從不潔與禁忌談起〉，《近代中國婦女史研究》，1999 年。

〔註99〕 一名女性工作人員曾於民國一〇三年（2014）二王公生過金火時嘗試過火，最後因於火堆前猶豫不決而未過火成功。

未有相關討論及研究，根據田野資料蒐集之結果，筆者推測主要與神明身分、人力動員及乩童有關。首先，一般在稱古公三王時，指的皆是三位王公，未有神格、地位高低之分，但一般祭祀古公三王之廟宇，多因大王公為大哥而以祂作為三位王公之首，不論是神像於廟中擺放位置或儀式進行之順序，皆以大王公為中間及優先。二結王公廟因三王公為最早來台者，故作為廟的主祭神並將其神像供奉於神龕中間，同時其分身之王爺公數量亦為三位王公之首，因此三王公生之過火儀式最為盛大。其次，早期在農業社會中，由於儀式的舉行需要大批人力支援，因此許多神明的慶典多於農閒時期，然而大王公生、二王公生的時間分別剛過農曆新年以及開始從事農耕工作，故無法進行需投入大量村民之過炭火儀式，而採取較不繁複的過金火儀式。最後，在三王公生的過火儀式中，最特別的是抓乩童儀式，此儀式並未在大王公生或二王公生舉行，主要是因為王公廟的乩童為三王公之附體，大王公及二王公並未有自己的乩童，因此在大王公生及二王公生的過火儀式中不見抓乩童的儀式。

第三章 台灣古公三王廟的建立與發展

　　根據內政部宗教團體及中華道教古公三王弘道協會等資料，目前（2015）以古公三王為主祀神之寺廟、財團法人﹝註1﹞共有二十四間。本章主要匯整臺灣各主祀古公三王廟之建廟歷程及其概況，首先以王公來源進行區分，每個分類下再透過建廟緣由、歷程、儀式之有無、主祀神差異等細項歸納出不同類型之古公三王廟宇的概況與發展模式。

第一節　台灣古公三王廟的來源類型

　　現今台灣共有二十四間古公三王廟，以王公來源進行分類，可區分為三種型態﹝註2﹞，第一種為早期由先民自中國大陸攜至臺灣之類型，包含財團法人二結王公廟、大洲開安宮與海口福元宮等三間寺廟。第二種類型為王公直接降神於土偶神像或降筆於鸞生，包含冬山進興宮、壯五鎮安廟、武荖坑大進廟、南方澳鎮安廟等四間寺廟。第三種王公來源為直接或間接自二結王公

﹝註1﹞ 財團法人二結王公廟於內政部宗教團體資料中，登記三王公為主祀神；冬山保安宮登記古公三聖為主祀神；海口福元宮登記三府三王公為主祀神，由於以上三間寺廟之主祀神皆為古公三王或古公三王之一，故主祀神名稱雖未登記為古公三王，仍為本論文之研究範圍內。另外，由於日本時期不可將古公三王登記為主祀神，故冬山進興宮將鄭成功登記為主祀神並持續沿用，廟方表示已於民國一〇四年（2015）改登記為古公三王為主祀神，但內政部之資料系統至今尚未更新。

﹝註2﹞ 僅以第一尊至該廟的王公進行分類，後續再恭請之王公則不在分類之範圍內。其原因為大部分古公三王廟早期多只恭奉一尊王公，待寺廟新建完成或具規模後，才陸續將其他王公恭請至該廟，故第一尊至該地、該廟宇的王公最具代表性。

廟分香而來，分別為美福鎮安廟、壯二鎮安廟、南方澳鎮南廟、天送埤鎮安廟、大溪大安廟、下埔振興宮、冬山保安廟、西安鎮安廟、蓁巷三賢廟、大富富安宮、花蓮鎮安廟、花蓮鎮安宮、吳全順天宮、溪北鎮安宮、洲美三王宮、新莊鎮安廟〔註3〕、板橋觀聖宮〔註4〕等十七間寺廟。

一、移民帶進台灣

自明末開始，陸續有不少中國大陸移民渡海來臺灣，移民為求平安渡過海象惡劣的台灣海峽以及順利於臺灣進行開墾工作，多數者皆會攜帶原鄉之地方神一同來臺，並在台灣各地開始發展。二結王公廟、大洲開安宮與海口福元宮皆為清朝時期由移民自其原鄉將王公神像攜至台灣。二結王公廟的三王公如第一章所討論，為漳浦縣先民廖地於乾隆五十一年（1786）攜至來台，隨後建立的二結王公廟被視為古公三王信仰在台祖廟，因二結王公廟的部分已於第一章及第二章進行探討，故本章不再另行討論。

（一）大洲開安宮

在本次研究的田野調過程中，根據大洲開安宮於廟內牆面所記載之沿革：「乾隆戊戌年（乾隆四十三年，1778）陳乩先生，親自奉請老三王公來臺，在縣內壯圍大福村（大堀）過夜隨開發金章成（大洲）地區群眾到達，即善男信女設香案參拜，所求應驗，從茲地方瘴氣亦漸消沉，瘟疫避開，諸上事蹟神祇靈感焉。乃於光緒辛未（民前四一）年〔註5〕在本地火車站處建立土角造廟奉祀，使人稀地荒之金章成增加人口，由貧荒成為富足。日據即大正捌年（1919）開發製糖在二結設廠，定本地區為原料甘蔗繁殖供應，並設運輸樞紐站。大正玖年（1920）由地方人士籌備，王公自擇地理在本宮現址建造土角墙磚瓦木造窠脊廟宇，同時塑像：大王公、二王公、陳姓聖王公，及殿主（大王公）神像並列祭祀。」〔註6〕從沿革中可以發現，大洲開安宮的

〔註3〕新莊鎮安廟自天送埤鎮安廟分香，天送埤鎮安廟則自二結王公廟分香，因此亦將新莊鎮安廟歸類為第三種類型。

〔註4〕廟方表示該廟的王公來自中國大陸，但因恭請王公來台年代不符當時社會情境，以及其他廟宇曾表示板橋觀聖宮的王公來源直接或間接來自二結王公廟，故將其歸類至第三種類型。

〔註5〕光緒年間未有辛未年，若按民前四一年推算，應為同治辛未年（同治十年，1871）。

〔註6〕大洲開安宮管理委員會，〈本宮沿革〉，宜蘭：大洲開安宮管理委員會，1978年。

三王公比二結王公廟的三王公更早來台，但卻未曾被視為古公三王在台祖廟。筆者希冀藉由訪談，試圖釐清大洲開安宮及古公三王於大洲地區發展之情形，然而當地耆老對於王公的來源不甚肯定，此情形與林志成《宜蘭古公三王的祭祀與慶典之研究──以二結王公廟為中心》論文中的訪談結果相似，老人家不是避談此事，即為搞不清楚神明成神背景或神明俗名之市井小民。〔註7〕

至於中華道教古公三王弘道協會工作人員則認為，由於二結王公廟所在地區有大二結文化基金會在協助祭典儀式之保存與宣傳，並且其過火儀式受到文化局的重視而被登錄為無形文化資產，在民間與政方的推廣下，因此一般大眾皆認為二結王公廟為古公三王在台祖廟，而大洲開安宮可能因為比較低調並沒有進行相關宣傳，使其一直未被大眾看見。

筆者認為，現代社會中的民間力量、政府政策與行銷傳播等因素，確實會影響廟宇的發展及能見度，然而除現代社會的各項因素外，大洲開安宮為何未被視為古公三王祖廟與以下幾點原因有關。

在探究大洲開安宮的王公起源年代，與第一章二結王公廟討論脈絡相似，即為在乾隆四十三年（1778）是否已經有移民在今日三星鄉的大洲地區進行墾拓，再者，如前段所述，在地人對王公的起源年代等背景不甚了解或訊息不一致，在內政部宗教團體登記資料中，其歷史沿革為：「本宮於清光緒年間（民前41年）〔註8〕由漳洲府陳元光之後，裔陳姓懇民遷徙來台，直至陳乩君自漳州親奉（老三王公）神尊來台，輾轉到現在之大洲，於民國九年將原小廟遷建於現址，磚牆、蓋茅屋，直至民國六十七年使改建為磚構、鐵筋現狀。」〔註9〕亦顯示出大洲開安宮在王公起源年代上的分歧說法。

此外，根據耆老表示，由於王公是由姓陳的先民恭請至大洲以及大洲地區以陳姓為大宗，因此後來亦將開漳聖王視為主祀神，而林志成對此的調查結果為，光復後當地因陳姓家族勢力漸興，便將同屬陳姓之開漳聖王陳元光將軍並祀於廟中，且政府要求各寺廟向政府辦理登記時，適逢陳氏擔任村

〔註7〕 林志成，《宜蘭古公三王的祭祀與慶典之研究──以二結王公廟為中心》，國立花蓮教育大學鄉土文化學系碩士論文，2008年，頁39。

〔註8〕 民國前四十一年，應為清朝同治年間。

〔註9〕 內政部，〈開安宮歷史沿革〉，全國宗教資訊網，檢索網址：http://religion.moi.gov.tw/Religion/FoundationTemple，檢索日期：2015/10/21。

長，因而將大洲開安宮登記其主祀神為開漳聖王，〔註 10〕因此，民國八十二年（1993）之《宜蘭寺廟一覽表》，大洲開安宮主祀神顯示登記為開漳聖王。〔註 11〕在主祀神曾經更動或同時有兩個以上之主祀神的情況，皆易造成大眾對該廟宇主祀神之混淆。

另一個原因則為，在目前台灣的古公三王廟中，有超過一半的王公皆自二結王公廟分香，藉由這些分香廟宇和二結王公廟的關係，也間接承認了二結王公廟在台灣作為祖廟的角色及地位。綜合上述因素，可以大致釐清大洲開安宮未被視為古公三王在台祖廟之原因。

大洲開安宮另一個特別之處為，在其沿革中對古公三王的描述與一般古公三王廟宇的描述不同，根據《財團法人二結王公廟沿革簡介》：「西元 1276 年五月，南宋國都臨安陷落後，⋯⋯當時有一路義軍撤至漳州漳浦，隱藏於從山密林中的湖西坑。這路義軍的首領三人，義結金蘭，大哥柳信、二哥葉誠、三弟英勇，因精通醫藥、勘輿、道術，屢為山民治病、分金點穴、消災解厄，顧甚受鄉民敬重。⋯⋯西元 1278 年⋯⋯宋室亡。時柳信、葉誠、英勇所領導之義民仍於湖西坑孤軍苦撐，迫元兵至，終因寡不敵眾，義軍潰敗，兄弟三人義不降元，乃壯烈犧牲殉國。湖西坑民感念三人忠義英烈，將他們埋葬於坑仔尾獅球山後，⋯⋯屢屢顯靈庇佑鄉民，湖西坑民乃恭塑三人神像，於目前建廟以祀，尊稱『古公三王』。」其他廟宇的說法大致相同，僅在關於三位王公姓名及專長的描述部分有所出入。至於大洲開安公對於古公三王的描述為：「本宮位於蘭陽平原之濁水溪中游，乃奉祀古公三王，自奉初至今，神威不曾替；即宋代稱：柳、葉、英，壯烈宏功偉績。三公謂：自今溯回一千零三十餘年前，即五代末期，宋朝始，北周人，效桃園之義舉，結為異姓兄弟：輔佐宋太祖，奠都開封，義膽震天，為宋室臣庶儘卒，捨身成仁，名重清高，國人周知。歸真得為稱神；謂龍溪，漳江，人士建廟立祠⋯⋯」〔註 12〕此處的古公三王為宋朝初期的柳、葉、英三者，與一般南宋末期的說法相距甚遠，至於為何出現此種差異，目前尚未有結論。

〔註 10〕 林志成，《宜蘭古公三王的祭祀與慶典之研究——以二結王公廟為中心》，國立花蓮教育大學鄉土文化學系碩士論文，2008 年，頁 39。

〔註 11〕 宜蘭縣政府，《宜蘭寺廟一覽表》，1993 年，檢索網址：www.moi.gov.tw/files/civil_download_file/d_39149_5698032407.doc，檢索日期：2015/10/21。

〔註 12〕 大洲開安宮管理委員會，〈本宮沿革〉，宜蘭：大洲開安宮管理委員會，1978年。

目前大洲開安宮為唯一一間已向內政部登記主祀神為古公三王，卻未加入中華道教古公三王弘道協會之廟宇，因此廟方表示與協會或其他同樣祭祀古公三王廟宇不甚熟悉，也沒有交流活動，若開安宮舉辦活動，多為附近的廟宇前往參與。中華道教古公三王弘道協會方面則表示，由於過去認為大洲開安宮主祀神為開漳聖王，因此未曾與大洲開安宮進行聯繫，直到民國一〇四年（2015）協會注意到大洲開安宮為主祀古公三王的廟宇，才召集協會理事們前往拜訪並邀請加入，目前大洲開安宮尚未入會，須待管理委員會開會討論後給予回覆。

圖 3-1　大洲開安宮外觀與中殿

（筆者攝於 2015/10/10）

（二）海口福元宮

位於桃園海口的福元宮，其王公可追溯至清朝道光二十年（1841），閩省航海業者許龍，自福建漳州漳浦縣鄰近澄海縣藍尾社恭請柳府三王聖像護航來台，於南崁港登陸，落土為根，闢殖墾荒，並將神尊安奉住宅拜祀。至同治十三年（1874），鑑於民宅狹隘，難容眾信，海口庄富豪陳春福、陳春厚昆仲遂發起建廟，募金五佰簡葺草廟，供民參拜，成為當地海口庄、田寮庄、崙仔後庄、下海湖庄及竹圍庄居民的信仰中心。後因草廟易塌不穩固，故以磚瓦重建神堂，並增祀開漳聖王與中壇元帥。至民國四十一年（1952）再度修建廟頂與兩廂，但因聖地風水致破壞，交通堵塞，神尊蒙羞，遂託夢地方人士，指示新址，重建廟宇，於民國六十六（1977）年舉行奠基破土典禮，於民國六十八年（1979）完工告竣，同時進行神尊入火安座大典。〔註13〕

〔註13〕中華道教古公三王弘道協會，《古公三王誕辰聯合慶典大會會員手冊》，2007年，頁42。

民國九十二年（2003），因海口福元宮位處濱海地區飽受海風侵蝕，雖經多次修補，亦無法改善，逢雨必漏，經信徒大會通過，決定重建。於民國一百年（2011）開始重建工程，並於民國一〇三年（2014）舉行神尊入廟進火安座大典。

圖 3-2　海口福元宮外觀與中殿

（筆者攝於 2015/10/25）

二、王公降神於土偶或降筆於鸞生

　　王公除了由先民自中國大陸奉請至台灣供奉外，另有四間廟宇以降神於土偶或降筆於鸞生的方式開始祭拜王公，分別為南方澳鎮安廟、武荖坑大進廟、壯五鎮安廟及冬山進興宮。

（一）南方澳鎮安廟

　　位於蘇澳鎮的南方澳鎮安廟，根據《古公三王誕辰聯合慶典大會會員手冊》中〈南方澳鎮安廟沿革〉記載：「起初只是由南安里小孩子搭著竹筏渡過漁港，在如今的增福造船廠旁山坡，挖番薯時隨手帶回的紅泥土，再以紅泥土雕塑而成的神像，並仿照神明出巡的景況，把泥土神像綁在椅子上抬著玩。可是該土像突然『起乩』，一旁大人便接手詢問，才知是古公三王來附駕，於是里民便於現在合作金庫銀行後方的民宅搭建高一尺多、寬二尺的小石屋來供奉。後來因古公三王的神蹟顯赫，香火鼎盛，經過多次的改建後，於二十一年前在現址改建至今。」〔註14〕當地居民對於王公來源的說法則有些許差異，當地耆老表示，原先有五、六個小孩在內埤海灘附近用紅泥土捏土偶，並稱它為王公，久之這尊土偶開始有靈性，附近居民以石頭搭建小廟供奉王

〔註14〕中華道教古公三王弘道協會，《古公三王誕辰聯合慶典大會會員手冊》，頁
　　　32。

公。亦有在地居民表示，最早為當地小孩將所捏的土偶放在椅子上並綁上長棍，模仿大人關輦，後來沒想到真的起駕，便詢問土偶為哪尊神明降神，其回答為二結三王公，也因此在地居民認為南方澳鎮安廟的王公，是二結王公廟的王公自行過來的，算是平坐的神明，不是分香而來，因此過去幾乎沒有去二結王公廟會香的習慣。

而南方澳鎮安廟的建築本體亦隨著時代有所變化，最早於現今南方澳漁港合作金庫旁的空地搭建石頭小廟，當時只有供奉三王公的土泥偶神尊，後因為地主要賣地，所以另外在空地旁邊新蓋以水泥為主體的小廟，並雕刻王公金身不再使用土泥偶。之後，王公再次移動到民宅下供奉，每年至不同的爐主家，直至民國七十三年（1984），由洪順天捐地、洪武發起，在目前的海邊路的位置上蓋廟，並增加供奉大王公與二王公，據在地居民表示，大王公與二王公神尊於中國大陸雕刻，而由二結王公廟的王公進行開光，但另有居民表示大王公與二王公亦在中國大陸進行開光。雖然大王公與二王公的來源出現分歧，但三王公則可確定為王公直接降神於土泥偶上。

圖 3-3　南方澳鎮安廟外觀

（筆者攝於 2015/10/1）

（二）武荖坑大進廟

同樣位於蘇澳鎮的武荖坑大進廟，其王公來源與前述之南方澳鎮安廟相

似，在大正八年（1919），當時有放牛牧童李阿茂、謝振老、林連德、林富里等人，因在一起玩耍，發現山坡一處泥色油潤黏性特別好的泥洞，順手挖出一塊捏成一尊菩薩，另一牧童亦一樣挖泥捏成另一尊菩薩，其他牧童便問林：「你捏的是什麼菩薩？」林說：「二結王公最顯赫，這是二結王公。」李阿德說：「開台聖君最靈。」於是就將兩尊土泥偶放置地上，大家共同沐拜、祈求，是有必應靈驗無比，坑口王公便如此傳遍全省。〔註15〕

　　根據廟方表示，在以土尪仔祭拜的時期，雖然土尪仔經常顯靈，但並不清楚是何尊神明降神，由於當時二結王公廟的王公在宜蘭最為靈驗，因此居民以擲筊的方式詢問土尪仔是否要被稱為古公三王，得到聖筊指示後，便開始以古公三王稱之。至大正十二年（1923），龜山居民出資請冬山房重建，當時廟體大只容二人出入。延至民國卅七年（1948），由莊炎欽等十人發起重建木質更大廟宇，並定名大進廟。直到民國六十年（1971）因鐵路用地問題，大進廟由地方人士組成遷建委員會，遷至現址，並在民國七十三年（1984）拓建地下室，將原有廟址拓寬一倍，以便容納香客需求。〔註16〕

　　目前武荖坑大進廟除了信徒大會、管理委員會及大鼓隊等常設組織外，近年亦設立長青食堂服務在地老年人，具有需求者一個月繳交八百元，由志工固定於周一至周五準備午餐，提供予社區老年民眾，使寺廟不只是社區的信仰中心，更透過各種服務拉近與社區居民的聯繫。

圖 3-4　武荖坑大進廟外觀與中殿

（筆者攝於 2015/12/2）

〔註15〕中華道教古公三王弘道協會，《古公三王誕辰聯合慶典大會會員手冊》，頁26。
〔註16〕中華道教古公三王弘道協會，《古公三王誕辰聯合慶典大會會員手冊》，頁26。

（三）壯五鎮安廟

以上兩間寺廟的王公雖非自二結王公廟分香而來，但皆與二結王公廟的王公有關，位在壯圍鄉的壯五鎮安廟，其王公的起源同樣與二結王公有所關聯。大正六年（1917）該地人口稀少，陰盛陽衰，村間的農民時有怪病發生，因民風未開，醫學常識缺乏，生病之人皆束手無策，當時得知二結王公神威顯赫，神通廣大，常有人恭請二結王公求治，皆能痊癒，為此村民陳順章先生、林接枝先生兩人深信惟有古公三王常駐，即可保佑村民無事，但是二結王公不能永久奉祀，即模仿三王公神像（用土角雕塑），以簡單之甘蔗葉子蓋一間小廟奉祀，附近之人常到廟祭拜，果然神靈大顯神通，經常治好庄民的惡疾，致使外庄村民亦常來求神問卜。當時因香客眾多、廟宇太小，一時香火太盛，瞬間小廟即被大火燒化，但神像卻安然無損，因此同年在地村民林成先生、林養先生、林振芳先生、陳旺跟先生與陳以成先生等人，在原廟座後方甘蔗園角，再以竹子架造，建築一間約三坪大小之小廟。

圖 3-5　壯五鎮安廟外觀與中殿

（筆者攝於 2015/11/27）

直至大正九年（1920），地方熱心人士再行改建，將廟頂抬高，隔年（1921），陳憨鎚先生為感恩王公之德庇，發起重建工程並召集村民響應，更陳求宜蘭市林阿訓先生寄附土地，建造一座約六坪之木造小廟，至此才有廟貌之成。此後，壯五鎮安廟又陸續進行數次的改建與擴建，至民國七十六年（1987），因原廟地地基低於路面，高度不足，又信眾甚多，每逢慶典廟內無法容納，以及原廟地所有權非屬壯五鎮安廟，無法原地重建，故當時管理委員會主任委員及總幹事等人提案推動廟宇遷徙覓地重建，提案經信徒大會通

過同意後，遷建於現址。〔註17〕

　　壯五鎮安廟在古公三王廟中，不論在廟體建築或組織發展上，皆為規模較大者。壯五鎮安廟廟門採用五門式的建築形態，讓建築顯得宏偉氣派，在組織方面則有健全的制度與分工，信徒大會成員以壯圍鄉吉祥村村民為主，從中選出信徒代表六十人，再從代表中分別選出管理委員會及監察委員會，除了委員會的組織外，另設有總務組、財務組、祭典組、公關組、建設組、廟務組、祈安會、誦經團、膳食組、大鼓隊及志工團等。

（四）冬山進興宮

　　在王公直接降神於土泥偶神像或降筆於鸞生的四間廟宇中，以上討論的南方澳鎮安廟、武荖坑大進廟與壯五鎮安廟皆與二結王公稍有關聯，冬山鄉的進興宮的王公來源則與上述較為不同。進興宮的創建可追溯自清光緒十六年（1890），現今冬山鄉珍珠村下厝，有位李賢者當時年紀雖小能以泥土捏塑像，早晚朝拜且神蹟顯現，庇佑許多村民，在村民同心協力下，以茅草為頂、竹籬為牆，建廟供奉。而古公三王的起源則要追溯至昭和二年（1927），當時進興宮的宮主神扶乩於乩童李喬木，並降筆於鸞生李阿土，謂其為宋朝之三位忠臣柳、葉、英，遂稱古公三王。至昭和八年（1933），古公三王再降筆指示村民，未來開鑿地下水井時，若要順利挖到水源，村民需恭請開臺國姓公坐鎮顯威，後續水井果然挖掘成功，因此進興宮即決定安奉開臺國姓公。〔註18〕在日本時期，由於當時古公三王不被日本政府所認可，因此即使古公三王進興宮之主祀神也無法登記，而將鄭成功登記為進興宮之主祀神，並持續沿用至今，廟方已於近期向內政部申請更改主祀神為古公三王。冬山進興宮屬於規模較大的廟宇，共有四層樓，一樓主要作為辦公室、會議廳、廚房、倉庫之用，二樓至四樓為拜殿，由下而上的主殿分別祭祀古公三王、國聖公與觀音佛祖。

　　進興宮一年中亦有三個重要慶典，故其經費來源是廟方重要規畫項目之一。目前進興宮未收丁口錢，因此在農曆一月三日的迎媽祖與十月六日的王公生，分別由信徒自由樂捐戲金〔註19〕，過火的金紙由信徒認購，大致可打

〔註17〕中華道教古公三王弘道協會，《古公三王誕辰聯合慶典大會會員手冊》，頁46
　　　　～47。
〔註18〕中華道教古公三王弘道協會，《古公三王誕辰聯合慶典大會會員手冊》，頁24
　　　　～25。
〔註19〕迎媽祖為布袋戲，王公生為野台戲。

平活動的花費，然而主要收入則依賴過年期間光明燈、安太歲之費用。廟方對於向政府申請經費補助較不樂觀，因為進興宮曾經在民國一○三年（2014）蘭陽冬瓜山古公三王文化祭向宜蘭縣政府提出補助三十萬元的經費申請，最後民政處的宗教禮俗科只核定補助五萬元，由於政府在經費補助上提供的幫助不多，因此不傾向向外申請補助。除政府單位外，和在地社區組織的關係亦對廟宇的發展產生不同程度之影響。進興宮所處的珍珠社區，因長期推動社區營造的工作聲名大噪，進興宮曾將廟地無償提供珍珠社區發展協會使用與建立社區活動中心，因王公認為其建物影響整體風水，故其使用年限只提供二十五年。在這段期間中，珍珠社區的發展持續茁壯，但與進興宮的連結未有明顯地改變，在近年，由於廟方和社區在支付地價稅溝通未果，以及使用年限已到的問題，廟方不再提供社區使用廟方土地，並將建物拆除，更加疏離兩者關係。若進興宮與珍珠社區發展協會可以發展至合作關係或加強彼此之連結，如二結王公廟及大二結文化基金會的協力模式，不論在經費申請、祭典辦理等各方面皆有正面提升之效果。

圖 3-6　冬山進興宮與二樓中殿

（筆者攝於 2015/10/16）

三、分香自二結王公廟

　　在全台二十四間古公三王廟中，共有十七間廟宇分香自二結王公廟，包含位在宜蘭縣的美福鎮安廟、壯二鎮安廟、南方澳鎮南廟、天送埤鎮安廟、大溪大安廟、下埔振興宮、冬山保安廟、西安鎮安廟、蓁巷三賢廟等九間寺廟，花蓮縣的大富富安宮、花蓮鎮安廟、花蓮鎮安宮、吳全順天宮等四間寺廟以及新北市溪北鎮安宮、新莊鎮安廟、板橋觀聖宮與台北市的洲美三王宮（表 3-1）。

表 3-1　分香廟祀神與創建年代表

編號	寺廟名稱	主祀神	陪祀神	創建年代
1	冬山保安廟	古公三聖	三官大帝、福德正神、玄天上帝、盤古公、三山國王、天上聖母、太子爺	大正二年土偶祭祀（1913）
2	壯二鎮安廟	古公三王	觀世音菩薩、福德正神	大正二年分香（1913） 民國六十年建廟（1971）
3	大溪大安廟	古公三王	土地公、土地婆、三官大帝、水仙尊王、天上聖母、黑面大天公	大正十三年分香（1924） 民國三十九年建廟（1950）
4	蕃巷三賢廟	古公三王	福德正神、觀音佛祖	昭和二年分香（1927） 民國一〇二年建廟（2013）
5	美福鎮安廟	古公三王	國聖爺、福德正神	昭和五年分香、建廟（1930）
6	下埔振興宮	古公三王	帝爺、南北斗、福德正神	昭和九年組織神明會（1934） 民國五十四年安座於福聖廟（1965） 民國九十一年建廟（2002）
7	大富大安宮	古公三王	釋迦佛祖、福德正神	民國三十六年建廟（1947）
8	花蓮鎮安廟	古公三王	神農大帝、三太子、媽祖、五路財神、福德正神	民國三十七年分香（1948）
9	西安鎮安廟	古公三王	三太子、財神、關聖帝君、三官大帝、福德正神	約民國四〇年代分香、建廟（1950）
10	天送埤鎮安廟	古公三王	玄天上帝、福德正神	民國四十年分香（1951） 民國八十九年建廟（2000）
11	板橋觀聖宮	古公三王	觀音佛祖、福德正神	民國五、六〇年代分香、建廟（1960～1970）
12	吳全順天宮	古公三王	天上聖母、濟公禪師	民國五十年（1961）令旗祭祀 民國七十六年建廟（1987）
13	新莊鎮安廟	古公三王	福德正神、趙元帥	民國五十年（1961）分香 民國九十六年建廟（2007）
14	南方澳鎮南廟	古公三王	關聖帝君、三山國王、福德正神、廣仙祖、中壇元帥	民國五十一年建廟（1962） 民國六十七年分香（1978）

15	洲美三王宮	古公三王	母娘、媽祖、濟公、地藏王普薩、福德正神	民國五十五年建廟（1966）
16	花蓮鎮安宮	古公三王	媽祖、福德正神	民國六、七〇年代分香、建廟（1970～1980）
17	溪北鎮安宮	古公三王	開漳聖王、福德正神	約民國八〇年代（1990）分香、建廟

（筆者整理，2015 年）

　　從上表可以歸納出，在日本時期的分香廟宇共有六間，在民國四〇至五〇年間則有高達九間之分香廟宇，最後兩間則為近三十年所建立之分香廟宇。然而以上的年代並非非常精準，根據游謙與施芳瓏在《宜蘭縣民間信仰》中對宜蘭縣民間信仰的研究，作者將民間信仰在宜蘭的發展分成拓墾時期、定居時期、壓迫時期及蓬勃時期四個階段，其中的定居時期包含大部分平原開發告一段落後至日本時代中期、皇民化運動前，在這段期間內，庄廟陸續建立，公共祭祀逐漸形成，而土尪仔廟[註20]亦為這個時期顯著的宗教現象。[註21]在宜蘭縣的古公三王廟宇中，共有三間廟宇為王公直接降神於土偶神像，分別為壯五鎮安廟、武荖坑人進廟及南方澳鎮安廟，至於壯二鎮安廟、冬山保安廟、美福鎮安廟、西安鎮安廟、南方澳鎮南廟、下埔振興宮共六間寺廟，為先祭拜土偶神像爾後再前往二結分香，另有一間冬山進興宮為先祭拜土偶神像，之後王公再降筆於鸞生。因此以上十間廟宇之起源時間應再早於目前已記載之建廟時間。

　　至於在陪祀神的部份，二結王公廟與其分香廟或分香廟之間未有關連性或一致性，其中福德正神為每一間寺廟皆有供奉之陪祀神，此現象體現出台灣漢人社會中，福德正神與當地居民、土地的緊密連結，並將其視為最基層之神祇與村里之守護神。除了福德正神外，台灣最普遍的民間信仰之一媽祖，則為數量第二多的陪祀神，並非所有以媽祖作為陪祀神的寺廟皆位於沿海地區，但從其數量仍可看見媽祖信仰在一般民眾心中的地位。雖然大多數

[註20] 由於宜蘭具有廣大的蘭陽平原，農耕是普遍且重要的生產方式，當墾民逐漸在聚落上安居以後，便開始飼養牛隻以利耕作，而照顧這些牛隻的工作通常都落在小孩身上，很多小孩在放牛吃草時喜歡捏一些土偶來玩，有時也捏來拜一拜，根據游謙與施芳瓏在宜蘭的調查，宜蘭縣內一些歷史悠久的廟宇都是由手捏土偶起家的，可見在清朝時期，雖然物資短缺，也阻止不了人們對神明的崇拜。
[註21] 游謙、施芳瓏，《宜蘭縣民間信仰》，宜蘭：宜蘭縣政府，2003 年，頁 9～22。

寺廟對於陪祀神的起源不甚了解，或者其原因單純只因廟方或主事者的選擇意願、決定等，但依舊能歸納、連結該廟及該地區之特色。

位在頭城鎮的大溪大安廟，因處沿海地區且村民多從事魚業工作，故其陪祀神中便有天上聖母與水仙尊王兩位海神，此外，因大溪大安廟鄰近草嶺慶雲宮（大里天公廟），故自草嶺慶雲宮分香黑面大天公作為陪祀神。台灣人有地方性的祭神，每當一座寺廟興建時，就造他們最信仰的神佛為主神，但同時又招請地方神、移民祖籍神、同祖神同祀。〔註22〕由於古公三王屬於漳州人之信仰，故林志成在《宜蘭古公三王的祭祀與慶典之研究——以二結王公廟為中心》推測，大部分的廟宇應將開漳聖王作為陪祀神，然而目前只有一間分香廟將其作為陪祀神，根據林志成的調查結果，曾有一說為在唐朝時代，福建地區多為少數民族居住的，其中畬族是人數最多的一族，陳元光曾經率兵平定當地，因此軍功被後世奉為開漳聖王，但在陳元光出兵後，畬族人亦所剩無幾。到了宋朝時代，畬族人信奉古公三王信仰，因這層過去世仇的關係，故古公三王廟不會同時供奉開漳聖王〔註23〕。然而古公三王信仰與畬族的關聯性有待商榷，因此此種說法仍有討論空間。雖然在古公三王分香廟中，只有一間寺廟有將移民祖籍神——開漳聖王列為陪祀神，但在冬山補城村的保安廟，因當地高達42%為詔安客及鄰近三山國王大廟——蘭陽大興振安宮，保安廟便將三山國王列入陪祀神之一。由於分香廟眾多，故針對各廟之建廟歷程於第二節進行說明。

第二節　宜蘭二結王公廟的分香廟

根據前述王公來源的三種分類，在二十四間古公三王廟中，以第三種自二結王公廟分香出去的廟宇最多，因此本節將針對此類型十七間寺廟之建廟歷程、概況進行說明整理，並按宜蘭縣、花蓮縣及其他縣市三種地域劃分進行討論。

一、宜蘭縣的分香廟

在十七間二結王公廟的分香廟中，宜蘭縣的部分佔了所有分香廟的一

〔註22〕鈴木清一郎，馮作民譯，《增訂台灣舊慣習俗信仰》，1989年，頁13。
〔註23〕林志成，《宜蘭古公三王的祭祀與慶典之研究——以二結王公廟為中心》，國立花蓮教育大學鄉土文化學系碩士論文，2008年，頁68。

半，總共有九間，分別為冬山鄉的補城保安廟、壯圍鄉的壯二鎮安廟、美福鎮安廟、蘇澳鎮的南方澳鎮南廟、頭城鎮的下埔振興宮、大溪大安廟、羅東鎮的西安鎮安廟、三星鄉的天送埤鎮安廟與員山鄉蓁巷三賢廟。

（一）冬山保安廟

與冬山進興宮相距約兩百公尺的冬山保安廟，位在冬山鄉補城村，在大正二年（1913）時，當地約十二歲的居民李阿纘先生，與幾位友伴用泥土塑了一尊神，名為「三聖王公」，自此持香奉祀一段時日後，土公逐漸神威顯赫，被在地居民視為保護神，因此以竹為樑、以柴為柱、以稻草為牆，建成一間簡單的茅屋後，從二結王公廟刈香成現存之老三王公像。之後因廟宇建築受颱風侵襲傾毀，分別於昭和七年（1943）與民國五十二年（1963）進行兩次廟體重建工作，從茅屋改建至紅磚屋再到鋼筋水泥的結構，廟宇更具規模，在民國五十二年（1963）的重建工程完工後，新雕大王公及二王公神尊，並正式命名為保安廟。至民國七十年（1981），再次由地方熱心人士發起廟宇重建工作，於民國七十一年（1982）完成三合式之大廟工程，並正式成立保安廟管理委員會。〔註24〕

雖然補城村有高達 42%的詔安客，但根據補城村村長表示，由於保安廟起源的聚落，早期稱為番社地，以平埔族人及漳州人為主，因此屬於漳州人信仰的古公三王廟才在補城村建立起來。再者，因當地詔安客的河洛化，亦開始視古公三王為當地庄頭的保護神。

圖 3-7　冬山保安廟外觀與中殿

（筆者攝於 2015/12/11）

〔註24〕中華道教古公三王弘道協會，《古公三王誕辰聯合慶典大會會員手冊》，頁 27
　　　～29。

（二）壯二鎮安廟

民國初年的醫學並不發達，宜蘭壯二地區的居民生病，僅能靠恭請二結王公前往該地關輦、出字、開藥單，漸漸讓王公成為壯二地區的守護神。當時壯二和二結之間並無橋樑，到二結請王公只能依靠竹排仔渡過蘭陽溪，極為不便，再者，二結王公無法常駐，因此壯二地區居民林阿母、李石蛋、李朝同、李朝添、陳阿火、許金坤、鄒土火、廖阿經、李朝財、林新港、李查某、李克濃等人士遂於農閒之餘，開始以泥土童玩「裝王公」朝暮參拜頗為靈驗，於大正二年（1913）正式向二結王公廟刈香至壯二鎮安廟。至民國六十年間，因人民生活開始富裕，漸漸感到廟宇有擴充的必要，開始進行重建工作，於民國六十一年（1972）竣工，並將王公千秋日期自原先的農曆十一月十五日改期為農曆十一月十四日入廟日，之後又在民國七〇年代間，新建辦公室、拜亭、翻修屋頂及增購廟地等。〔註25〕

壯二鎮安廟與鄰近的美福鎮安廟、壯五鎮安廟距離不遠，在信徒部分仍有明顯的區隔，壯二鎮安廟的信徒多以宜蘭市凱旋里與南津里居民為主。目前信徒大會成員約有一百人，每年需繳交會員費用一千五百元，委員則需每四年另繳委員會五千元，因向政府申請經費不易，除信徒樂捐外，會費亦為各項活動經費之來源。近年，鎮安廟開始成立誦經團，聘請專業老師固定授課，在初一十五、各神明生日誦經，並亦另外替消災會誦經消災。

圖3-8　壯二鎮安廟拜亭與中殿

（筆者攝於 2015/2/28）

〔註25〕中華道教古公三王弘道協會，《古公三王誕辰聯合慶典大會會員手冊》，頁22～23。

（三）美福鎮安廟

　　鄰近壯二鎮安廟的美福鎮安廟，在民國初年，一位居住於附近的林阿強先生雕塑了一尊土角尪仔供奉，取名為新三王公，後因常顯神力，成為在地居民精神寄託之所。昭和四年（1929），來自板橋的林本源先生寄付土地兩百七十坪，因此隔年（1930）全庄居民發動招募重建，以磚頭及木材建造小廟，再前往二結王公廟刈香奉祀，此後，林阿強先生接受王公指點，執乩扶鸞接受信徒祈安問卜，使美福鎮安廟香火更為鼎盛。然而在民國五十、五十一年（1961、1962），廟體建築因颱風摧殘傾斜損，全庄村民再次推動重建，以田地面積進行募款，每甲地募得五百斤稻穀，直至民國六十三（1974）年竣工，並再陸續增購廟地、翻修、新建金亭等。

　　鎮安廟的信徒多以美福村的在地人為主，信徒大會現在約有一百二十人，再從中選出委員、監察等，其中因廟方人與社區發展協會有不少重疊人員，故在活動辦理上可互相協助支援，志工亦有固定的人數。

圖 3-9　美福鎮安廟牌樓與中殿

（筆者攝於 2015/2/28）

（四）南方澳鎮南廟

　　南方澳鎮南廟創立於民國五十一年（1962），初期由陳壽全發現該處形勢宏偉、環境優美，為難得的奇穴地理，因此與地方人士簡太平、郭奉貴研商作為發起人，以石塊堆砌一間約一坪大的簡陋廟屋，並同時取用黃泥土捏塑一尊神像，取名王公，供地方善信膜拜，香火日漸鼎盛。後因廟屋過於狹小，使前來祭拜之信眾甚感不便，故於民國六十七年（1978）再次改建擴大約八坪大，以混泥土建造之廟宇，並從二結王公廟刈香，命廟名為鎮南廟。至民國八十三年（1994），廟方組成擴建委員會，廟體建築再次翻修整建至今日樣

貌，同時增加奉祀關聖帝君、三山國王、福德正神等神明。〔註26〕

　　根據廟方表示，在以土偶神像祭祀時，由於不知道是何尊神明，因此在地人都以王公稱之，並且越拜越靈驗，有求必應，日後神靈附身於乩童表示其為古公三王，當時因二結王公廟被視為古公三王在台祖廟，故前往二結分香。

圖 3-10　南方澳鎮南廟外觀與中殿

（筆者攝於 2015/10/1）

（五）下埔振興宮

　　位於頭城下埔的振興宮，在地居民聽聞古公三王神靈顯赫，由蘇有財、李枝爐、蘇連枝等十八人共同籌備神明會，名為「振興社」，至民國五十四年（1965），古公三王晉殿安座於下埔福聖廟，為時三十八年。民國九十一年（2002），經古公三王聖示，擇定農曆十一月十一日於振興宮現址進行過火儀式，並於過火後，指示豎立令旗與安五營，後經會員及信徒共同商議，以隨喜捐獻的方式，於現址動工新建廟宇，於隔年（2003）舉行晉殿大典。〔註27〕根據廟方表示，最早三王公為以泥土雕塑成的神像，之後才前往二結王公廟刈香，當時王公供奉於爐主家中，待沒有乩童後，才暫時將王公安置於附近的福聖廟，於民國九十二年（2003）振興宮竣工後，王公正式入廟，並於民國九十四年（2005）至中國大陸祖廟迎請大王公及二王公至振興宮供奉。

　　由於古公三王早期以神明會的方式供奉，後又再福聖廟供奉長達三十八年，因此即使目前下埔已有主祀古公三王的振興宮，但在地居民多以福聖廟

〔註26〕中華道教古公三王弘道協會，《古公三王誕辰聯合慶典大會會員手冊》，頁33～34。
〔註27〕中華道教古公三王弘道協會，《古公三王誕辰聯合慶典大會會員手冊》，頁52～53。

為祭祀中心，振興宮的信徒除部分當地村民外，多以外地人為主，故振興宮未如鄰近福聖廟一樣收取丁口錢，而是以自由樂捐方式維持廟務的運作。

圖 3-11 下埔振興宮外觀與中殿

（筆者攝於 2015/10/13）

（六）西安鎮安廟

羅東鎮西安鎮安廟為宜蘭縣古公三王廟宇中規模較小者，廟宇建築以平房改建而成。由於廟方尚未整理發展沿革，因此未有建廟年代等相關確切資訊，最早廟體建築以竹子搭建而成，當時供奉的三王公為泥土所雕塑而成，後來再前往二結王公廟刈香，並經由信徒募款蓋廟，至今約六十年。

圖 3-12 西安鎮安廟外觀與中殿

（筆者攝於 2015/10/9）

（七）大溪大安廟

上述的廟宇，皆為早期當地居民先祭祀以泥土雕塑而成的王公，之後再前往二結王公廟刈香，下列的大溪大安廟、蓁巷三賢廟及天送埤鎮安廟則為

直接前往二結王公廟刈香。根據文獻針對大溪大安廟的記載：「大正十三年
（1924），本地人口稀疏，瘟疫流行，民不聊生，當時有一居民吳石定君奉請
二結古公三王來此為民治病，在神明指示下由蕭水連為乩童，以香爐為居家
守護神，從此瘴氣、瘟魔漸漸消失，居民咸信王公庇佑所致。因此在地方人
士鳩手共議後，推舉陳福慶、蕭阿樹、吳石定等三人為建廟發起人，開始募
捐建造廟宇及安裝老大王金身，再裝老二王、老三王金身。民國三十九年
（1950）於現址完成石造瓦葺廟宇，復於民國七十二年（1983）完成前、後殿
擴建工程。」〔註28〕而廟方則表示，二結王公在日本時期很興盛，許多在地
人都會到二結王公廟問事，因路途遙遠，故決定至二結王公廟分香，先恭請
香爐回大溪供奉，後再雕刻三王公神像，最後才將大王公及二王公恭請至大
溪一同奉祀。另外，由於日本時期無法建廟，因此當時僅以石頭搭建之小廟
供奉王公，於光復後民國三十五年（1946）開始重建，在民國三十九年（1950）
搭建完成現今廟宇之樣貌。

圖 3-13　大溪大安廟外觀與中殿

（筆者攝於 2015/10/13）

〔註28〕財團法人仰山文教基金會，〈大溪社區：居民信仰中心──大安廟〉，《宜蘭縣
　　　　社區日曆》，宜蘭：財團法人仰山文教基金會，2008 年。

（八）蓁巷三賢廟

位在員山鄉蓁巷村的三賢廟，在民國一○一（2012）年加入中華道教古公三王弘道協會。根據廟方表示，在地居民謝反於昭和二年（1927）至二結王公廟分香，先恭請三王公神尊返家祭祀，再雕刻二王公、大王公及三聖公，並以開水眼的方式進行開光點眼。早期為王公會的形式，共有十二名會員，王公神像供奉於值年爐主家，並開始以關輦的方式辦事。後因信徒增加決議蓋廟，由信徒、各界樂捐約二千萬元，花費一年的時間新建完成，並於民國一○二年（2013）入座新廟。

由於三賢廟建於農地上，按台灣現行法規無法向內政部登記管理委員會，因此目前以宜蘭縣員山鄉蓁巷古公三王文化協會的名義進行團體登記，協會下面再成立管理委員會，目前會員約有八十幾人，雖然協會與管理委員會皆分別選出理事與委員，但大部分的幹部皆有重疊。

圖 3-14　蓁巷三賢廟外觀與中殿

（筆者攝於 2015/12/8）

（九）天送埤鎮安廟

最後一間直接至二結王公廟分香的廟宇為天送埤鎮安廟，在民國四十年（1951），由天送埤村居民葉兩全等人，自二結王公廟奉迎古公三王中的老三王神像一尊返家，奉為居家的守護神，由於鄰近居民每遇吉凶苦難時，皆感應老三王的庇佑，於是村民便共議組成古公三王會，並以擲筊方式訂定古公三王慶典日期為農曆十一月十三日。〔註 29〕早期古公三王會共有十二人，三

〔註 29〕中華道教古公三王弘道協會，《古公三王誕辰聯合慶典大會會員手冊》，頁35。

王公供奉於爐主家，大王公及二王公則供奉於乩童家，隨著信徒逐年增多，在地信眾於民國八十九年（2000）決議興建廟宇。當時由於王公出外辦事，信徒皆會打金牌給王公已表示感謝，因此建廟之時，廟方將金牌賣出換成現金蓋廟。

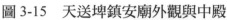

圖 3-15　天送埤鎮安廟外觀與中殿

（筆者攝於 2015/10/10）

二、花蓮縣的分香廟

花蓮縣的分香廟共有四間，其中的花蓮鎮安宮與大富富安宮兩間古公三王廟，為二結地區村民移民至花蓮時，將王公一同恭請至花蓮有關，花蓮鎮安廟則為宜蘭縣移民至二結王公廟分香後再恭請至花蓮市，最後的吳全順天宮則先祭祀王公令旗後，再至二結王公廟分香。

（一）花蓮鎮安宮

位在花蓮市國強里的鎮安宮，是由生於昭和九年（1934）的宜蘭縣五結鄉三結村人林旺樹先生，於二結王公廟刈香恭請三王公金身，徒步前往花蓮市郊三仙河供奉於家中。由於早期移民於花蓮開發時，瘴癘之氣未除以及醫學不發達就醫不便，因此村人每逢生病、驚煞病痛、建屋動工等，皆懇請王公前去處理。隨著信眾日益增多，每逢千秋祭典居家場所顯得擁擠狹隘，於是在眾人提議下於民國六十二年（1973）募捐建廟，在經歷五年的奔走後，鎮安宮終於在民國八十四年（1995）、八十六年（1997）先後建成左右廂房，完成今日的廟貌。〔註30〕然而根據在地居民則表示，三王公由其爺爺林旺樹

〔註30〕中華道教古公三王弘道協會，《古公三王誕辰聯合慶典大會會員手冊》，頁41。

先生於民國六十八年（1979）帶至花蓮，並在自家土地建廟，由於林旺樹先生本身為二結人，自小即信奉古公三王信仰，因此希冀藉由恭請王公至花蓮，保佑遷徙後的生活平安順利。雖然在年代上有所出入，但據其他居民表示鎮安宮建廟約四十年，按此往前粗估建廟年代應為民國六〇至七〇年之間，至於金亭及廂房建造年代，依據捐獻芳名紀念碑的記載，分別為民國八十七（1998）與八十九年（2000）。

圖 3-16　花蓮鎮安宮外觀與中殿

（筆者攝於 2014/02/22、2015/4/12）

（二）大富富安宮

光復鄉大富富安宮的起源同樣與早期居住於二結的村民有關，大正十五年（1926）黃大發君遷居花蓮縣光復鄉大富村，因黃君在宜蘭二結居住時信奉古公三王，從遷居後另雕刻古公三王金尊乙尊在家供奉。地方上凡有重大疾病均祈求古公三王來指點醫治，痊癒者眾，本地及鄰近村落凡祈求古公三王驅邪者，古公三王皆大顯神通驅邪收煞捉妖，使信徒倍加信仰。〔註31〕本地區善男信女、地方仕紳感念三王公護佑庶民，造福地方之恩澤，決定統合大富、大豐、大農與大興等四村有志之士，於民國三十六年（1947）合議興建廟宇，於民國三十八年（1949）竣工以土塊砌成、瓦片加蓋之三進門格局之新廟，命名為富安宮，並增加雕刻古公大王、古公二王金身乙尊供眾信徒祭祀。民國四十年（1951）的東部大地震，使廟宇毀於一夕，於是地方集資重建，並在民國五〇年間成立管理委員會。因廟宇長年簡陋，故地方仕紳起意

〔註31〕大富富安宮管理委員會，〈大富富安宮略志〉，花蓮：大富富安宮管理委員會，1984 年。

二次重建，於民國八十三年（1994）完工成今日廟體樣貌。〔註32〕目前，廟
方在土地使用上出現問題，由於台灣糖業公司在民國四十一年（1952）將原
來由居民捐出的建廟土地劃入屬於台灣糖業公司，因此每年廟方必須繳交兩
萬多元租金，村民曾經集資欲買下土地，然而台灣糖業公司再次提高價格，
當村民再度將資金湊齊後，台灣糖業公司卻不願賣地，使土地的問題成為目
前廟方急欲解決之困境。

圖 3-17　大富富安宮外觀與中殿

（筆者攝於 2015/4/11）

（三）花蓮鎮安廟

　　另一間同樣位在花蓮市的廟宇為鎮安廟，早期因當地人聞知宜蘭二結的
古公三王神靈顯赫，庇佑信眾，造福鄉里，在民國三十七年（1948）即由地方
士紳林金池、柳元舉先生等人發起前往宜蘭二結總廟，奉請老三王至現址花
蓮市中華路。〔註33〕根據廟方表示，鎮安廟建廟於民國三十四年（1945），由
於宜蘭人非常崇敬古公三王，因此當時宜蘭移民便自二結恭請三王公至花蓮
市，成為當地宜蘭人的信仰中心，隨著王公神威益顯，鎮安廟在民國四○至
六○年代香火日漸鼎盛，原先以木造的小廟亦陸續進行擴建、整修等工程，
於民國四十八年（1959）開始籌建磚造廟堂。因為時代的變遷，加上花蓮市
有許多規模大的廟宇，前往鎮安廟祭拜的民眾、信徒也變得較少，目前信徒

〔註32〕中華道教古公三王弘道協會，《古公三王誕辰聯合慶典大會會員手冊》，頁 39
　　　　～40。
〔註33〕內政部，《全國寺院宮廟基本資料》，2010 年，檢索網址：http://www.moi.gov.
　　　　tw/files/civil_download_file/21.%E8%8A%B1%E8%93%AE%E7%B8%A3.pdf，
　　　　檢索日期：2015/11/6。

大會中的會員有八十七名，成員由花蓮市及吉安鄉居民組成，會員不需繳交入會費，但必須在花蓮縣居住至少兩年，管理會員會成員則再從信徒大會中選出主委一人、副主委二人、委員二十一人、監察三人與常務監察一人。

圖 3-18　花蓮鎮安廟外觀與中殿

（筆者攝於 2014/02/22、2015/4/11）

（四）吳全順天宮

於民國五十年（1961）時，光復鄉太富村的村民陳金龍，恭請三王黑令至吳全城，令旗最早供奉於江阿圍墙家中，後來陳金龍再輾轉自二結王公廟恭迎三王公金身至吳全城，並暫奉於石李數家中。民國六十二年（1973）開始，由村內的值年爐主輪流供奉三王公之神尊，其中在第二任爐主江祥標任內，再次至二結王公廟分靈大王公及二王公。至第三任鄭意聲爐主時，提出興建王公廟之構想，並捐出住宅旁的土地用於建廟，在民國七十六年（1987）動土奠基，隔年（1988）廟宇建築完工，並經請示王公定廟名為順天宮。〔註34〕在吳全地區，有另一間年代更久遠的福德廟，但因吳全多宜蘭人，故古公三王被視為庄神，順天宮更逐漸成為在地的信仰中心，並在民國一○四年（2015）舉行新廟的動土大典，建造規模更大之廟宇。此外，雖然在文獻中已經有清楚說明，王公自二結王公廟分香至吳全的過程，但由於最早的三王黑令是由光復鄉大富村的村民恭請至吳全地區，因此亦有一說為吳全順天宮的王公來自大富富安宮，不論為何種說法，吳全順天宮的王公皆屬於直接或間接自二結王公廟分香而來。

〔註34〕中華道教古公三王弘道協會，《古公三王誕辰聯合慶典大會會員手冊》，頁44　～45。

圖3-19　吳全順天宮外觀與中殿

（筆者攝於2014/2/22、2014/3/12）

　　總體而言，大部分的廟宇皆面臨相似的困境，隨著社會、產業型態的轉變，信仰對於一般民眾的重要性也逐漸降低，對於廟宇的發展直接造成衝擊。位在花蓮市國強里的鎮安宮，早期當地多宜蘭人之移民，因此當時鎮安宮及古公三王為居民的信仰中心，隨著新式住宅的興建，越來越多年輕人搬入社區，使古公三王信仰在國強里的里民中越來越薄弱，根據廟方表示，目前大約只有十分之一的居民有至鎮安宮祭祀，因此，原來在迎媽祖與三王公生前的丁口錢收取，目前以自由樂捐的方式進行。至於以在地人為組成的委員會，也因為信徒的流失，大約數年才改登記一次，主要更換年長者或過世者。

　　另一間花蓮市的鎮安廟，雖然面臨相同的困境，但鎮安廟對未來的發展亦有不少期許與規劃，鎮安廟期待透過結合新的概念開發文創商品等方式，吸引年輕族群與新的居民認識古公三王信仰或鎮安廟。此外，由於目前社區發展協會較少舉辦活動或執行計畫，廟方較難於社區組織進行連結，鎮安廟亦希冀未來可以和社區團體有更多的合作，共同完成在地史料調查等項目，讓傳統文化、民間信仰有更完整與豐富的保存。

　　至於花蓮縣光復鄉的富安宮，該廟的信徒以大豐村及大富村居民為主，也有一些大農村及大興村之民眾，雖然農村人口流失嚴重，但因廟方管理委員會成員多與社區發展協會重疊，彼此在各項活動上相互支援，並透過農村再生計畫在社區的推動、執行，讓富安宮獲得更多資源協助，以利發揚古公三王信仰與保存傳統祭儀。從以上花蓮縣古公三王的案例可以看出，即使面臨相同的大環境衝擊，廟方若能與在地社群、團體有更密切的互動，對於寺廟發展能產生出正面的影響。

三、其他縣市的分香廟宇

　　二結王公廟在宜蘭縣以外的分香廟較少，目前在台北市的分香廟僅有洲美三王宮一間，新北市則包含溪北鎮安廟、新莊鎮安廟與板橋觀聖宮三間。

（一）洲美三王宮

　　位在北投區的洲美三王宮為二結王公廟在台北市的唯一一間分香廟，據洲美三王宮的沿革記載：「古公三王由二結到大溪，再來到板橋，當時在大同公司服務的有五位，住在板橋李英雄、張建旺；北投陳文鎮；洲美的林雲陣、郭永龍，請王公由板橋來到洲美請示事項是，民國五十五年（1966）當時王公指示要留在洲美大顯神威護佑眾生，由於郭家兄弟捐獻一間地安神壇，在此處辦聖事，在民國六十五年（1976）二次重建成立，三王宮管理委員會已有四十多年了。」〔註35〕根據附近居民表示，王公來自二結，最早由幾名信眾輪流供奉，曾供奉於板橋、洲美山區民宅家，最後王公選定於現址，並籌劃建廟，至今約四、五十年。近年因士林北投科學園區之開發案，廟方土地遭到徵收，廟宇建築本身亦面臨拆遷，故在信徒踴躍捐地、捐錢的情況下，在民國一〇三年（2014）於鄰近屆原廟旁的空地新建廟宇。過去當地只有三王宮及土地公廟兩間廟宇，因此三王宮被視為在地居民之信仰中心，目前人數約有一百多人的信徒大會，亦以在地人為主，再從中選出管理委員會之成員約二十多人。

圖 3-20　洲美三王宮外觀與中殿

（筆者攝於 2014/2/28）

〔註35〕洲美三王宮管理委員會，〈三王宮簡介〉，台北：洲美三王宮管理委員會。

（二）溪北鎮安廟

溪北鎮安宮為規模較小的廟宇，最早自宜蘭二結王公廟分香至台北，將王公供奉於民宅家中祭祀，約於二、三年前搬遷於現址並新建鎮安宮，若包含早期在民宅中供奉的時間，約為二十幾年。

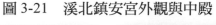

圖 3-21　溪北鎮安宮外觀與中殿

（筆者攝於 2014/2/28）

（三）新莊鎮安廟

新莊鎮安廟為民國五十年（1961）瓊仔林士紳黃添壽先生，由宜蘭三星天送埤葉兩全住處奉迎二王公神尊為居家守護神，爾後再由吳有德先生集結眾志成立王公會，聖示再迎大王公、三王公共事濟世，並賜名鎮安堂。後因香火日漸鼎盛，殿前空間狹窄不復容納，黃添壽先生便提議捐地建廟，在民國九十六年（2007）間，經多位熱心人士募款奠基興建，歷經半載之期廟堂漸趨完備，於民國九十七年（2008）晉座奉祀，並更名為鎮安廟。〔註36〕

（四）板橋觀聖宮

位於板橋區的觀聖宮未有相關的廟宇沿革記載，根據宮主的說法，觀聖宮的王公約在至今五十年前（約 1960～1970）自中國大陸祖廟恭請至臺灣，然而其年代則與當時社會情境不合，政府在民國七十六年（1987）解嚴後，宣布開放臺灣人民至中國大陸觀光與探親，因此觀聖宮的王公幾乎不可能在至今五十年前自中國大陸來臺，另有廟方人員則表示王公由宜蘭分香至板橋。對於板橋觀聖宮王公的來源，其他廟宇亦有不同的說法，在北投洲美三

〔註36〕新莊鎮安廟管理委員會，〈新莊鎮安廟沿革〉，新北：新莊鎮安廟管理委員會，
　　　　2008 年。

王宮附近的居民表示，王公由宜蘭二結先至板橋，由幾個朋友一起供奉並輪流放在不同人家祭祀，後來王公再由板橋輾轉至洲美附近的山區再至洲美三王宮現址供奉。另外，頭城鎮的大溪大安廟則指出，板橋觀聖宮與洲美三王宮的王公皆由大溪大安廟分香出去。綜合以上兩間廟宇的說法，可以與洲美三王宮的簡介相互對照，其沿革記載：「古公三王由二結到大溪，再來到板橋，當時在大同公司服務的有五位，住在板橋李英雄、張建旺；北投陳文鎮；洲美的林雲陣、郭永龍，……民國五十五年（1966）當時王公指示要留在洲美大顯神威護佑眾生……」〔註37〕其中提及之板橋李英雄即是板橋觀聖宮的負責人，此外，觀聖宮早期在農曆一月十六日、九月二十三日與十一月十五日皆有進行王公的祝壽活動，其中農曆九月二十三日與大溪大安廟廟慶〔註38〕同天，因此可以推斷板橋觀聖宮和大溪大安廟的關聯，總和以上各項資訊，早期觀聖宮所供奉之王公應直接或間接來自二結，但隨著王公移駕至洲美地區，觀聖宮往後至今所供奉之王公從何而來，則因為未有明確的文獻紀錄而無法確認。至於觀聖宮目前的王公祝壽等祭儀，則因負責人的身體健康因素，以及無法再與王公進行溝通，故不再進行過火儀式。

圖 3-22　新莊鎮安廟外觀與中殿

（筆者攝於 2014/2/28）

〔註37〕洲美三王宮管理委員會，〈三王宮簡介〉，台北：洲美三王宮管理委員會。
〔註38〕大溪大安廟統一於農曆九月二十三日廟慶當天進行三個王公的祝壽活動，包含遶境、過火儀式等，與大部分古公三王廟宇祝壽日期不同。

圖 3-23　板橋觀聖宮內部與宮前街景

（筆者攝於 2014/2/28）

　　十七間分香廟雖然皆自二結王公廟分香而來，但隨著地區的不同，古公三王信仰與廟宇的發展亦產生不同的變化。在宜蘭地區的九間分香廟中，壯二鎮安廟、冬山保安廟、美福鎮安廟、西安鎮安廟、南方澳鎮南廟、下埔振興宮共六間寺廟，為先祭拜土偶神像爾後再前往二結分香，其於縣市之分香廟為直接或間接分香自二結王公廟，未經過土偶神像祭祀的階段，因此明顯展現出宜蘭縣土尪仔廟的特色。

　　雖然現今大部分的廟宇皆面臨社會環境改變的衝擊，但在宜蘭縣的九間分香廟，由於古公三王信仰在宜蘭地區較為興盛，因此在廟宇發展上仍有穩定持續的運作，至於其他縣市的分香廟，則需仰賴管理委員會在經費、人力上的大力支持及動員，抑或廟方與社區發展協會等在地組織的合作，以維持廟務、儀式等各項事務的進行。

第三節　台灣古公三王廟的祭儀

一、年例祭儀

　　台灣的廟宇在每一年當中皆有例行的儀式，包含神明聖誕的祝壽活動、農曆新年、中元普渡等年歲時祭儀，隨著寺廟規模、搭配其他慶典等因素，年例祭儀亦有不同的呈現及舉行方式。由於每間古公三王廟在農曆新年的例行活動，如：安太歲、點光明燈等未有太大的差異，同時也與其他寺廟類似，因此不再加以說明，以下將針對古公三王廟的中元普渡與犒軍、許平安及謝平安進行討論。

（一）中元普渡

古公三王廟在中元普渡舉行的日期與規模上並不一致，主要依照各廟、各地的情形選定普渡日期及形式。西安鎮安廟、天送埤鎮安廟及洲美三王宮、南方澳鎮安廟〔註39〕、海口福元宮〔註40〕皆以較為簡單的方式進行，除了安排法會外，普渡祭祀用品則由廟方與附近居民共同準備，普渡日期則分別為農曆七月二十五日、七月六日、七月八日〔註41〕、七月十三日及七月半以後的假日舉行。

有些廟宇除了一般的普渡祭祀儀式外，另外會在普渡當天另外擲筊選出普渡的爐主，如：大富富安宮〔註42〕，或是特別於中元普渡時殺豬公祭祀，如：花蓮鎮安廟〔註43〕、花蓮鎮安宮〔註44〕、壯五鎮安廟〔註45〕、冬山保安廟〔註46〕，亦有不少廟宇會在中元普渡後一同享用福宴，如：壯二鎮安廟、武荖坑大進廟、美福鎮安廟、蓁巷三賢廟〔註47〕及新莊鎮安廟。壯二鎮安廟原先未有普渡，在現任主委上任後開始舉辦，於農曆七月第一個禮拜日進行，壯二鎮安廟、蓁巷三賢廟及武荖坑大進廟相似，欲參加的信徒及會員需繳交費用，由廟方統一準備普渡用品，在普渡後一同於廟埕用餐。冬山保安廟早期亦未有普渡，近十幾年才開始舉辦，由廟方及在地居民共同準備普渡供品，並有豬公份可供居民選擇。美福鎮安廟中元普渡固定於農曆七月十五日舉辦，在普渡之前，廟方會向以鎮安廟為祭祀中心的美福村八個鄰收取丁口錢，丁、口各一百元，各鄰每年於普渡時皆會各殺一隻豬公祭拜，並在當天擲筊選出各鄰的小爐主，主要負責各鄰普渡相關事宜，普渡結束後再一同於廟埕辦桌用餐。新莊鎮安廟中元普渡的部分則包含普渡法會、超渡法會及平安餐晚會三個部分，依照信徒需求選擇與付費，普渡法會的功德金為一千

〔註39〕普渡分成主普與贊普兩種，主普為廟方替管理委員會的委員們準備祭祀用品，贊普則為居民各自準備祭拜的東西。

〔註40〕廟方另提供代訂普渡用品之服務。

〔註41〕洲美三王宮為避開法師較為忙碌的農曆七月十五日，故提前與農曆七月八日舉行。

〔註42〕中元普渡日期為農曆七月十五日。

〔註43〕中元普渡日期為農曆七月十三日。

〔註44〕中元普渡日期為農曆七月十日，為配合現代人的工作型態，廟方同時準備一桌一千元之拜拜桌供居民選擇，祭拜後可再將普渡的用品領回。

〔註45〕中元普渡日期為農曆七月第一個禮拜日。

〔註46〕中元普渡日期為農曆七月二十二日。

〔註47〕中元普渡日期為農曆七月二十六日，另有豬公份可供選擇，金額為自由樂捐。

元,由廟方準備金紙與祭品,超渡法會則分成歷代祖先、冤親債主、母嬰靈及個人正魂四種,每項功德金皆為五百元,祭祀用品一樣由廟方代為準備,平安餐晚會費用則為每人五百元,至於中元普渡所祭祀之豬公,可以功德金一千兩百元之金額參加謝神紅豬公肉及平安餐晚會。

下埔振興宮因位於頭城鎮內,頭城鎮的居民習慣於農曆七月前往搶孤之孤場大拜拜,故頭城鎮的廟宇與幾乎不再另行於廟埕舉辦普渡祭祀。大溪大安廟與同樣位在頭城鎮的下埔振興宮稍有不同,大安廟在農曆七月仍有舉行中元普渡,在農曆七月十五日當天,廟方除了安排歌仔戲與法會外,在地居民皆會準備普渡用品至廟埕進行祭祀,每年參與祭拜桌數約一百桌。

大洲開安宮農曆七月十五日的普渡,與早期二結王公廟中元普渡類似,採輪祀的方式,輪祀範圍含括大洲村十七鄰與大義村三鄰,共二十鄰,每年由三個鄰進行普渡,並在普渡後從隔年的三鄰中擲筊選出一個爐主與三個頭家,主要負責普渡中殺豬公的部分。

冬山進興宮的中元普渡早先訂於農曆七月二十二日舉行,但因時常遇到平日工作天,造成居民的不便,在民國一○一年(2012)開始,改至農曆七月第三個星期日。普渡當天,由廟方準備桌子,提供予附近之村民使用,每年大約有一百多戶的居民前來祭拜,目前許多廟宇為符合現代社會與居民的工作型態,會採用普渡金的方式,協助居民或信徒準備普渡用品,進興宮表示,為了維持普渡的豐富性,因此廟方除了提供祭祀供桌外,未提供其他普渡的服務。而普渡當天的豬公,則由豬公會的人員支付費用,每年由廟方準備一隻豬公祭拜。普渡除了祭拜活動與誦經法會外,有時會隨著當年度的情形增加不同祭典儀式,在民國一○一年(2012),因冬山河經常有意外發生,所以當年廟方在普渡時一併進行燒王船的儀式。

(二)犒軍、許平安、謝平安

在每間古公三王廟的每月例行祭祀中,犒軍為主要的儀式,為感謝王公兵將對村里的保護,因此在農曆的每月初一及十五進行犒軍,以慰勞神明兵將。許平安多於年初進行,祈求古公三王派其兵將至村庄駐紮,保護村內居民,謝平安則在年尾時,為感謝王公兵將整年保護村莊的辛勞,除了祭祀活動外,並恭請兵將返回天庭休息。

花蓮鎮安廟每個月的初一十五為例行性的犒軍拜令旗,令旗於農曆一月十五日大王公生時進行更換。武荖坑大進廟、冬山保安廟及天送埤鎮安廟的

犒軍以廟方、管理委員會委員準備為主，由廚房組準備六道或八道葷的菜碗、湯與飯祭拜。而美福鎮安廟犒軍只於農曆每個月十五日進行，其中廟方與信徒在中元普渡與王公生時較為忙碌，因此農曆七月與十一月未有犒軍。南方澳鎮南廟與蓁巷三賢廟的犒軍則由值年總爐主負責，爐主固定於初一十五協助採買各項祭拜供品，其中南方澳鎮南廟有提供些許補助費用，由於作為爐主的機會難得，因此大部分的爐主皆不會領取廟方的補助，自行出資採買準備。海口福元宮則因另有拜斗，故於初一十五時會邀請道士誦經。部分廟宇除了廟方犒軍外，附近居民亦會於每個月的農曆初一十五前往中營處或廟內犒軍，如：大溪大安廟。

圖 3-24　大溪大安廟附近居民於初一十五犒軍之情形

（筆者攝於 2015/10/13）

其中冬山進興宮、下埔振興宮及壯五鎮安廟的犒軍以犒軍會的方式進行，進興宮的方式為，有意參與犒軍者，每年繳交兩千元，由廟方準備犒軍的用品，在初一十五的傍晚進行犒軍，結束後，有繳費者可至進興宮一同用餐。壯五鎮安廟與冬山進興宮類似，費用則為一年一千元，參加人數約一百多人。下埔振興宮的犒軍會，約有四十七人參加，每次犒軍一百元，參與者一個月繳交兩百元，由廟方統一準備祭祀用品，於傍晚四點半至五點四十犒軍，祭拜後再於廟埕一同用餐，藉由例行儀式的舉行，亦可維繫居民間的情感。

圖 3-25
下埔振興宮犒軍後信眾於廟埕用餐

圖 3-26
下埔振興宮犒軍辦桌菜餚

（筆者攝於 2015/10/13）　　　　　　（筆者攝於 2015/10/13）

　　至於年初許平安和年末謝平安的日期、方式亦皆不相同，進興宮許平安的時間，大約在農曆二月初，將新的黑令旗再次豎立於中營處，確切的時間則需以擲筊的方式詢問王公，謝平安則固定於每年元旦。壯二鎮安廟、壯五鎮安廟的許平安與謝平安，皆以關輦的方式進行安營及收營，日期則分別在農曆一月二十八日與十二月十五日，以及農曆一月十五日與十一月十五日。武荖坑大進廟則在農曆一月十五日及十一月二十日王公生時進行許平安與謝平安，由於令旗置於廟內，因此未有更換令旗的儀式，當天由廟方安排誦經團誦經與祭祀活動。蓁巷三賢廟的謝平安與許平安皆在農曆十月十四日王公生當天舉行，謝平安後再直接進行許平安，黑令旗與兵將旗帶破損後才會更換，若需更換，令旗必須在過火儀式時一同過火，才可將新的令旗掛上。花蓮鎮安宮的許平安則於農曆一月十五日由爐主負責進行。大溪大安廟許平安及謝平安的日期，每年皆不固定，在農曆一月四日接神當天，由廟祝先挑選數個日期，由爐主擲筊詢問王公，連續擲出三個聖筊即為許平安之日，謝平安則在冬至時，同樣由爐主擲筊詢問王公決定日期。吳全順天宮許平安及謝平安儀式由於為全村的重要大事，因此順天宮會與其他廟宇共同舉行，包含許平安時的遶境活動等。

二、日常祭儀：公事類與濟世類儀式

　　依照第二章二結王公廟祭儀的分類，日常祭儀又包含了公事類與濟世類兩種類型之儀式，公事類儀式多關係到社區公共事務，例如遶境出巡、五營

的安置等，其目的為消災驅邪、祈求境內平安。濟世類儀式則為解決民眾疑難、病痛等問題等私事。

（一）公事類儀式

在目前台灣的古公三王廟中，除了二結王公廟有露天式的外五營外，其餘的古公三王廟皆未於祭祀圈內設置外五營，僅以中營代表王公兵馬駐守於祭祀圈內。至於遶境出巡的部分，洲美三王宮與下埔振興宮皆以遶境取代過火，替古公三王三位神明祝壽，大溪大安廟、大富富安宮、壯二鎮安廟、美福鎮安廟、海口福元宮、武荖坑大進廟〔註48〕則皆於王公生當天上午遶境，遶境結束後再進行過火，壯五鎮安廟的遶境提前於農曆十一月十四舉行，王公生當天則單純進行過火儀式，因以上皆與王公生慶典相關，故於後續重要祭典：王公生的部分說明討論。

由於遶境需要大量人力與經費上的支援，因此有進行遶境的古公三王廟多結合王公生慶典一同舉行，或數年遶境一次，幾乎未有單獨舉辦王公遶境活動。部分古公三王廟宇，則因其他陪祀神之祝壽活動，另行規劃遶境出巡。

進興宮一年主要的祭典活動除了農曆十月六日的王公生外，農曆一月三日的迎媽祖亦為另一項重要的慶典。迎媽祖當天以遶境活動為主軸，遶境範圍至少涵蓋整個珍珠村，規模大時則擴及至整個冬山鄉，至於參與遶境的神明則以擲筊詢問的方式決定。另外，花蓮鎮安宮及吳全順天宮則分別於農曆一月十六日迎媽祖、農曆一月底許平安時於庄內遶境。

（二）濟世類儀式

從古公三王的建廟歷程、神蹟傳說等，可以發現王公辦事一直是古公三王信仰中的特色，因此早期每間古公三王廟皆提供辦事的服務，隨著醫療逐漸發達以及乩童、辦事人員的衰老、退休，到廟裡尋求神明協助的民眾日漸減少。早期大洲開安宮、美福鎮安廟、花蓮鎮安廟、天送埤鎮安廟、下埔振興宮〔註49〕、南方澳鎮南廟、武荖坑大進廟主要依賴乩童辦事，包含開符令、開藥單等，有時候也會至民宅家出煞，後因乩童退休，無人協助相關儀式進行與社會環境的改變，不再提供辦事服務，故信徒改以擲筊、抽籤的方式向王公問事。其中，天送埤鎮安廟於古公三王會的期間，王公會出外替信徒辦

〔註48〕每年情形並不一定，有時於王公生當天上午遶境，有時則於王公生之前進行。
〔註49〕早在神明會「振興社」的時期，有固定乩童提供辦事服務，沒有乩童後便不再辦事，至於關輦出字也在振興宮建廟五年後未再進行。

事，主要以三王公神像以及三隻黑令旗進行儀式，若遇情況嚴重者，會使用銅針黑狗血出符令，稱為龍符，龍符亦為平安符所使用之符令，其餘則使用大符，以沾有朱砂之毛筆所出的符令，多以火化入水供所需者服用，因此又稱淨水符，當時信徒為感謝王公的協助與保佑，多會以打金牌贈予王公的方式表達其感謝之意。

然而並非所有寺廟皆因乩童衰老、退休而無法繼續提供辦事，乩童與在地居民、廟方的互動關係，亦為乩童是否可以持續於廟中服務的另一個因素。冬山進興宮最後一任乩童約於民國九十八（2009）在廟裡服務，因乩童為台北人，平日有固定工作，故只於每個星期日下午二點至五點在進興宮提供信徒問事，然而也因其台北人的身分，使在地居民無法完全信任與接受，最後，乩童僅服務兩年的時間即離開進興宮。目前進興宮沒有乩童與關輦，信徒若有疑難雜症多以擲筊和抽籤的方式詢問王公。壯二鎮安廟在辦事服務的部分，主要由上一任的廟公協助辦事、收驚，後來由於收取金紙錢〔註50〕的問題，無法和廟方取得共識而離開鎮安廟，因此目前信徒以擲筊和抽籤問事為主，而主委本身有時亦會以開令符、誦經等方式協助。至於西安鎮安廟，則因乩童改至新莊鎮安廟服務，無法再以關輦和乩童協助化解民眾欲解決之困境。

在目前台灣的古公三王廟宇中，仍有辦事的寺廟極少，分別為五鎮安廟、南方澳鎮安廟、蓁巷三賢廟、板橋觀聖宮及新莊鎮安廟。壯五鎮安廟於每個農曆的初一、初九、十五及二十三日替民眾、信徒辦事，需預約登記才可進行辦理。前來尋求協助的信徒多以在地人為主，向王公請示的問題多與健康、運勢有關，以關輦出字及桌頭解釋的方式進行，整體流程與第二章二結王公廟的辦事流程類似。首先關輦者須先將三王公安置於神轎上，即開始進行發輦，隨後輦轎與桌頭準備儀式所需之符令，待一切就緒後，輦轎在鋪有香灰粉的桌上出字，一次約出兩個字，由桌頭唸出文字，廟方工作人員協助擲筊確認，若為聖筊，桌頭直接將文字寫於金紙上，若連續為兩次無筊，則繼續下兩個字的出字。出字完畢後，由桌頭解釋出字內容，再由問事者之家人向王公擲筊確認，其化解方式並不一定，視問事者的情形進行調整與安排，輕微者以平安符、符令等方式進行化解，嚴重者則需要以求許儀式、草

〔註50〕金紙錢原先由廟公收取，廟方欲提高廟公的薪水，將金紙錢回到由廟方收取管理。

人脫身等方式解決。王公的辦事服務以自由樂捐的方式回饋，出外辦事則因需準備工作人員之餐費、車馬費等，花費相較於廟內辦事高出許多，因此目前民眾多以至廟內問事為主，極少請求王公出外辦事出煞。

圖 3-27　準備儀式所需之符令　　　　圖 3-28　進行收魂儀式

（筆者攝於 2015/11/17）　　　　　　（筆者攝於 2015/11/17）

　　南方澳鎮安廟目前固定為每個禮拜三晚上七點提供辦事的服務，需要事先預約才可進行，每年過年期間與農曆七月至八月十五日為休息的時段。辦事時，以兩人關輦的方式進行，乩身會以扛木於桌上出字，由桌頭翻譯，其解決方式並不一定，包含提供符令、溝通等方式。前來問事的民眾，多以在地居民為主，又因南方澳鎮安廟鄰近南方澳漁港，故船夫亦很多，通常問事者會先到廟裡詢問王公，若情況特殊或嚴重，王公則會至船上以關輦進行除煞的儀式。蓁巷三賢廟自王公會時期，即以輦轎替信徒辦事，除了在地蓁巷村、鄰近深溝村的居民經常尋求王公協助外，王公最遠亦曾至臺北市萬華地區辦事。目前三賢廟仍提供辦事服務，信徒若有需要，廟方即可安排工作人員協助關輦出字。板橋觀聖宮則固定於每個禮拜三提供辦事服務，通常欲問事之信徒會提前數天至觀聖宮，將欲詢問或請求之事項稟告王公，並將事項內容寫於紙上留在供桌，於星期三返廟時，再由乩童回覆或進行化解。新莊鎮安廟的乩童除主持各項大型祭典外，平時固定於星期三及星期六至鎮安廟協助廟務與解決信徒之各項疑難雜症。

　　部分廟宇雖然目前未有乩童，但改以其他方式替提供信徒問事，早年大安廟尚有乩童時，乩童會在廟內提供信徒問事，目前則以關輦辦事為主，大致可分為兩種類型，在廟內進行關輦，多為詢問公事為主，若欲詢問私事，如：看風水、除煞等，則多至里民家辦事，以關輦出字、出符令的方式化

解，主要問事者以在地人居多。花蓮鎮安宮的關輦辦事，目前隨著環境變遷不再替信徒治病驅邪，但廟方仍保有關輦的傳統，固定於三王公生過火時操演。吳全順天宮同樣早期以王公的乩童為主並搭配桌頭，協助解決居民各項疑難雜症，目前則透過濟公或輦轎的形式進行，視王公旨意選擇處理的方式。而北投三王宮在仍有乩童的時代，信徒問事都由乩童協助化解，包含喝符水、喝香粉水等方式，近期廟方找到新的接任乩童，因年紀年輕仍在訓練中，故目前以關輦出字進行辦事。溪北鎮安宮早期因廟公本身即是乩童，故經常有信徒前來尋求乩童的協助，乩童過世後，目前未再提供辦事服務，若有大型活動需要乩童主持，則尋求其他專業人士協助。

三、重要祭儀：「王公生」

如同於第二章所提，神明誕辰通常為廟宇一年中最為重要的日子，除了固定的祝壽祭拜外，亦因地區與神明的不同，進行作戲酬神、遶境、過火等儀式。在古公三王信仰中，王公生是大部分古公三王廟最為重要之慶典，以下將以王公生舉辦的時間與儀式內容分類討論，並透過各項差異與其建廟歷程等進行連結分析。

被視為古公三王信仰祖廟的二結王公廟，以三王公的王公生作為一年中最為重要之祭典，在其餘的古公三王廟中，大多數的寺廟同樣以三王公聖誕之慶典最為盛大，然而亦有幾間寺廟以其他日期或其他王公聖誕作為該廟之重要祭儀。依照王公生舉行日期區分，可分類成四種類型，第一類為農曆十一月十五日之三王公生，第二類為其他日期之三王公生，第三類為農曆二月十五日二王公生，第四類為其他日期之王公生〔註51〕（表3-2）。

表3-2　古公三王廟王公生祭典之日期與形式

王公生祭典	農曆日期	形　式	廟宇名稱
三王公生	11/15	過炭火	二結王公廟、壯五鎮安廟
		過金火	南方澳鎮安廟、美福鎮安廟、西安鎮安廟、花蓮鎮安宮、吳全順天宮
		其他	洲美三王宮、花蓮鎮安廟、溪北鎮安廟、南方澳鎮南廟
	10/15	過金火	海口福元宮

〔註51〕日期並非其中一個王公之聖誕，如：廟慶，或將該日期視為三個王公之聖誕。

	11/13	過金火	天送埤鎮安廟
		其他	下埔振興宮
	11/14	過炭火	壯二鎮安廟
	11/16	過炭火	大富富安宮
	11/18	過金火	補城保安廟
二王公生	2/15	過金火	新莊鎮安廟
王公生	1/5	過金火	大洲開安宮
	9/23	過炭火	大溪大安廟
	10/6	過金火	冬山進興宮
	10/14	過金火	蓁巷三賢廟
	11/20	過金火	武荖坑大進廟

（筆者整理，2015 年）

（一）農曆十一月十五日三王公生

古公三王信仰包含大王公柳信、二王公葉誠與三王公英男，但在人部分的古公三王廟宇，主要於三王公的聖誕進行過火等重要儀式，其他王公之聖誕則以祭拜祝壽為主。過火儀式的功用主要希冀藉由踏過火堆，將神像上與過火者身上的不淨驅除，但並非所有的廟宇皆以過火儀式的方式替王公祝壽，因此以下將以王公生主要進行的方式，分為過炭火儀式、過金火儀式、其他儀式三類展開討論。

1. 過炭火儀式

壯五鎮安廟的王公生為一年當中最盛大之活動，在農曆十一月十四日起即有相關活動開始舉行，包含四年一次的村內遶境，晚間子時的三獻禮祝壽等活動。到了王公生當天，則以過炭火儀式最為重要，炭火每年約在三千斤左右，由信眾自由樂捐，過火於下午兩點展開，神轎約二十多頂，其餘則以手捧的方式過火，過火參與者多以在地男性村民為主，有時則會邀請附近的友宮前來幫忙。目前鎮安廟亦面臨過火人員年事漸高或人力短缺的情形，在今年（2015）的儀式中，即出現數頂神轎未有人員協助扛轎過火，最後則由在場民眾、信徒加入填補人力的不足。過火後，神轎則前往中營處進行謝平安儀式並將黑令旗卸下，儀式完成後，廟方人員及信徒再至廟內一同祭拜王公。擲筊選頭家、爐主的活動則在祭祀後舉行，目前鎮安廟所在的吉祥村共有十六鄰以鎮安廟為祭祀中心，大的鄰選出兩名頭家，小的鄰選出一名頭家，

負責在在王公生前向村民收取丁口錢，目前一丁、一口各一百五十元，共約四百多戶，爐主則為每個鄰的村民輪流擔任，欲擔任者先向廟方登記，再以擲筊的方式選出爐主，負責該年度各項重要慶典之統籌。除上述儀式外，王公生當天亦有作戲、殺豬公、福宴等活動同時進行。

圖 3-29　起火堆	圖 3-30　神轎出字指示過火注意事項

（筆者攝於 2015/12/25）	（筆者攝於 2015/12/25）
圖 3-31　過炭火儀式	圖 3-32　村民準備三牲、供品於過火後一同祭祀

（筆者攝於 2015/12/25）	（筆者攝於 2015/12/25）

2. 過金火儀式

在古公三王廟中，以金紙堆過火的廟宇較多，因其在各項用具之準備、時間與人力上的分配等較為容易。南方澳鎮安廟在農曆十一月十五日三王公生的前夕，各鄰鄰長會協助廟方收取丁口錢，採以自由樂捐的方式，並開始準備相關的籌備工作。到了三王公生當天，約於下午三點左右開始進行過金火儀式，鎮安廟所供奉的每尊神明皆會過火，亦會邀請友宮一同參與過火儀

式，活動結束後設有福宴，提供予所有參與的工作人員及信徒，同時亦會連續做野台戲三天慶祝。另一個在三王公生當天的重要儀式即是擲筊選出爐主、副爐主各一名，首先會在南安里的十三鄰中擲筊選出一鄰，再從被選出的鄰中擲筊出爐主與副爐主，早期因為尚未蓋廟，沒有一個固定的空間，在飲食準備上較為麻煩，故當時的爐主與副爐主只需要於三王公生時負責歌仔戲演員的飲食部分，待新廟完成後，爐主與副爐主的工作則涵蓋整年各項祭祀活動。至於農曆一月十五日大王公生、農曆二月十五日二王公生及太子爺、財神、土地公等神明的祝壽活動則以祭拜為主。

美福鎮安廟〔註52〕則在每年農曆十一月十五日一併舉行三個王公的祝壽，包含作戲、宴客等，每隔四年舉行一次整村的遶境活動，遶境結束後再進行過金火儀式，過火時間大約於下午一、兩點開始，確切時間由擲筊方式詢問王公，不分性別皆可參與過火，多數參與者為在地人，每年活動舉辦時間長短不一，依照各年之情形進行一至三天之調整。根據在地居民表示，早期會帶老三王公於王公生時至二結王公廟參加過火儀式，後來因鎮安廟亦開始進行過火儀式，故不再到二結王公廟參加。過火儀式後，有參加分爐主〔註53〕的人留下擲筊選出頭家爐主，爐主主要負責王公生慶典，頭家則為中元普渡。其他鎮安廟所祭祀之神明生日，僅以簡單的祭拜祝壽。

圖 3-33　遶境活動

圖 3-34　美福村居民擺設香案並於路邊等待遶境隊伍

（筆者攝於 2015/12/25）　　　　　　（筆者攝於 2015/12/25）

〔註52〕在林志成民國九十七年（2008）完成之《宜蘭古公三王的祭祀與慶典之研究──以二結王公廟為中心》中，美福鎮安廟王公生為農曆十一月十四日。
〔註53〕參與分爐主的人員須繳交五百元之費用。

圖 3-35　參與過火之女性信徒　　　圖 3-36　過金火儀式

（筆者攝於 2015/12/25）　　　　（筆者攝於 2015/12/25）

羅東西安鎮安廟〔註54〕的主要祭典為農曆十一月十五日的三王公生，在王公生前一天，會先擲筊選出古公三王的爐主一名，爐主在每個王公生日的時候，必須準備祭拜之供品，其他則視爐主本身的能力與心意。王公生當天，除了安排布袋戲作戲整天外，約於下午三點至四點進行過金火儀式，廟內所供奉的每尊神明皆會參與過火，過火工作人員除西安里的居民外，亦有不少外地人、其他友宮前來幫忙。至於大王公、二王公及其他神明生日則以祭祀祝壽為主。

花蓮鎮安宮在農曆十一月十五日三王公生當天的活動，包含布袋戲作戲、謝平安、過金火、福宴及擲筊選爐主等，過金火儀式通常於下午進行，只要遵守過火禁忌，過火者不分性別皆可參與儀式，多以國強里的居民為主要參加對象，而過火的神尊中，因媽祖只有鎮殿一尊神像，故廟內供奉之神尊除媽祖外，皆由信徒以扛轎或手捧的方式過火。

至於另一間同樣位於花蓮縣的吳全順天宮，雖然其重要祭典為農曆二月十二日的建廟紀念日〔註55〕，但在農曆十一月十五日的三王公生這天仍有舉行過金火的儀式，由在地居民協助扛轎過火，過火神轎數量約兩三頂。而大王公、二王公及其他陪祀神的生日，僅以簡單的祭拜表示。

〔註54〕在林志成民國九十七年（2008）完成之《宜蘭古公三王的祭祀與慶典之研究——以二結王公廟為中心》中，西安鎮安廟王公生為農曆十一月十四日。
〔註55〕建廟紀念日的活動因近年民眾工作忙碌，無法在平日前往廟宇參與活動，故已於民國一〇三年（2014）改至假日舉辦，由管理委員會及信徒共同進行祭拜等慶祝活動。

3. 其他儀式

除過火儀式外，部分廟宇以遶境或其他形式的活動替王公祝壽。目前洲美三王宮最盛大的活動為王公生前的遶境，早期在農曆十一月十五日王公生時有進行過炭火儀式，後來由於沒有乩童的關係，未有人可以協助儀式的舉行，因此過火約停辦十幾年。在有過火的時期，除了較小尊的神明外，三王宮所有神明皆由在地居民、信徒等工作人員扛轎過火，每次約二、三十頂神轎，而過火的人員，在禁忌等儀式相關規範下，不限性別皆可參加，但其中有另外規定女性工作人員僅可負責女性之神明。此外，過去亦會在王公生之前殺豬公祭拜，但近年亦取消這項儀式。現今未有過火儀式，改以遶境活動方式舉行，在王公生前一個禮拜六或日遶境，早期三王宮擁有自己的誦經團及神將團，協助廟方之各項儀式及遶境活動，由於近年神將團人員逐漸減少，因此開始尋求其他團體的幫忙，目前每年仍約有百團神將團參加，範圍涵蓋整個洲美地區，最遠曾至石牌。在王公生當天除一般的祝壽活動外，另會擲筊選出爐主一名、副爐主一名及頭家數名，爐主及頭家可將王公恭請返家祭拜，其責任為每個廟方所舉辦的祭典、活動皆須前往協助，經濟充裕者則會在王公生時邀請歌仔戲團作戲。

花蓮市的花蓮鎮安廟除了供奉主祀神古公三王外，亦有神農大帝、三太子、媽祖、土地公、五路財神等陪祀神，其中以農曆十一月十五日的三王公生祭典較為盛大，當天以法會、布袋戲等形式祝壽，未有過火或遶境儀式，早期曾收過丁口錢，目前則以自由樂捐為主。在三個王公生日的隔天皆會舉辦壽宴，參加者需繳交五百元，活動由各個王公的爐主負責，每次參與壽宴者約有三、四十人，並於當天再次擲筊選出爐主一名。

新北市的溪北鎮安宮因其規模較小，故在農曆十一月十五日的王公生祝壽祭典中，以祭拜祝壽與福宴兩項活動為主，另外由於鎮安宮未舉行過火儀式，因此廟方會將神明請至二結王公廟一同過火。溪北鎮安宮另一個重要祭典為農曆一月底之酬恩祈安禮斗消災賜福大法會，禮斗法會約進行三天，信徒依照自己的需求認購不同價格、神明之斗首。

南方澳鎮南廟以三王公生的祝壽儀式最為重要，早期會在王公生當天進行過金火，現在因為過火的人員逐漸衰老且未傳承給年輕一輩，故無法繼續舉行過火。目前王公生當天的活動包含以關輦的方式更換中營令旗、祝壽活動、犒軍、擲筊選爐主及福宴。其中擲筊選爐主的部分未有資格限制，以南

成里里民為主，鎮南廟供奉之每個神明皆有自己的爐主，因此一共擲筊選出十名爐主，包含關聖帝君一名、古公三王三名、福德正神一名、三山國王三名、中壇元帥一名與廣仙祖一名，負責採買及準備該神明聖誕的祝壽供品，費用由廟方支出，但大部分的爐主皆將補助回捐予廟方，同時亦會擲筊選出一名總值年爐主，負責每月初一十五之犒軍祭祀。

板橋觀聖宮至民國一〇三年（2014）為止，僅於農曆十一月十五三王公生時進行祝壽活動、誦經與作布袋戲，今年（2015）開始分別於三個王公的聖誕舉行王公生祭典，目前皆未有過火儀式。其中會另外於農曆九月二十二日二王公生前會擲筊選出頭家、爐主與副爐主以及舉行祈求平安龜的活動。

（二）其他日期三王公生

農曆十月十五日為海口福元宮三王公之聖誕，由於福元宮祭祀神眾多，故一律於三王公聖誕慶祝，近年為方便信徒參加祭典與擴大儀式的規模，有時會提前於王公生前一個假日舉行祭典。在規模較大的年度，會於王公生祭典之上午舉行遶境活動，範圍主要在海口里內，遶境後則為團拜祝壽時間，包含福元宮管理委員會、政府官員、民意代表、友宮團體等。過金火儀式於下午一點展開，包含儀式現場的潔淨儀式、起火堆等，共需進行兩個小時。雖然福元宮的古公三王神尊眾多，但皆由信徒以扛轎的方式過火，在古公三王廟中屬於規模較大之過金火儀式。過火之後則進行頭家爐主的擲筊活動，必須為海口村的居民才可參加，頭家由十五個鄰各別選出，負責收取各鄰之丁口錢，每年一共兩次，分別為農曆九月九日重陽節〔註56〕以及農曆十月十五日王公生，爐主一人則負責聯繫頭家等各項活動之協助。

天送埤鎮安廟的主要慶典為農曆十一月十三日的三王公生，當天會進行過金火儀式，過火人員除廟方工作人員外，亦邀請宜蘭縣二結祈安撐轎文化傳承協會協助儀式之進行，活動後則擲筊選出值年爐主一名，主要參與擲筊者為委員會之成員約二十幾名，值年爐主需恭請王公爐返家祭祀，於隔年三王公生時再請回廟內，並須間隔一年才可再次參與擲筊爐主。在農曆一月十三日之大王公生、農曆三月十三日之二王公生等其他神明之生日，主要由廟方、主任委員、委員準備壽麵、壽桃等進行祝壽活動。

〔註56〕為該廟三太子聖誕，當天舉行法會與作平安戲。

　　另外同樣以農曆十一月十三日〔註57〕作為三王公生的為下埔振興宮，當天亦為廟慶，在農曆十一月十二日晚上十一點十五分，廟方全體委員、信徒、政府官員等齊聚一堂，為三王公進行祝壽。隔天振興宮並未進行過火儀式，而是邀請歌仔戲團前來表演，有時候則會舉行遶境活動，範圍涵蓋附近兩三個村莊，信徒亦都會於三王生當天準備牲禮祭拜王公。擲筊選爐主的活動則在當天晚間展開，欲參加者未有資格限制，每年約有十幾名信徒參與擲筊，爐主需恭請一尊王公返家祭祀一年，並且要參加每個月的犒軍，若當年遇卜遶境活動，則必須贊助一個陣頭參與，其他活動支援則視各自的情形與心意付出、協助。下埔振興宮代表王公兵馬的中營黑令旗，並未每年進行更換，只有在遶境當年才會更換，於遶境前，會將舊的黑令旗卸下火化，帶新的黑令旗遶境，返廟後再將新的黑令旗掛上。至於農曆一月十五日大王公生、二月十五日二王公生以及福德正神、南北斗、帝爺等神明之生日則以簡單祭拜方式進行。

　　壯二鎮安廟主要祭典為農曆十一月十四日〔註58〕的三王公生，廟方會先於農曆十一月十三日晚間享用平安餐前進行祝壽活動，之後再由當年的三個爐主分別於晚間七點、九點十五與十一點十五響炮慶祝，早期祝壽時間為晚間十一點，因信徒參與人數較少，故在現任主委上任後更改時間。在民國一百年（2011）王公生前曾舉辦遶境活動，因需動員大批人力及資源，暫時規劃為四年舉行一次。至農曆十一月十四日當天，除了作戲、誦經外，最為重要的即是過火儀式，最早壯二鎮安廟的過火儀式為過炭火，之後再改為過金火，直到民國一〇三年（2014）透過擲筊詢問王公，未來將全面改以過炭火的方式，至於炭火數量約在三千斤左右，以山丘型的進行堆疊。在過火儀式中，女性亦可參與過火，以抬女性神明為主，每年約有三、四名女性參加，因此不論性別，皆須嚴格遵守相關禁忌，並在參與儀式前洗澡淨身。過火儀式後，則擲筊選出三個王公的爐主，擔任爐主者必須出席每個神明的生日與廟

〔註57〕農曆十一月十三日為三王公的開光點眼日期，因此當天被視為三王公生。
〔註58〕在民國九十六年（2007）的文獻資料顯示，三王公生已於民國六十一年（1972）自農曆十一月十五日改為農曆十一月十四日，在林志成2008年完成之《宜蘭古公三王的祭祀與慶典之研究——以二結王公廟為中心》中，壯二鎮安廟的王公生亦為農曆十一月十四日，其原因為擔心王公生當天信徒前往二結王公廟祭祀，故提前一天舉辦。目前廟方表示三王公生的千秋祭典為農曆十一月十五日，至於何時再次更動日期無法得知，但儀式仍於十三與十四日進行。

方活動,並要在過火儀式中分別手持三個王公的大令旗過火。至於農曆一月十五日的大王公生與農曆二月十五日的二王公生,除祭拜祝壽外,亦分別從會員中擲筊出泡麵龜、麵線龜、米香龜、炮龜的爐主與還願。

花蓮縣光復鄉的大富富安宮,則以農曆十一月十六日的三王公生作為該廟最為重要之節慶,在王公生的前一天舉行謝平安,除了廟方準備豬公外,村民皆會帶著牲禮前往富安宮祭拜。王公生當天的主要活動包含上午的遶境及下午的過火儀式,早期皆由村內居民抬轎過火,近年因在地住戶由一千多戶銳減至三百多戶,故有時過火會請外面的宮廟幫忙,過火者只要遵守相關儀式禁忌即可參與。富安宮所有儀式活動的舉行,都需要透過乩童向王公請示,同時乩童本身亦須要主持各項廟方儀式。在每個王公以及五穀大帝生日時,都會以扮戲的方式祝壽,其中在五穀大帝生日前,廟方會募緣金,使慶典更加精采。

在頭家爐主的部分,可分兩種類型,第一種富安宮官方的頭家爐主,目前大王公及三王公各有頭家兩人與爐主一人,只要有意願擔任即可參加擲筊,其工作為在王公生前至村內向村民收取丁口錢及儀式的事前準備,若欲使活動更為熱鬧,亦有不少頭家爐主會出錢請歌仔戲等,其中又由於三王公生的慶典最為盛大,因此在三王公生時所募得的金額最高。第二種則為王公會的頭家爐主,由信徒自行組成,其祝壽活動會跟廟方的時間錯開,其中參加大王公會者須繳交費用五百元,二王公會為一千元,三王公會因目前尚有基金,故還不用繳交會費,但參加者多以廟方資深人員為主。另外,有一種與王公會類似的拜壽團,固定於王公生當天一早,準備壽桃、壽麵等供品至富安宮向王公祝壽,但未擲筊選頭家爐主。

農曆十一月十八日為冬山保安廟的王公生,當天活動包含歌仔戲作戲、過金火儀式及擲筊選出爐主,主要由村內居民協助及參與儀式。爐主則為有意願擔任的人參加擲筊,近年參加的人愈趨減少,爐主必須支援廟方各項祭典,並協助支付王公生作戲費用等。

(三)農曆二月十五日二王公生

古公三王廟大多以三王公生的聖誕為主,其中新莊鎮安廟由於最早先恭請二王公至新莊,因此二王公除了被供奉於主殿的中間位置外,更被視為新莊鎮安廟的主神,因此鎮安廟主要祭典訂於農曆二月十五日的二王公生。廟方分別在三位王公生日當天準備祝壽供品祭祀,布袋戲作戲則由該王公之爐主敬

獻，而過火儀式則僅於二王公生時進行。二王公生的過金火儀式在農曆二月十五日中午過後開始，神轎陸續發輦並協助乩童進入起乩狀態，後來再由乩童負責準備儀式所需之符令、於各式令旗上畫符、潔淨過火用品與場地等。

圖 3-37　乩童於過火前出符令　　　圖 3-38　乩童進行淨火場

（筆者攝於 2014/3/15）

（筆者攝於 2014/3/15）

過火儀式於下午兩點展開，待金紙燒旺，由工作人員在旁撒下符水及鹽米，進行過火前最後一次的淨火堆，隨後在黑令旗帶領下依序過火，大王公、二王公及三王公各一尊安座於神轎上過火，其餘則以手捧方式過火，完畢後即返廟入座，附近居民、信徒則前往撿拾火堆餘燼，祈求王公之保佑。過火儀式最後在乩童收五營及操演七星刀後圓滿落幕。

圖 3-39　神轎過火　　　　　圖 3-40　居民、信徒撿拾過火餘燼

（筆者攝於 2014/3/15）

（筆者攝於 2014/3/15）

（四）其他日期王公生

大洲開安宮王公生的時間與大部分的古公三王廟宇不同，早期分別於農

曆一月五日與十月十五日進行三個王公的祝壽活動，目前只有在一月五日進行過金火的儀式與作戲。過金火的轎子數量大約有十幾頂，但仍視當年參與的工作人員數量決定過火神明的數量，過火者以在地人、男性為主，近年亦邀請王公會館及五結鄉溪底城平安神轎會協助儀式之執行。早期過火當天與二結王公廟相似，有捉乩童的儀式，過火當天由王公去到乩童家將他帶到過火儀式現場一同過火。至於其他陪祀神明之生日，如：開漳聖王、帝君、三界公、土地公等，廟方與信徒則以祭拜的方式進行祝壽，未有過火或其他儀式。

　　大溪大安廟一年中最為重要的祭儀為農曆九月二十三日的廟慶暨王公祝壽活動，以民國一〇四年（2015）的活動為例，在農曆九月二十一日，即會恭請兄弟廟、友宮的神明至大安廟作客，同時管理委員會成員、爐主等人，亦會前往二結王公廟祭拜，並於廟埕扮仙排場。農曆九月二十二日則舉行福宴，在大安廟前的戲台連續扮仙作戲兩天。早期大安廟的廟慶皆有過火儀式，後來改為三年一次，目前為四年一次。廟慶當天，早上先於大溪里與大里里遶境，陣頭主要由爐主、管理委員會、信徒共同贊助，遶境全程約兩個小時。

圖 3-41　　遶境隊伍	圖 3-42　　遶境隊伍自海岸步道返廟

（筆者攝於 2015/11/4）	（筆者攝於 2015/11/4）

　　過炭火儀式約於中午十二點至下午一點間進行，過火時間、路線、木炭數量等皆由乩童於現場進行指示，參與過火之神明只限於有坐轎之神明〔註59〕，鎮殿之王公往年皆不參加遶境與過火儀式，今年（2015）為首次出廟參與遶

─────────────

〔註59〕古公三王、土地公與天公。

境，至於過火的人員則不限性別，以遵守過火禁忌為資格之限制，但在本次的過火中，仍只有男性進行抬轎過火，女性僅負責場地整理與撒鹽米，且人數只有兩三名。由於，目前大安廟的遶境及過火為四年一次的大熱鬧，因此在廟慶當天，在外工作的村民皆自外地返鄉協助慶典的舉行，另外，也因為在地從事漁業之村民在廟慶這天未出港捕魚，故在活動中亦可發現許多外籍漁工的參與。過火儀式完畢後，由於鹽米鋪撒較厚，木炭溫度不高，因此廟方開放現場民眾一同過火，讓民眾同樣可以藉由親身過火的體驗，祈求王公的保佑。

圖 3-43　神尊過火

圖 3-44　現場民眾過火

（筆者攝於 2015/11/4）

（筆者攝於 2015/11/4）

　　下午三點左右，開始進行擲筊選頭家與爐主，由廟祝唱名，現任頭家協助擲筊，共選出一個爐主與十個頭家，凡有繳交丁口錢之民眾皆可參加擲筊，爐主負責聯繫、統籌所有頭家，頭家主要工作為收丁口錢，在四個廟方重要活動〔註60〕前至各戶收取，丁口錢的金額視活動的規模調整，大約為一百元至一百五十元。此外，亦會擲筊選出龜爐主及頭家，其主要工作為負責農曆九月二十二日祭祀所需之糯米龜。至於其他陪祀神明的祝壽活動，主要

〔註60〕四個活動分別為許平安、普渡、廟慶與謝平安。

由廟方準備三牲、十二菜碗、壽桃與壽麵等進行祭祀。

冬山進興宮早期之王公生在農曆七月二十三日，當天雖為三王公之開光日，但一併為大王公及二王公祝壽，由於農曆七月經常遇到颱風侵襲，因此在進興宮舉辦中華道教古公三王弘道協會之聯合慶典的民國九十二年（2003），便詢問王公未來王公生是否改期至農曆十月六日〔註61〕，得到王公同意後，隔年（2004）開始，即在農曆十月六日舉行王公生，又因進興宮祭祀神眾多，故所有神明統一於當天舉行祝壽活動。在農曆十月六日的辰時至午時之間進行過金火儀式，確切的過火時間及火路的方向則於當天請示王公，進興宮所祀奉之每尊神明皆會過火，由於神像眾多，因此有時會請鄰近村莊有經驗的中老年人前來協助。在午宴過後，則進行擲筊選頭家爐主的活動，欲參加擲筊的人分別至不同的樓層，依序為古公三王、國聖公、觀音佛祖，參加擲筊者沒有資格限制，只有當過爐主的人要相隔一年才可再次進行擲筊。擔任古公三王的爐主，工作最為繁重，負責連繫農曆一月三日迎媽祖活動、農曆十月六日野台戲的安排、中元普渡豬公事宜、堆疊農曆十月六日的祝壽米龜等。國聖爺的爐主則負責全國國聖公春秋兩次聯合祭典的接洽、聯絡、行程安排以及農曆十月六日晚間國聖公會晚宴。觀音佛祖的爐主則擔任農曆三月、六月及九月十九日祭拜活動的統籌，及祝壽活動後的素食晚宴。其中，古公三王另有四個頭家，分別為擲筊數量第二至第五者，其工作為協助普渡、過火之各項工作。

在上述慶典儀式外，進興宮在農曆一月十五日另有一個大陸王公〔註62〕的祝壽活動，這也是進興宮所有神明中唯一一個另外進行祝壽的神明。根據廟方表示，曾經擔任進興宮的主委至中國大陸時，感覺這尊王公一直在注視著他，經過詢問才知道是這尊三王公想到台灣，因此進興宮的蔡國安主委開始籌畫弘道協會，並召集其他祭祀古公三王的廟宇，在民國九十年（2001）將該尊王公自中國大陸請到台灣，更將祂視為弘道協會的王公，因此早期這尊中國大陸王公隨著每任協會的理事長到不同的古公三王廟宇。然而就在壯五鎮安廟安座的某一年，大陸王公忽然生氣不參加過火，原因為大陸王公在中國大陸的生日是農曆一月十五日，但到台灣後都是在其他日期進行祝壽活

〔註61〕農曆十月六日為民國九十二年（2003）進興宮舉行聯合慶典之日期。
〔註62〕古公三王中的三王公，協會與廟方習慣以「大陸王公」稱之。進興宮亦曾計畫將中國大陸的二王公及三王公請至台灣，但中國大陸祖廟已不願意。

動，使這尊大陸王公稍有不滿。之後，這尊大陸王公移駕至花蓮吳全順天宮，由於順天宮廟宇建築較為矮小，使神像較大的大陸王公頭上被麻雀築了鳥巢，影響整體王公神像的樣態，因此即使目前協會理事長並非進興宮的人員，但進興宮仍將大陸王公請回進興宮，並於農曆一月十五日替大陸王公進行祝壽。

　　蓁巷三賢廟將王公生訂於農曆十月十四日〔註63〕，信徒皆會返廟祭拜，該年度有生子或生女的信徒則另外以添丁龜或壽桃祭祀。過金火儀式約於下午一點開始，其中僅有古公三王神像以乘坐轎子的方式過火，其餘神明則以手請方式過火，參與過火人員多為村內居民，或者鄰近村落武轎班的人員前來協助。活動結束後的福宴由爐主負責，並於用餐後擲筊選出下一年度之爐主，凡具有協會會員資格者皆可參與擲筊，為了使人家有更多的機會擔任，因此廟方將會員分成三個組別，三組輪流擲筊選出爐主，而該年獲得擔任爐主者的住家方向，幾乎與當天過火方向吻合，為另一個令當地居民稱奇之處。

　　早期蓁巷三賢廟每年王公生時皆會恭請王公神像至二結王公廟參加過火，後來改成三年一次，現在由於在地居民未有人會過炭火，且二結王公廟王公生當天人潮眾多，因此就未再前去參加過火。此外，蓁巷三賢廟為紀念王公自二結王公廟分香而來，故將當年分香的日期農曆十一月二十二日訂為分香紀念日，特別於這天舉行祭祀活動。

　　農曆十一月二十日為武荖坑大進廟的王公生，這個日期為早期詢問土偶神明是否欲被稱為古公三王的日子，因此將十一月二十日作為大進廟古公三王的聖誕。王公生最重要的活動為出巡遶境及過金火儀式，出巡的時間並不固定，但主要在王公生前一天或當天早上舉行，遶境範圍為東城村。在王公生當天過火前，廟方會先以擲筊的方式詢問乘坐神轎之神明，未乘坐者，則以手捧的方式過火，儀式約於上午十點至十二點間開始，近年村內的人員較少且年事已高，因而多邀請五結鄉溪底城平安神轎會協助過火儀式。過火後，除了歌仔戲作戲外，亦在廟內進行擲筊選頭家、爐主的活動，選出頭家數名，以協助各項廟務為主要任務，以及選出爐主、副爐主各一名，負責與委員於王公生前收取每戶兩千元之丁口錢，並需要支付王公生的各項費用，不足的部分再由廟方協助支出。

〔註63〕今年（2015）經王公擲筊關輦指示，未來王公生日期將改為農曆十月二十二日。

第四章　二結王公廟與台灣古公三王信仰的關係

　　二結王公廟被視為台灣古公三王信仰的代表性廟宇，透過先前章節對二結王公廟及各古公三王廟的民族誌材料，試圖從信仰傳播、宗教儀式，探討二結王公廟在古公三王信仰中的重要性與在古公三王廟中的祖廟角色。此外，在中華道教古公三王弘道協會成立後，藉由至中國大陸祖廟謁祖、修建祖廟等事項，出現了中國大陸祖廟與在台祖廟兩種認同，因此藉由刈香、會香等活動的進行，重新理解二結王公廟與古公三王廟的關係與角色變化。

第一節　民族與信仰傳播

　　從第三章對於台灣古公三王廟的建廟歷程與概況，可以觀察出台灣古公三王廟主要分布於宜蘭縣，其次為相鄰宜蘭縣的花蓮縣、新北市，形成古公三王廟在台分布的特色，因此本節將依照古公三王廟的建立年代分成清朝時代、日本時代與民國時代三個階段，探討各時期古公三王信仰在台灣傳布的過程，並從移民遷徙、祖籍、居民的民族組成等信徒背景，分析不同因素如何影響古公三王信仰在台灣的傳播與分布，並試圖歸納出各時期古公三王廟建立之特色。

一、清朝時代——移民渡海來台開墾

　　中國大陸的福建省及廣東省由於人口多、耕地少，加上距離臺灣近，常有人民欲渡海至台灣尋求新的生活，因此清朝政府對人民渡海來有著嚴格的

限制，包含渡臺者必須先取得原籍地方官的「照單」﹝註1﹞，並經臺灣海防同知﹝註2﹞許可且不得攜帶家眷，此外，由於廣東常為海盜淵藪，故禁止廣東地方的人民渡臺。總體來說，在清朝統治臺灣的二百一十二年當中，從康熙二十三年（1684）至乾隆五十五年（1790），即使是採取一種比較嚴格的禁止與限制，但因原鄉的各種推力，使清朝政府的限制仍阻擋不了閩粵一帶人民渡海來台。乾隆五十五年（1790）以後，各項限制逐漸鬆綁，到了光緒元年（1875），才完全開放福建省及廣東省的人民自由前來臺灣。然而，這樣的完全開放已經未有太大的意義，因為當時臺灣的西部與東北角的宜蘭地區，已住滿移民拓墾的漢人。﹝註3﹞

清朝時代的移民，通常會將他們在中國大陸家鄉的守護神隨船帶來台灣，以乞求渡海平安及開墾順利。在清朝時期，由於台灣移住的歷史還很短，因此據瞭解當時人們的歸屬意識不在台灣，而是在祖籍地，﹝註4﹞古公三王信仰亦在這個時期隨著移民傳至台灣，因此可以透過清朝時代不同祖籍移民在台灣的遷徙路線與開墾地區，進一步探討於清朝時期建立之大洲開安宮、二結王公廟與海口福元宮三間古公三王廟的分布現象。

古公三王信仰源自於中國福建省漳浦縣湖西畬族鄉豐卿村坑仔尾，豐卿村位於湖西畬族鄉西北部，東北與白竹湖農場和坑作業區相接，並與湖西畬族鄉山後村為鄰，西南與頂壇村毗連，北面與赤嶺鄉交界，現為湖西畬族鄉四個民族村之一，轄坑仔尾、蓮池尾、過田、巷口倉、下坑、庵內、龍潭新社共七個社。豐卿村為藍姓畬族的聚居地，根據民國一〇四年（2015）漳浦縣湖西畬族鄉人民政府網站資料，全村五百八十八戶 2,357 人中，藍姓畬族人口共有 2,320 人，﹝註5﹞將近百分之九十九的居民皆為藍姓畬族。因此，在曹曦《臺灣藍姓畬民研究初探》碩士論文中，將台灣的古公三王信仰視為藍姓畬族在台灣的重要信仰之一。漳浦藍姓畬民移民來台後，除了台中藍張興庄及屏東里港為家族勢力的延伸之外，其餘藍姓畬民皆因地緣關係，與原籍移民共同開墾，以

﹝註1﹞許可證。

﹝註2﹞當時臺灣最高武官。

﹝註3﹞戴寶村，〈移民臺灣：臺灣移民歷史的考察〉，《台灣月刊雙月電子報》第 96 卷第 8 期，2007 年。

﹝註4﹞三尾裕子，〈從兩岸媽祖廟的交流來談台灣的民族主義〉，《媽祖信仰的發展與變遷》，2003 年，頁 201。

﹝註5﹞漳浦縣湖西畬族鄉人民政府，〈走進湖西〉，檢索網址：http://hxx.zhangpu.gov.cn/xqjs4.asp，檢索日期：2015/11/15。

因應家族勢力無法保護個人身家安全之困境，因此在桃園及宜蘭等地的藍姓移民，皆與其漳泉移民分布區域有關。在其信仰部分，開漳聖王及三官大帝信仰因神格較高，地域色彩濃厚，可以獲得原籍移民的認同，至於古公三王信仰，在漳浦地區與台灣皆因神格與土地公相當，為地方社神，除了發展成為家族家廟外，便是引進神格更高的信仰，以拓展更大的信仰圈。〔註6〕

　　此外，曹曦提出兩點台灣古公三王信仰與畬族有所關聯之可能性，第一為二結王公廟的「祭王宰犬」儀式，由於在台灣民間信仰中極少以宰殺黑狗獻祭，因此作者認為此儀式的進行與藍姓畬族黑狗賊傳說〔註7〕有關，第二為二結王公廟藉由殺犬擺脫與少數民族的關聯〔註8〕，因為曹曦認為古公三王信仰與畬族有關，故二結王公廟藉由殺犬觸犯畬族禁忌的方式、儀式，以擺脫與畬族的連結。

　　筆者認為，黑狗血自古以來皆被視為具有避邪之功用，因此二結王公廟於符令中所使用的黑狗血〔註9〕，同樣希望藉由黑狗血以達到驅邪，曹曦對於二結王公廟的黑狗血與畬族傳說、禁忌可能具有關聯性之推測稍嫌牽強，再者，藍姓畬民多集中於乾隆年間，至今日的宜蘭縣羅東鎮及桃園市桃園區、中壢區開墾，但由於多與原籍移民共同開墾，因此目前在宜蘭及桃園的藍姓畬族未有明顯的分布地區，難以將古公三王廟宇分布情形與藍姓畬族之分布進行疊合探討，同時在田野資料採集過程中，亦未有相關藍姓畬族與古公三王廟宇關聯性的發現。

　　雖然古公三王廟的分布與宜蘭、桃園藍姓畬族的分布無法進行疊合，但仍可透過對宜蘭縣及桃園市內不同祖籍移民的分布區域進行探討。首先，在宜蘭縣的部分，由於嘉慶以前的開墾情形較為零星，且相關記載較少，因此未能以目前所蒐集之史料證明大洲開安宮及二結王公廟是否於乾隆年間建立。本論文主要以廟方與一般民間慣用之年代作為參考依據，因此若以貫時性的角度探討，寺廟建立地區後續的移民組成、社會發展等因素，皆對廟宇的長期發展產生影響，故宜蘭地區嘉慶以後的移民開墾史及分布仍具討論意義。

　　漢人大規模開發蘭陽平原，始於嘉慶元年（1796）吳沙率領三籍移民入

〔註6〕曹曦，《臺灣藍姓畬民研究初探》，淡江大學歷史學系碩士論文，2011年，頁133～134。

〔註7〕黑狗賊白天為人，晚上為狗，暗喻畬族祖先盤瓠是龍犬的傳說。

〔註8〕畬民盤瓠信仰中將殺狗、吃狗肉視為禁忌。

〔註9〕或稱黑羊血。

墾，但僅限於溪北西勢地區，嘉慶四年（1800）因漳州人眾多，故分得頭圍至四圍辛仔羅罕溪，泉籍移民分得二圍菜園地，粵人未有分地。往後幾年，漳州人再陸續得到金包里股、員山仔、大鬮三深溝地，泉州人得四鬮一、四鬮二、四鬮三渡船頭地與溪州一帶，粵籍移民則得一結至九結地區。

　　於嘉慶十二年（1807），有李穆生、謝三江、范阿謙等人，在溪南紅水溝保南興庄建置田園，開築水圳，仍應只是零星的侵墾。溪南東勢地區大規模的漢人移墾，應肇始於嘉慶十六年（1811），奉命入蘭查核開蘭事宜的楊廷理，將溪南可耕埔地，於該年二月分給漳、泉、粵三籍移民墾耕，因此不同籍貫之漢人分布日趨明顯，漳籍主要分布於後來劃分的清水溝堡〔註10〕、頂二結堡〔註11〕和羅東堡〔註12〕，泉籍主要開墾沿海的茅仔寮堡〔註13〕和利澤簡堡〔註14〕，粵籍的分墾地帶則集中於沿山的紅水溝堡〔註15〕。〔註16〕以上三籍移民皆分得不同區域以進行開墾工作，但在各籍人口數上確有極為懸殊之差距，在閩浙總督方維甸上奏請將噶瑪蘭收入版圖時提到，當時在噶瑪蘭地區的漳人有四萬二千五百餘丁，泉人二百五十餘丁，粵人一百四十餘丁，〔註17〕明顯看出漳洲人為宜蘭縣移民人口之大宗。

　　到了道光年間，西勢、東勢之肥沃原野已經開闢殆盡，新來的移民只得向近山地帶的貧脊土地開發，而此地帶也是原住民生番居住之地。同治初年，漳人陳輝煌聯合各社熟番與漢人，以十九位結首平番後開始墾荒，所開墾之地即今日三星鄉十九結之地。至同治十三年（1874），已開墾八百餘甲的土地，大約在今日的三星以東，大埔以西之地。〔註18〕在沿山地區的墾荒工作告一個段落後，整個噶瑪蘭地區大致已完全開發。

　　透過清朝時期各籍移民在宜蘭的開墾情形，大致可理解漳、泉、粵三者

〔註10〕今宜蘭縣的羅東鎮西部、三星鄉東北端及冬山鄉西北端。
〔註11〕今宜蘭縣的五結鄉西部。
〔註12〕今宜蘭縣的羅東鎮中東部及冬山鄉東北部。
〔註13〕今宜蘭縣的五結鄉中部偏東。
〔註14〕今宜蘭縣的五結鄉東南部及蘇澳鎮北部。
〔註15〕今宜蘭縣的冬山鄉中部。
〔註16〕施添福，《蘭陽平原的傳統聚落——理論架構與基本資料》，宜蘭：宜蘭縣縣史館，2004年，頁39。
〔註17〕龔宜君，《宜蘭縣人口與社會變遷》，宜蘭：宜蘭縣政府，2001年，頁40。
〔註18〕廖風德，《清代之噶瑪蘭：一個台灣史的區域研究》，台北：里仁出版社，1993年，頁109。

的分布區域。大洲開安宮的王公為乾隆四十三年（1778）由來自漳江的移民陳乩生將神像自家鄉帶至三星鄉大洲地區，而三星鄉最早的開發為嘉慶時期在清水溝堡的開墾，但僅限於三星鄉東北端區域，較大範圍及規模的開發則到同治時期才開始進行。位在三星鄉大洲村的開發史，大多追溯自先民陳水先生，關於其開墾年代有以下兩種說法，第一為陳水先生等四十二人由壯圍大福，於民國前一百一十五年間移居大洲，並向清朝噶瑪蘭廳申請開墾大洲原野。〔註19〕第二種說法為陳水的父親陳讀約在道光年間至大窟〔註20〕一帶安身，並育有一子陳水，後再舉家遷至清水溝〔註21〕，待陳讀去世後，陳水因見當時三星大洲一代仍有大量溪埔地可供開墾，乃向若干親友借貸籌款，買下蘭陽溪畔部分荒地，開始墾殖。〔註22〕第一種說法為陳水於嘉慶元年（1796）向噶瑪蘭廳申請至大洲開墾，然而噶瑪蘭廳的設立為嘉慶十七年（1812），故此種說法較不可信，第二種說法的年代則較吻合前段所述之宜蘭開發史。綜合宜蘭縣與大洲地區的開發史，大致可以推斷大洲開安宮所在之地，最早於嘉慶年間即有漳洲人於此進行墾荒工作，直至同治年間仍持續有新的漳洲籍移民進入該地，並成為一個以漳洲籍移民為主的聚落。

　　至於二結王公廟所在的二結地區，根據《宜蘭廳管內埤圳調查書》對於茀長春圳的開鑿記載：「一結林儀等佃人五十名，二結簡桃等佃人共參拾四名，三結魏建安等佃人共肆十四名，四結林青、林華等佃人共參拾八名，五結賴濕等佃人共七名。」〔註23〕顯示嘉慶十六年（1811）已出現「二結」之地名，雖然未明確指出二結的地理位置與範圍，但在眾多研究中皆將簡桃視為現今二結地區最早之開發者，若再將此與宜蘭縣開發史進行對照，二結即為楊廷理於嘉慶十六年（1811）將溪南可耕埔地分給漳籍移民墾耕的區域。同時透過當時留下的土地契約等，可以了解在嘉慶十六年（1811）漳州人大規模的開發後，二結地區的水田已然闢成，阡陌相連，帶有圳路，〔註24〕逐

〔註19〕財團法人仰山文教基金會，〈大洲界叫我第一人（台語）〉，《宜蘭縣社區日曆》，宜蘭：財團法人仰山文教基金會，2008 年。

〔註20〕今宜蘭縣壯圍鄉大福村。

〔註21〕今宜蘭縣羅東鎮竹林里。

〔註22〕李溫良，〈大洲陳茂山竹園〉，《蘭陽博物館電子報》，2008 年第 9 期，檢索網址：http://enews.lym.gov.tw/content.asp?pid=48&k=239，檢索日期：2015/12/1。

〔註23〕臨時台灣土地調查局，《宜蘭廳管內埤圳調查書》，台北：臺灣日日新報社，1905 年，頁 236。

〔註24〕林宏仁，《蘭陽溪南二結地區區域發展研究》，國立東華大學鄉土文化學系碩

漸形成頂二結、二結圍等聚落。

　　最後一間於清朝時代建立的廟宇為桃園市大園區海口福元宮，廟方向內政部登記以及對外表示之主祀神為三府三王公，根據海口福元宮的沿革誌記載：「柳府三王公，乃唐漳洲刺史柳少安後裔，距今九百餘年前出生於福建漳州，大王柳信、二王葉誠、三王英勇，為異姓兄弟，指揮義軍，共緝賊廈，地方始告平靖，其英勇事蹟鄉里傳頌，皆尊稱『柳三舉子』，宋末少帝為敵所迫，南奔至澄海縣東路南坑，柳三舉子聞訊率眾護帝，雖退追兵至漳浦縣湖西坑地區，履敗履戰被困無法突圍，卻臨陣殉難，柳、葉、英金蘭壯烈成仁。宋室念其護駕有功，追諡為三王，鄉人亦感其忠勇大德，立祀祭祀，神蹟履微，廣為各地善信立廟崇祀。」〔註25〕雖然與一般流傳的古公三王來源有些許差異，但所指涉之三位神明相同。福元宮的王公為道光二十年（1841），閩省航海業者許龍，自福建漳州漳浦縣鄰近澄海縣藍尾社恭請柳府三王聖像護航來臺，於南崁港登陸，落土為根，闢殖墾荒，並將神尊安奉住宅拜祀，〔註26〕可以推測當時先民自南崁港登陸後，沿南崁溪至今日海口里一帶開墾。

　　大園區最早的漢人開墾可追溯至明鄭時代，當時鄭克塽遣陳絳等經營淡水雞籠一帶，已鎮撫原住民，並在南崁地方構柵防守，拓地屯戍，軍士中多有娶原住民女子為妻者，與遷台的漢人形成聚落，或與南崁社平埔族人劃分界，從事墾殖，因此竹圍、海口至大坵園一帶開始有漢人的聚居。〔註27〕由於清朝時代相關的文獻或契約中，對於明鄭時期漢人在大園地區活動的記載極少，難以確認當時墾民祖籍分布之情形。有關清朝時期漢人移墾史料豐富，但海口里的部分未有詳細記載，因此僅能透過大園區整體的開發史，進一步歸納出海口里的移民組成。閩南人開墾桃園多集中於乾隆年間，並多以漳州人為主，開墾地點多在北桃園的鄉鎮，〔註28〕自乾隆年間起，大坵園地

士論文，2009 年，頁 53。

〔註25〕海口福元宮管理委員會，〈海口福元宮沿革誌〉，檢索網址：http://www.
　　　　hkfuyuangong.org/aa_1.asp，檢索日期：2015/12/1。

〔註26〕中華道教古公三王弘道協會，《古公三王誕辰聯合慶典大會會員手冊》，頁
　　　　42。

〔註27〕張靜芳，《民間信仰與地域社會：以桃園大園仁壽宮為例》，國立中央大學歷
　　　　史研究所碩士論文，2015 年，頁 28。

〔註28〕陳雪玉，《桃園閩客族群與地方政治關係的歷史探討（1950～1996）》，國立中
　　　　央大學歷史研究所碩士論文，2003 年，頁 34。

區陸續發生數起閩粵衝突，其中大坵園〔註29〕地區的漳洲人害怕粵籍移民的報復，因此建立石牆自衛，在石牆建立後，聚集在大坵園城內的漳洲人，因為集體意識的凝聚，大坵園城遂形成一個由漳州人所建構具有祖籍群體與方言認同的聚集地。〔註30〕

　　從以上各地區之開發史可以得知，在清朝時期建立之古公三王廟，其所在地區的民族組成皆以漳洲籍移民為大宗，顯示古公三王廟與漳洲人的分布密切疊合，因此即使古公三王信仰源自漳浦縣畲族鄉豐卿村坑仔尾少數民族地區，但古公三王的傳播及古公三王廟在台分布，皆未與畲族人有直接關聯。

二、日本時代——宜蘭縣分香廟的建立

　　在林志成《宜蘭古公三王的祭祀與慶典之研究——以二結王公廟為中心》的研究中，針對宜蘭縣十四間古公三王廟進行初步調查，歸納在清朝時期、日本時期及國民政府來台後所建立之廟宇，分別為三座、五座及六座，透過不同時期的產業發展、交通建設分析古公三王廟宇的傳播及分布，作者認為日本時代廟宇的傳布與甘蔗種植及運送有相當程度的關聯性，因大正時期日本政府為了便利採收及運送蘭陽平原上的甘蔗，所鋪設的製糖用軌道，信仰亦隨著蔗農們至二結製糖廠的往返隨之傳播。〔註31〕因此推斷出分靈廟宇隨著經濟發展與交通路線拓展傳布的現象。然而，由於作者主要以建廟時代或刈香年代作為三個時期分類的依據，故在其研究中的廟宇數量並未非常精準。

　　游謙與施芳瓏在《宜蘭縣民間信仰》中，將民間信仰在宜蘭的發展分成拓墾時期、定居時期、壓迫時期及蓬勃時期四個階段，拓墾時期的特色為墾民將從唐山帶來的香火或神像攜帶入蘭供奉，並開始建立土地公及有應公之崇拜。在大部分平原開發告一段落後至日本時代中期、皇民化運動前屬於定居時期，在這段期間內，庄廟陸續建立，公共祭祀逐漸形成，而土尪仔廟〔註32〕亦為這個時期顯著的宗教現象。壓迫時期則自日本時代開始，雖然日

〔註29〕大園區古稱，以大坵園街為核心的中壢老街溪與新街溪下游地區，以及新街溪與南崁溪之間的濱海地區。
〔註30〕桃園郡大園庄役場編，《大園庄志》，桃園：桃園郡大園庄役場，1933年，頁62～63。
〔註31〕包含台九線、台二線及台七丙線。
〔註32〕由於宜蘭位於廣大的蘭陽平原上，農耕是普遍且重要的生產方式，當墾民逐漸在聚落上安居以後，便開始飼養牛隻以利耕作，而照顧這些牛隻的工作通常都落在小孩身上，很多小孩在放牛吃草時喜歡捏一些土偶來玩，有時也捏

本政府為維持穩定的統治，針對台灣原有的宗教予以某種程度的尊重及保護，但日本政府終究為外來政權，對台灣民間信仰難免有所壓迫，在國民政府來台後，沿用〈寺廟監督條例〉對寺廟實行嚴格管制持續至民國六〇年代。隨著台灣工商業發達，快速的經濟和社會變遷下，民間信仰亦有相當大程度的改變，政府的政策也從管制改變為輔導民間寺廟從事文化建設等，進入民間信仰發展的蓬勃時期。〔註33〕

　　從游謙與施芳瓏的研究中，可以清楚理解不同時期民間信仰在宜蘭呈現的特徵及發展，其中值得注意的是定居時期之土尪仔廟，在宜蘭縣的古公三王廟宇中，共有三間廟宇為王公直接降神於土偶神像，分別為壯五鎮安廟、武荖坑大進廟及南方澳鎮安廟，至於壯二鎮安廟、冬山保安廟、美福鎮安廟、西安鎮安廟、南方澳鎮南廟、下埔振興宮共六間寺廟，為先祭拜土偶神像爾後再前往二結分香，另有一間冬山進興宮為先祭拜土偶神像，之後王公再降筆於鸞生，因此筆者認為林志成在進行分類時不應忽略土偶神像祭祀之特色，應將不同時期的民間信仰特色列入考量。而建廟或刈香年代多晚於土偶神像祭祀，若單純只以建廟或刈香年代作為分類依據，在準確性上稍嫌不足。按目前已蒐集之各廟宇創始年代，於清朝時期建立信仰的是大洲開安宮及二結王公廟兩間廟宇，壯二鎮安廟〔註34〕、冬山保安廟、壯五鎮安廟、武荖坑大進廟、大溪大安廟、冬山進興宮〔註35〕、美福鎮安廟〔註36〕、蓁巷三賢廟及下埔振興宮九間廟宇為在日本時期所建立，民國時期則包含南方澳鎮安廟、西安鎮安廟、天送埤鎮安廟、南方澳鎮南廟等四間寺廟。

　　林志成對於宜蘭縣古公三王廟傳佈與分布的研究，除了各時期的古公三王廟數量需再進行調整外，在日本時期建立的七間古公三王廟中，並非所有寺廟皆分香於二結王公廟，因此作者以二結王公廟為中心，透過二結地區的產業發展與交通網絡建設，進一步探討信仰自二結向外傳播路線及廟宇的分

來拜一拜，根據游謙與施芳瓏在宜蘭的調查，宜蘭縣內一些歷史悠久的廟宇都是由手捏土偶起家的，可見在清朝時期，雖然物資短缺，也阻止不了人們對神明的崇拜。

〔註33〕游謙、施芳瓏，《宜蘭縣民間信仰》，宜蘭：宜蘭縣政府，2003年，頁9～22。
〔註34〕於大正二年（1913）刈香，土偶祭祀年代早於刈香，年代不可考。
〔註35〕於光緒十六年（1890）建廟，自昭和二年（1927）王公降筆於鸞生後開始祭祀古公三王，因此將冬山進興宮列入日本時期。
〔註36〕於昭和五年（1930）刈香、建廟，土偶祭祀年代早於刈香，年代不可考。

布情形則顯為較不洽當。此外，古公三王廟傳布、分布原因不應只侷限於經濟發展與交通路線拓展上的探討，以上兩項因素僅能作為加速信仰傳播的因素，而非信仰主要的傳播及原因。例如在日本時代早期的壯二地區，由於壯二和二結之間並無橋樑，因此在地居民生病時，只能依靠竹排仔渡過蘭陽溪恭請二結王公前往該地關輦、出字、開藥單，漸漸讓王公成為壯二地區的守護神。從壯二鎮安廟的案例可以了解到，在交通建設尚未完善的年代，古公三王信仰透過不同的方式進行傳播，信仰的傳播或分布與產業發展、交通建設的直接關係較小，因此以下將以日本時代宜蘭縣祖籍分布探討古公三王廟的建立情形。

明治三十三年（1900）底，日本總督府民政長官發文給各縣廳知事，要求進行一項名為「關於本島發達之沿革」調查，目的是「為了本島住民移住以來變遷的狀態及各民族集散的狀況，需要參考調查」，命所在地區的縣廳首長依據附件調查事項及樣式，進行精覈調查。〔註37〕根據本次調查結果，宜蘭廳共有 189 個有人街庄，總人口數為 105,480 人，其中 1,659 人為泉州人、99,902 人為漳州人、546 人為廣東人、3,280 人為熟番，另有 48 人、6 人、32 人及 7 人分別來自福州、興化、汀洲及其他地方。許世融利用 GIS 將明治三十四年（1901）的祖籍、族群分布圖繪製如圖 4-1。

透過許世融所繪製的台灣全島優勢族群分布圖，可以清楚界定清朝末年至日本時代初期宜蘭地區漳州人優勢之地區範圍。到了昭和三年（1928），台灣總督府機構內的台灣時報發行《臺灣在籍漢民族貫別調查》，是日本時代正式出版的資料中，唯一對台灣漢族祖籍進行詳細資料的調查，鄉貫別分布圖的調查於昭和元年（1926）進行，由於距離清朝統治台灣結束已有三十年之久，經過日本時期縱貫鐵路、指定島路等基礎建設的開發、鼓勵栽種菸草、甘蔗等新興產業以及河川浮覆地的放領等，加速了島內民眾的遷徙，反映出日本時代中期不同籍貫之漢民族分布現象。〔註38〕表 4-1 與圖 4-2 為宜蘭郡、羅東郡及蘇澳郡於台灣在籍漢民族鄉貫別人口調查中之各鄉貫人數與台灣在籍漢民族鄉貫別分布圖。

〔註37〕許世融，〈臺灣最早的漢人祖籍別與族群分布：1901 年「關於本島發達之沿革調查」統計資料的圖像化〉，《地理研究》，2013 年第 59 期，頁 94。

〔註38〕許世融，〈臺灣最早的漢人祖籍別與族群分布：1901 年「關於本島發達之沿革調查」統計資料的圖像化〉，《地理研究》，2013 年第 59 期，頁 112。

圖 4-1　台灣全島優勢族群分布圖〔註 39〕

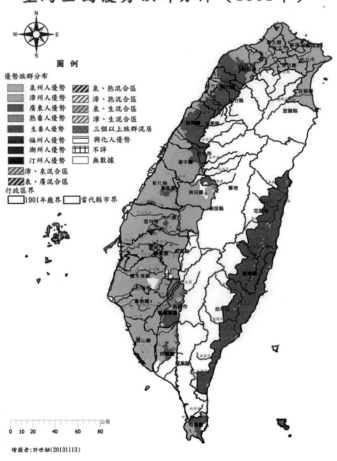

臺灣全島優勢族群分佈（1901年）

（許世融繪，2013 年）

表 4-1　宜蘭郡、羅東郡及蘇澳郡在籍漢民族各鄉貫人數表　單位：百人

	泉州府〔註40〕	漳州府	汀洲府	龍巖州	福州府	興化府	永春州	廣東省〔註41〕	其他
宜蘭街	5	185	1	1	2	1	1	0	0
礁溪庄	0	162	0	0	0	0	0	0	1

〔註39〕許世融所稱之優勢族群，是以該族群在街庄社內佔有 50%為標準，超過者即視為該街庄社的優勢族群，將當地標示為該族群所屬色塊。

〔註40〕包含安溪、同安、三邑。

〔註41〕包含潮州府、嘉應州及惠州府。

頭圍庄	1	168	0	0	1	0	0	1	0
壯圍庄	5	150	0	0	0	0	0	0	2
員山庄	3	159	0	0	0	0	0	1	0
羅東街	0	104	6	3	0	0	0	0	0
五結庄	1	152	0	0	0	0	0	0	2
三星庄	8	71	1	0	0	0	0	7	14
冬山庄	3	149	1	0	0	0	0	1	0
蘇澳庄	21	31	0	1	34	1	0	5	8

（日本總督府，1928 年）

圖 4-2　台灣在籍漢民族鄉貫別分布圖

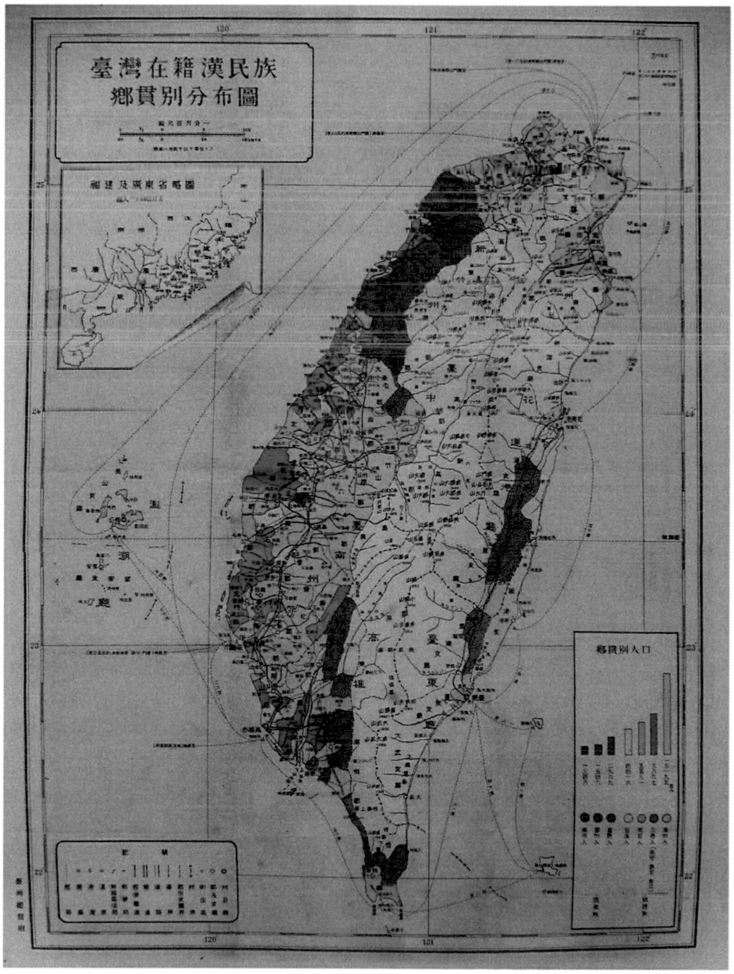

（日本總督府，1928 年）

　　從以上圖表可以觀察出日本時代中期的宜蘭地區，漳州籍依舊為漢民族主要的鄉貫，並且居住區域多集中於蘭陽平原一帶。在日本時期建立的八間廟宇主要集中於宜蘭市、冬山鄉、壯圍鄉、員山鄉及頭城鎮，以上五個鄉鎮的漳州籍人口數皆佔該鄉鎮人口 95%以上，將台灣全島優勢族群分布圖、台灣在籍漢民族鄉貫別分布圖與目前宜蘭縣古公三王廟宇分布圖進行對照，廟宇分布地區與漳洲籍漢人分布地區幾乎吻合。但由於以上兩張分布圖，皆以該地之優勢族群進行劃分及上色，因此在以漳州人為主體的宜蘭，除大同鄉與南澳鄉兩個原住民鄉鎮外，廟宇的分布無疑會與漳州人的分布交疊，若能將泉州、福州及廣東三地之移民聚居區域劃分出來，或者能蒐集到範圍更小的祖籍分布情形，則更能清楚了解古公三王廟宇分布和漳州籍移民分布之關聯性。

圖 4-3　宜蘭縣古公三王廟分布圖

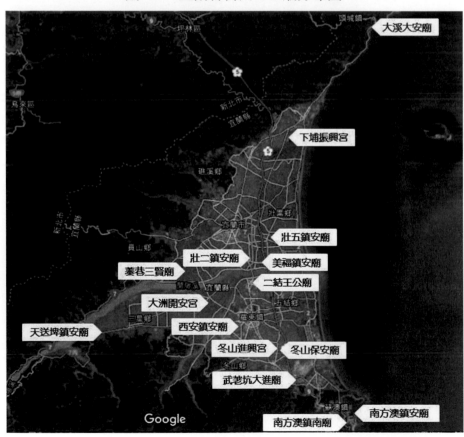

（筆者製，2015 年）

在日本時代初期，日本政府對於一般順從的台灣人民，皆採綏撫政策，在宗教舊慣信仰方面也是採此態度，表示尊重台灣人的固有寺廟，並認同宗教信仰為秩序之本源，不容許軍隊破壞寺廟。〔註42〕至大正初期，台灣發生許多大規模武裝抗日事件皆與宗教寺廟有關，〔註43〕日本政府開始重視寺廟調查工作並著手進行，對台灣民間宗教進行監督、指導。日本當局對台灣宗教的控制，採取漸進而深入的方式，直到戰事擴大，開始以彈壓手段嚴格取締。〔註44〕然而，古公三王信仰卻主要在日本時代於宜蘭地區進行傳播，筆者認為，主要與當時王公靈驗事蹟有關，根據採集之傳說：「民國九年初，日本佔領台灣已經二十多年，當時西醫並不普遍，民眾偶有疾病都是延請古公三王之乩童或以『踏金輦』作指示，配合以草藥來治病。但是日本警察視台灣的民俗為迷信，一律嚴加取締。一日蘇澳某居民感於二結古公三王之靈驗，正為其父延請『踏金輦』者治病，恰為巡邏警察撞見，日本警察不由分說，隨即將神像監禁在蘇澳車站內，後移至蘇澳分局裡，雖經鎮民多次請託，仍然不願將神像歸還。此時在二結本廟附近，有位簡姓鄉民正恭請老二王公治病，就在『踏金輦』正要開始的時候，『輦轎』旋即前往二結派出所，在日警上岡彌三郎的辦公室上寫下數字：『弟老三王公被蘇澳派出所監禁，請放回。』上岡警察一驚，馬上打電話向蘇澳分局查詢並請釋回古公三王，而在蘇澳分局內，這時老三王公的『輦轎』搖晃不已，並突然有兩隻黑狗闖入派出所內，令圍觀的民眾大為稱奇。」〔註45〕此外，由於二結派出所上岡彌三郎的妻子曾患重病，多方延醫仍然無效，後經村民指點向古公三王求助，全身病痛就痊癒了，成為日後上岡彌三郎願意替古公三王擔保之原因。

而武荖坑大進廟亦有日本時代流傳下來的傳說故事：「在日治時期，日本政府為了不讓庄民來本廟問神求藥，特別用草繩將本廟圈圍起來，以示為禁地。但是由於王公神威顯赫，庄民還是趁日本警察不在的時候，偷偷跑進本

〔註42〕李嘉嵩，〈日本治台——宗教政策考（一）〉，《滅光》，1963年第128期，頁709。

〔註43〕大正元年（1912），林圮埔事件、大正四年（1915）西來庵事件等。

〔註44〕陳秀蓉，〈日據時期台灣民間信仰的發展〉，《歷史教育》，1998年第3期，頁146。

〔註45〕林福春，《大二結社區地方總體營造文物採集田野調查》，宜蘭縣政府，1993年，頁29。

廟祈求膜拜，因為王公會預告信徒日本警察快來了，大家獲報才趕快離開閃躲。最後，日本警察拿這些信徒沒有辦法，竟然將他們所信仰的神明王公抓去關。據說，當晚，那些日本警察肚子疼得受不了，只好用鑼鼓陣將王公送返本廟重新安座。」〔註46〕透過以上兩則與日本警察有關的王公傳說，可以推斷王公的靈驗神蹟影響日本警察取締古公三王信仰的程度，使古公三王信仰在日本時期能持續傳布。

三、民國時期——信仰的傳播

在民國時期建立的古公三王廟，可按照區域分類成宜蘭縣與外縣市兩種類型，其分布及傳播的原因亦不相同。清朝與日本時期的宜蘭縣古公三王廟分布，主要與漳州籍移民聚居區域有關，到了民國時期，隨著交通建設發達等因素，人口遷徙流動變得更為容易及頻繁，再者，台灣民眾對原鄉祖籍認同逐漸降低，因此這個階段若再以祖籍分布情形與古公三王傳播路徑進行疊合，則較難歸納出其分布特性。

宜蘭縣的四間古公三王廟中，南方澳鎮安廟及南方澳鎮南廟位於蘇澳鎮，在李進益《地方博物館內／外的「地方感」差異：以南方澳漁村為例》的碩士論文中，將以上兩間廟宇視為二結王公廟之分香廟，並認為其分香原因與南方澳當地來自五結的移民有關，南方澳居民多以漁業為生，因此宜蘭縣毗鄰海邊的壯圍鄉、五結鄉及頭城鎮有較多從事漁業相關活動的居民，故移入南方澳漁村定居的比例遠較於宜蘭縣內其他鄉鎮為高。〔註47〕筆者認為，若自五結鄉遷徙至南方澳定居的居民多以從事漁業為主，因此其原居住地應為靠近沿海之五結鄉村落，然而，屬於二結王公廟祭祀圈的二結村、鎮安村與三興村，其行政區域位於蘭陽平原靠中心處，不只未靠近沿海地帶，且村民多以務農為主，故南方澳古公三王廟之建立應與來自五結鄉的移民無關。此外，根據實際田野調查訪談結果，南方澳鎮安廟為古公三王神靈直接降神與土偶神像，而南方澳鎮南廟同樣起於土偶神像祭祀，後因二結的王公在宜蘭最為顯赫，故前往古公三王在台祖廟二結王公廟分香，以上皆顯示南方澳古公三王廟的建立與人民的遷徙活動較無關係。

〔註46〕游謙、施芳瓏，《宜蘭縣民間信仰》，宜蘭：宜蘭縣政府，2003年，頁15。
〔註47〕李進益，《地方博物館內／外的「地方感」差異：以南方澳漁村為例》，國立交通大學社會與文化研究所碩士論文，2006年，頁39、46。

　　除了蘇澳鎮的兩間古公三王廟外，另有位在三星鄉天山村的天送埤鎮安廟及羅東鎮西安里的西安鎮安廟，其分香自二結王公廟的原因皆因二結王公顯赫並將其視為古公三王之祖廟，雖然建廟與民族無關，但其中由於天送埤地區的客家人約占六成，〔註48〕天山村更高達八成，〔註49〕因此天送埤鎮安廟最初為神明會的模式，即使現今已經建廟，但規模始終無法與當地庄頭廟相比。

　　至於外縣市古公三王廟宇的分布，則多與宜蘭人向外遷徙有關。在花蓮縣的部分，漢人移民到花蓮開墾，大約至清朝中葉以後才陸續出現，包含嘉慶十六年（1811）的宜蘭人李亨與莊找、道光八年（1828）宜蘭人吳全〔註50〕、蔡伯玉等。〔註51〕到了日本時期，不論是自發性的，還是配合政策移民，有越來越多來自外地的移居者遷徙至花蓮，其中因地利之便，以閩南籍宜蘭人居多，少數詔安客家人〔註52〕。從以上漢人在花蓮的開墾史可以發現，宜蘭人因鄰近花蓮縣，自清朝時代起，始終為花蓮縣移入者之大宗，因此宜蘭人的文化、信仰等亦隨著移民遷徙帶著花蓮。

　　根據花蓮縣各古公三王廟沿革以及與廟方的訪談結果，花蓮鎮安廟、花蓮鎮安宮以及大富富安宮皆與二結人或宜蘭人有關，藉由移民遷徙至花蓮，將其故鄉信仰一同帶至新的居住地，由於移民至新的地區習慣群居，因此使古公三王信仰在宜蘭人較多的村莊中持續保存下來。雖然吳全順天宮的建立與宜蘭人無直接關係，但因吳全地區早期由吳全率領宜蘭墾民前來開發，故當地多以宜蘭人為主，使後來傳入的古公三王信仰，逐漸成為庄內的重要神明之一。

　　其中，位在花蓮市的兩間古公三王廟，不論是管理委員會成員或參與廟務的信徒，至今仍多以宜蘭人或宜蘭人的後代為主，近年因市區商業繁榮，越來越多新的住民移入當地，除了改變原有居民人口的組成，亦帶來新的神明信仰，對古公三王廟的發展與信仰傳播產生影響。至於，壽豐鄉的吳全順

〔註48〕古國順，《臺灣客語概論》，台北：五南圖書出版股份有限公司，2007年，頁110。

〔註49〕洪惟仁、許世融，〈宜蘭地區的語言分佈〉，發表於：台灣的語言方言分佈與族群遷徙工作坊，會議日期：2009/3/23，頁107。

〔註50〕吳全應為淡水人，於宜蘭地區招募兩千八百名漢人前往今日花蓮吳全地區開墾。

〔註51〕高宜洤，《花蓮縣客家聚落產業的發展轉型與創新模式》，2014年，頁24。

〔註52〕呂嵩雁，《花蓮客語及相關方言分布》，2014年，頁12。

天宮及光復鄉的大富富安宮，由於早期人口流動相較於都市緩慢，且較少有
新的移入住民，因此即使古公三王原為宜蘭人所供奉之神明，最後仍依舊被
所有在地人視為庄神。雖然目前農村人口外移嚴重，但因吳全順天宮及大富
富安宮並非侷限於當地宜蘭人所信仰，故人口流動對信仰造成的衝擊相較於
市區之古公三王廟低。

　　關於台北市與新北市的古公三王廟，皆直接或間接分香自二結王公廟，
由於寺廟規模較小，相關資料蒐集不易，因此目前僅能確定新莊鎮安廟分香
原因與宜蘭人向外遷徙有關，其餘古公三王廟則未能明確得知最早建廟起源
是否與當地宜蘭人移民相關。當中較為特別的是，新北市古公三王廟皆分布
於大漢溪兩岸，寺廟之間各相距約二至三公里，古公三王廟在新北市僅有三
間，彼此在廟宇發展、廟務工作尚未有任何關係，但卻在不同年代選擇於大
漢溪沿岸建廟，至於台北市北投區之洲美三王宮，則同樣選擇在基隆河河流
沿岸建立寺廟，呈現台北市與新北市古公三王廟分布特色。

圖 4-4　新北市古公三王分布圖

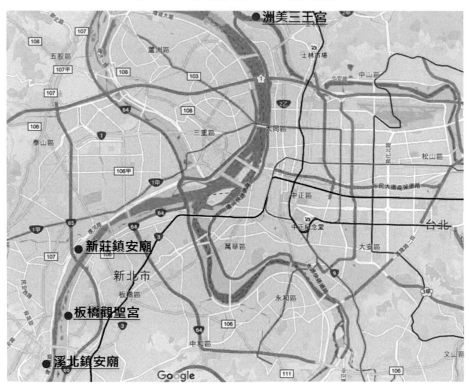

（筆者繪，2015 年）

第二節　宗教儀式的保存與廟宇發展

　　二結王公廟為目前古公三王廟宇中，祭儀保存較完整且豐富者，故透過二結王公廟的祭儀觀察臺灣古公三王各廟宇舉行之儀式活動，從陪祀神的異同、儀式的存無、儀式內容等項目，從歷史脈絡及社會結構分析各項差異產生的原因，歸納出古公三王信仰的宗教儀式特色。最後，則藉由討論如何透過宗教儀式的舉行與延續，強化古公三王信仰與匯集信徒，以此檢視宗教儀式在廟宇發展上所產生影響。

一、儀式的異同與原因

　　在第二章與第三章中，分別對二結王公廟與其他台灣古公三王廟的年例祭儀、公事類祭儀、濟世類祭儀與王公生祭儀進行較為詳細的紀錄與說明，其中雖然年例祭儀與公事類祭儀多與一般廟宇未有太大的不同，仍可從各古公三王廟儀式的差異，理解該廟所在地區的社會環境與廟宇現今發展情形，至於濟事類祭儀及王公生祭儀則完全展現出古公三王信仰的特色。

　　年例祭儀為各個寺廟每年例行性舉行的儀式，一般包含該廟祀奉神明聖誕之祝壽慶典以及歲時祭儀。在台灣的古公三王廟中，即使各廟皆主祀古公三王，但其聖誕日期或王公生舉行日期並未相同，在陪祀神部份亦未有一致性。從以下各廟主祀神與陪祀神之表格（表 4-2）中發現，僅有福德正神為各廟共同祀奉之陪祀神，此現象體現出台灣漢人社會中，福德正神與當地居民、土地的緊密連結，並將其視為最基層之神祇與村里之守護神。除了福德正神外，台灣最普遍的民間信仰之一媽祖，則為數量第二多的陪祀神，共有七間古公三王廟將媽祖作為陪祀神，雖然並非所有以媽祖作為陪祀神的寺廟皆位於沿海地區，但從其數量仍可看見媽祖信仰在一般民眾心中的地位。

表 4-2　各廟主祀神與陪祀神表格

編號	寺廟名稱	主祀神	陪祀神
1	二結王公廟	三王公	廖地先賢、福德正神
2	冬山保安廟	古公三聖	三官大帝、福德正神、玄天上帝、盤古公、三山國王、天上聖母、太子爺
3	壯二鎮安廟	古公三王	觀世音菩薩、福德正神
4	大溪大安廟	古公三王	土地公、土地婆、三官大帝、水仙尊王、天上聖母、黑面大天公

5	美福鎮安廟	古公三王	國聖爺、福德正神
6	下埔振興宮	古公三王	帝爺、南北斗、福德正神
7	大富大安宮	古公三王	釋迦佛祖、福德正神
8	花蓮鎮安廟	古公三王	神農大帝、三太子、媽祖、五路財神、福德正神
9	西安鎮安廟	古公三王	三太子、財神、關聖帝君、三官大帝、福德正神
10	天送埤鎮安廟	古公三王	玄天上帝、福德正神
11	南方澳鎮南廟	古公三王	關聖帝君、三山國王、福德正神、廣仙祖、中壇元帥
12	蓁巷三賢廟	古公三王	福德正神、觀音佛祖
13	大洲開安宮	古公三王	開漳聖王、福德正神
14	南方澳鎮安廟	古公三王	財神爺、福德正神
15	武荖坑大進廟	古公三王	開台國爺、福德正神
16	壯五鎮安廟	古公三王	註生娘娘、福德正神
17	冬山進興宮	國聖爺	國聖公、觀音佛祖、福德正神、三山國王
18	海口福元宮	三府三王公	觀音佛祖、天上聖母、開漳聖王、福德正神
19	板橋觀聖宮	古公三王	觀音佛祖、福德正神
20	吳全順天宮	古公三王	天上聖母、濟公禪師
21	新莊鎮安廟	古公三王	福德正神、趙元帥
22	洲美三王宮	古公三王	母娘、媽祖、濟公、地藏王普薩、福德正神
23	花蓮鎮安宮	古公三王	媽祖、福德正神
24	溪北鎮安宮	古公三王	開漳聖王、福德正神

（筆者整理，2015 年）

　　台灣人有地方性的祭神，每當一座寺廟興建時，就造他們最信仰的神佛為主神，但同時又招請地方神、移民祖籍神、同祖神同祀。〔註53〕由於古公三王在台灣屬於漳州人之信仰，故林志成在其研究中推測，大部分的古公三王廟應將開漳聖王作為陪祀神，然而目前只有兩間古公三王廟將其作為陪祀神，根據林志成的調查結果，曾有一說為在唐朝時代，福建地區多為少數民族居住地，其中畲族是人數最多的一族，陳元光曾經率兵平定當地，因此軍功被後世奉為開漳聖王，但在陳元光出兵後，畲族人亦所剩無幾。到了宋朝時代，畲族人信奉古公三王信仰，因這層過去世仇的關係，故古公三王廟不

〔註53〕鈴木清一郎，馮作民譯，《增訂台灣舊慣習俗信仰》，台北：眾文圖書，1989年，頁13。

會同時供奉開漳聖王〔註54〕。由於古公三王信仰與畲族的關聯性有待商榷，因此此種說法仍有討論空間。

至於多為客家人供奉的三山國王，亦有兩間古公三王廟將其作為陪祀神之一，位在冬山補城村的保安廟，因當地有高達 42%為詔安客，故補城保安廟的陪祀神中有將三山國王列入，雖然補城村有較高比例的詔安客，但客家人的信仰仍未取代古公三王的原因，根據當地耆老表示，補城村內又分為數個聚落，而保安廟所在的聚落稱為番社地，早期多為漳州人與平埔族人，因此保安廟與古公三王信仰可延續至今。至於南方澳鎮南廟的三山國王則為早年廟方主要參與者決定增加陪祀，與當地居民族別、祖籍無關。此外，在林志成的研究中亦提及古公三王信仰為拓展其信仰圈，便引進神格更高的信仰，然而在目前台灣古公三王廟中，雖陪祀之神明中有較高神格者，但根據廟方表示，其供奉之原因多與廟方主事者意願、信徒寄放有關，非為拓展信仰圈。

在所有陪祀神中，最為特別的是二結王公廟所祀奉之廖地先賢，由於廖地將三王公神像自中國大陸帶至台灣，並讓古公三王信仰在台灣扎根，被二結王公廟視為該廟甚至是古公三王信仰在台傳播的重要人物，因此特別祭祀廖地之神位木牌，其上刻有「金浦開臺守廟香主　廖地神位」，兩旁則有信徒贈予廟方的文身、武身廖地神像。而同樣於清朝時期由中國大陸先民攜古公三王神像來台的大洲開安宮與海口福元宮，雖然先民在廟宇發展上扮演著重要的角色，但未分別供奉早期攜帶神像來台的陳乩及許龍兩位先民。

總結上述，在古公三王信仰中，各廟宇之陪祀神與古公三王、二結王公廟、原籍地方神皆未有直接的關係，各廟間亦未有一致性，所供奉的陪祀神呈現多元現象，呼應了台灣民間信仰中多神信仰的包容性。

台灣早期為農業社會，一般民眾多以務農為主，因此隨著節氣的運行與農事的進展，逐漸發展出一套固定的歲時祭儀。在古公三王廟中，以農曆新年與中元普渡為主要進行儀式的歲時祭儀。台灣民眾習慣在農曆新年期間至廟宇祭拜、點平安燈或安太歲，以祈求未來整年平安順遂，由於古公三王廟的規模不大，因此在大年初一子時時刻，各廟未有搶頭香的情形出現，其中因二結王公廟為所有古公三王廟中較具規模者，故在開廟門時，廟方特別準備發

〔註54〕林志成，《宜蘭古公三王的祭祀與慶典之研究——以二結王公廟為中心》，國立花蓮教育大學鄉土文化學系碩士論文，2008 年，頁 68。

財紅包乙份或其他二結王公廟紀念品給予前來祭拜之信徒,此外,亦在新年期間規劃「點燈摸彩送金元寶」以及「搏筊得金元寶」兩項活動,以吸引更多的信徒前來寺廟祭祀,顯示廟宇規模大小在活動儀式操作上的不同模式。

在中元普渡上,大部分的廟宇因面臨社會環境、居民職業結構的改變,開始提供代辦普渡的服務,而普渡的形式依舊隨著各廟的規模、祭祀圈範圍等有所差異。由廟方及居民準備供品與舉辦超渡法會為一般中元普渡的活動內容,信徒人數至一定規模的寺廟則會增加殺豬公、舉辦福宴、作戲等。其中較為特別的是大洲開安宮與二結王公廟分別以鄰、庄的方式於中元普渡時進行輪祭,而二結王公廟於民國一〇三年(2014)起取消輪祭普渡,改以五大庄合祭方式普渡,試圖將普渡祭儀擴大,顯示該廟在各項儀式舉行規模擴張上的企圖。此外,在簡瑛欣《宜蘭廟群 KHIAM(示籤)祭祀圈之研究》中,將大洲開安宮分類為原生型,即為 khiam 這種類型的輪祀組織本來就存在於這一間廟,不是從他廟採借過來的,而二結王公廟屬於移入型,指這間廟本來沒有這個習慣,因為某些原因,從他廟採借學習這樣的輪祀組織。〔註 55〕因此,筆者認為,輪祭普渡並非二結王公廟的自古以來的傳統,再者,因行政區的重劃,將輪祀組織的學進村、西河村、雙結村、復興村、鎮安村五大村合併為現今的二結村、鎮安村、三興村三大村,即使廟方仍以舊有的五大村概念進行輪祭,但輪祀組織的範圍對目前的居民而言已逐漸模糊,因此皆使輪祭普渡不易延續及維持。

在公事類祭儀的部分,則從遶境與五營的設置進行探討。由於遶境需要動員大批人力且所費不貲,因此仍有遶境活動的古公三王廟不多,且大多結合王公生慶典進行,部分廟宇以遶境代替過火儀式,如:洲美三王宮、下埔振興宮,部分廟宇則將遶境和過火同天進行,如:大溪大安廟、大富富安宮、壯二鎮安廟、美福鎮安廟、武荖坑大進廟,但多為數年一次遶境活動,抑或結合其他神明聖誕或其他庄廟舉行遶境,如:冬山進興廟、吳全順天宮。至於近年二結王公廟的遶境,雖然同樣結合王公生祭典舉辦,但因過火儀式盛大需要大量工作人員協助,故遶境通常於三王公生前的週末或二王公生安外五營時舉行。從上述遶境的情形可以了解,除了以遶境取代過火儀式的廟宇外,大部分的廟宇皆視過火儀式為王公生最為重要的祭儀,遶境則未必是必

〔註 55〕簡瑛欣,《宜蘭廟群 KHIAM(示籤)祭祀圈之研究》,國立政治大學民族學系碩士論文,2003 年,頁 25。

須進行的儀式，因此遶境通常為三至四年舉行一次。在王公生祭典進行的遶境，又以二結王公廟的時間與其他寺廟不同，主要原因與過火規模及形式有關，大部分的廟宇以過金火為主，而過炭火的大富富安宮則因炭火量較少，事前準備工作較為容易及起火所需時間較短，因此皆可在同一天完成遶境及過火兩項儀式，至於二結王公廟因過火規模大，必須於一早開始起火堆、神像上轎、進行抓乩童儀式等，故難以在同天進行兩項重要祭典。

遶境路線則多以該廟所在村庄或鄰近幾個聚落為範圍，極少進行跨鄉鎮之遶境，顯示古公三王廟普遍為庄廟規模，難以舉行更大範圍的遶境活動，目前僅有二結王公廟在民國九十四（2005）與九十五年（2006）以靖安祈福為主軸，舉辦為期兩天之「乙酉年二結古公三王公蘭陽靖安遶境覃恩大典」與「丙戌年二結古公三王公蘭陽平安遶境大典」遶境活動，遶境範圍包含宜蘭縣十個鄉鎮，但在此之後，則未再舉辦類似規模之遶境。

在台灣古公三王廟中，僅有二結王公廟設有露天式的外五營，其餘寺廟則於廟前或廟內設置中營、內五營。針對五營設置的類型，黃文博依照祀奉神明之種類、寺廟規模、所在地域等進行分類討論。依神論，凡曾受帝王敕封的正神，如關帝、媽祖、保生大帝與諸姓王爺等，皆設外五營；一般非命屬神，如萬善爺、大眾爺等等，則只設內營或皆不設。依廟論，庄廟多設內外營，私廟（壇）僅設內營，元廟級（人群廟）的大廟則完全不設，如北門南鯤鯓廟、北港朝天宮等等。依地論，鄉間廟宇大多設內外營，都會或市集廟宇則受地形限制多不設外營〔註56〕。

若從寺廟規模討論目前古公三王廟外五營設置情形，不少廟宇早期以王公會或於私人民宅供奉等形式開始祭祀，待信徒達到一定規模後再興建寺廟，如：三送埤鎮安廟、下埔振興宮、蓁巷三賢廟、花蓮市鎮安宮、溪北鎮安廟等，因此未設置外五營。若依寺廟位置討論，位在都市的廟宇因地理區域受限，不易設置外五營，如：花蓮市鎮安廟、新莊鎮安廟等。除了黃文博提出的幾項原則外，筆者認為，其他古公三王廟未設有外五營與下列因素有關，部分古公三王廟規模不大，該廟所在村落有其他規模更大或歷史更悠久之寺廟，雖然該廟信徒仍多以在地村民為主，但未形成明顯的祭祀圈範圍，因此多未設置外五營。

〔註56〕黃文博，〈五營信仰總論〉，台灣民間信仰教學資源網，檢索網址：http://web.nutn.edu.tw/pbt/b-1-2.htm，檢索日期：2015/12/13。

二、古公三王信仰的儀式特色

在古公三王信仰中，最為著名並最具特色的是每年王公生祭儀，如下表所示，目前共有十八間廟宇在三王公生時進行祭儀，一間於二王公生時、五間於王公生〔註57〕時舉行。從以上王公生的祭儀時間可以得知，三王公被視為古公三王中最為重要的神祇，因此大部分的廟宇皆在三王公生聖誕舉行慶祝祭典。

表4-3 古公三王廟王公生祭典日期

王公生祭典	農曆日期	形　式	廟宇名稱
三王公生	11/15	過炭火	二結王公廟、壯五鎮安廟
		過金火	南方澳鎮安廟、美福鎮安廟、西安鎮安廟、冬山保安廟、花蓮鎮安宮、吳全順天宮
		其他	洲美三王宮、花蓮鎮安廟、溪北鎮安廟、南方澳鎮南廟、板橋觀聖宮
	10/15	過金火	海口福元宮
	11/13	過金火	天送埤鎮安廟
		其他	下埔振興宮
	11/14	過炭火	壯二鎮安廟
	11/16	過炭火	大富富安宮
二王公生	2/15	過金火	新莊鎮安廟
王公生	1/5	過金火	大洲開安宮
	9/23	過炭火	大溪大安廟
	10/6	過金火	冬山進興宮
	10/14	過金火	蓁巷三賢廟
	11/20	過金火	武荖坑大進廟

（筆者整理，2015年）

其中共有十三間古公三王廟將三王公生的日期訂於農曆十一月十五日，根據林福春的考證，二結王公廟三王公之千秋日早期設在農曆十二月二十一日，民國三十五年（1946）以後，三王公聖誕之期自歲末改為仲冬（十一

〔註57〕日期並非其中一個王公之聖誕，如：廟慶，或將該日期視為三個王公之聖誕。

月），〔註58〕即為今日一般所認知的農曆十一月十五日，因此筆者認為，大部分古公三王廟因受二結王公廟祭典日期影響，故將農曆十一月十五日作為三王公之聖誕。雖然中國大陸祖廟之三王公聖誕亦為農曆十一月十五日，但由於經歷過文化大革命，關於古公三王的資訊並不完整，且目前中國大陸祖廟的資料多參考台灣古公三王廟的沿革或文獻，因此尚未能確定台灣古公三王聖誕日期是否受中國大陸祖廟影響。

　　各廟於王公生進行的儀式多以過火為主，其作用主要與潔淨、除穢、加強神威有關。其中因過金火的執行方式較為容易且需要的人力、時間較少，故大部分的廟宇皆以過金火為主，目前僅有五間古公三王廟進行過炭火儀式。

　　此外，另一個王公生特別的現象為，在農曆十一月十五日以外進行王公生過火祭典的九間寺廟，其中的壯二鎮安廟、武荖坑大進廟、大洲開安宮、冬山進興宮與天送埤鎮安廟等五間古公三王廟，皆邀請與二結王公廟關係密切的團體，如：五結鄉溪底城平安神轎會、宜蘭縣二結祈安擡轎文化傳承協會、王公會館等，前往儀式現場協助過火的進行，另一間即將加入弘道協會的大溪三王宮則將二結王公廟列為協辦單位，邀請二結王公廟將整套的過火內容於大溪三王宮王公生時進行一次，二結王公廟前往協助的工作人員包含火堆組、神轎組、辦事組、董監事成員與主持人，儀式除了未至民宅抓乩童外，其餘則與二結王公廟的過火無異。

圖 4-5　大溪三王宮過火儀式　　　　圖 4-6　大溪三王宮過火儀式

（卓碧珠攝於 2015/11/29）　　　　（卓碧珠攝於 2015/11/29）

〔註58〕林福春，《大二結社區地方總體營造文物採集田野調查》，宜蘭：宜蘭縣政府，1993 年，頁 41。

　　從以上的現象可以得知，目前有越來越多的廟宇面臨村內人口流失與老化，逐漸無法以村內居民為廟會活動主力，各項宗教儀式亦隨之簡化或流失，因而開始向外尋求其他團體與寺廟的協助、合作。由於二結王公廟在各項儀式上保存最為完整，並有完整的分工體系與詳細流程，因此二結王公廟的關鍵操作、儀式執行方式或對儀式的詮釋，是否在雙方交流互動的過程中進行轉移，則是未來可持續觀察的重點，亦顯示二結王公廟的傳統及特色透過儀式方式持續影響其他古公三王廟。

　　除了上述對王公生時間、進行方式的討論外，亦可從各廟王公生過火儀式空間的界線，歸納、分析出各廟在儀式執行與空間界定上的差異及原因。在筆者參與過的過火儀式中，僅有二結王公廟在過火儀式舉行的火場，有進行人員管制並規劃出界線，讓神聖／世俗的空間明顯區分為二，至於其他廟宇的過火儀式，對場地則未有太多限制，一般民眾及信徒可以自由穿梭火場並近距離靠近火堆。

　　神聖空間常伴隨著儀式的舉行而產生文化的象徵性，呈現了精神上的真實感受〔註59〕。在過火儀式中，由於參加過火的工作人員必須恪守儀式禁忌規範，因此將場地進行區隔亦區分出執行禁忌規範的過火人員與未執行禁忌規範的信徒民眾兩類儀式參與者。然而，各廟雖皆進行王公的過火儀式，但在神聖空間的建立與界定上產生差異。神聖空間的構成有幾項特點，第一，神聖空間存在於空間的維度之中，是以神聖存在物而界定，形成一個獨特領域；〔註60〕第二，它界定為與世俗空間有別、在性質上迥異，為一個獨特的空間或領域；〔註61〕第三，其與世俗空間之間存在著邊界；〔註62〕第四，神聖空間及其邊界的維繫通常依賴儀式的舉行，藉由儀式的淨化、潔淨，確保神聖領域及其邊界的延續。〔註63〕針對各廟在儀式空間上的不同處理方式，筆者認為，神聖空間不單只憑藉王公神像與儀式進行便可確立，必須同時存

〔註59〕汪碧芬、何明泉，〈建構空間中神聖場域設計之基礎模式〉，《設計學報》第17卷第4期，2012年，頁22。

〔註60〕潘朝陽，《心靈・空間・環境——人文主義的地理思想》，台北：五南圖書，2005年。

〔註61〕Tuan, Y.-F.，周尚意、張春梅譯，《逃避主義》，新北：立緒文化，2008年。

〔註62〕Norberg-Schulz, C. *Genius loci: Towards a phenomenology of architecture*. New York, NY: Rizzdi, 1979.

〔註63〕張崑振，《台灣傳統齋堂神聖空間之研究》，國立成功大學建築研究所博士論文，1999年。

在著世俗空間，神聖空間才具有意義，而信徒、民眾或觀光客即是世俗空間的主體。在新莊鎮安廟、大溪大安廟、美福鎮安廟及壯五鎮安廟的過火中，由於前往觀看儀式的民眾較少且流動性高，世俗空間的範圍不易形成，相對使神聖空間之神聖感降低且界線模糊。

再者，神聖與世俗空間的確立，並非神聖或世俗的主體存在即可成立。在新莊鎮安廟與大溪大安廟的過火中，以淨火堆為主要潔淨儀式空間的儀式，而美福鎮安廟及壯五鎮安廟則除了淨火堆以外，亦於過火現場附近之路口等處進行潔淨儀式。至於二結王公廟在淨火堆以外，更在火場四個方位設有神案（中營為將斗桌），上面置香爐，供奉鮮花素果，並安置五營旗，王公神轎會至每個五營旗前發輦並燒金紙、王公符令，來確保場地之潔淨，而在過火正式進行之前，神轎會不斷於火場的五營處與兩個出入口以關輦方式進行場地淨化，使神聖空間的界線更為清楚與穩固。從以上案例可以得知，在儀式場地所進行的潔淨方式，也直接體現於神聖空間的維持與界定，在只有淨火堆的儀式下，神聖空間的範圍僅於火堆，火堆外圍即神轎及工作人員所處的空間，則為神聖與世俗的模糊地帶，既然為儀式場地的一部分，本來應該屬於神聖空間，卻又有應處於世俗空間的民眾信徒來回穿梭，使火堆外圍的空間難以界定，雖然美福鎮安廟與壯五鎮安廟亦有於路口等處進行潔淨儀式，但其範圍太大且未限制人員進出，因此未能明確區隔出神聖與世俗的區域。

除了王公生過火儀式外，古公三王信仰中的濟世類儀式亦為另一項特色，大部分的古公三王廟因乩童、辦事人員衰老等因素，未再提供信徒問事。現今仍有辦事的廟宇約有八間，分別為二結王公廟、壯五鎮安廟、新莊鎮安廟、南方澳鎮安廟、板橋觀聖宮、吳全順天宮、大溪大安廟及蓁巷三賢廟，並多以關輦的方式進行。從下表提供辦事服務的次數、問事者的來源等，亦可分析各廟的發展情形。

表 4-4　辦事服務內容比較表

	辦事方式	次　數	問事者來源
二結王公廟	關輦	每週二次	多外地人
壯五鎮安廟	關輦	每週一次	多在地人
新莊鎮安廟	乩童	每週二次	皆有

南方澳鎮安廟	關輦	每週一次	多在地人
板橋觀聖宮	乩童	每週一次	皆有
吳全順天宮	濟公或關輦	不一定	多在地人
大溪大安廟	關輦	不一定	多在地人
蓁巷三賢廟	關輦	不一定	多在地人

（筆者整理，2015 年）

　　以上八間廟宇皆以預約方式進行登記，再由廟方安排辦事工作人員，目前僅有二結王公廟的辦事服務，每次大約有一定人數的問事者，其餘廟宇則非每次辦事皆有問事者前去尋求協助，呈現傳統寺廟的辦事服務在現代社會中逐漸式微。以問事者來源進行討論，大部分廟宇的服務對象多以在地人為主，對應至古公三王在當地作為庄廟的角色，新莊鎮安廟與板橋觀聖宮則因地處市區之故，問事者來源較為多元，而二結王公廟的問事者多來自外地，顯示出信徒組成不以祭祀圈為限。

三、廟宇的發展與經營

　　民間信仰的變遷一直是臺灣漢人研究的重要課題。一般而言，大部分的學者都認為臺灣政治的更迭與經濟型態的轉變與民間宗教信仰的變遷有密切的關連〔註64〕。民間信仰在社會變遷過程中不斷調整、適應，有的藉此更為茁壯發揚，有的則逐漸沒落消逝，而作為民間信仰載體的廟宇，其發展是觀察一個民間信仰興旺的標的，因此以下將從丁口錢、頭家爐主制、寺廟組織型態、寺廟規模、宗教儀式的進行等面向，探討目前各古公三王廟的發展情形，並分析造成各廟發展差異的原因，歸納出目前台灣古公三王信仰在社會變遷下的現況。

　　一個廟宇是否能長久或蓬勃發展，最關鍵的因素為信徒的參與，這亦間接影響到後續寺廟組織的構成、寺廟建築的規模及祭儀的舉行等。而在古公三王信仰中，因寺廟多屬於庄廟規模，故可從祭祀圈的概念去理解各廟的信徒組成與來源。根據許嘉明對祭祀圈的定義：「祭祀圈是指一個主祭神為中心，信徒共同舉行祭祀所屬的地域單位。其成員則以主祭神名義下之財產所屬的地域範圍內之住民為限。」同時許嘉明歸納出四個指標，以確認祭祀圈

〔註64〕林瑋嬪，〈臺灣廟宇的發展：從一個地方庄廟的神明信仰、企業化經營以及國家文化政策的影響談起〉，2005 年，頁 57。

內之成員，第一為有爐主頭家資格，第二為有優先請神明來家中作主或鎮宅之資格，第三為主祭神有義務應圈內成員之邀遶境驅邪，第四為成員有交丁口錢分攤祭祀活動或廟宇修繕經費之責任。因此，民間信仰的信徒認定，可以說是祭祀圈內出錢有份之住民，且其資格可以代代父子相傳〔註65〕。

　　在古公三王廟中，共有七間廟宇仍保留丁口錢與頭家爐主兩項制度，大部分的廟宇則因未有收取丁口錢的傳統，或因社會環境改變影響，以自由樂捐的形式取代收取丁口錢，目前僅保留頭家爐主的部分，而二結王公廟為古公三王廟中唯一未進行丁口錢與頭家爐主制度的廟宇（表 4-5），顯像出其在廟宇發展上與其他廟宇的不同。

表 4-5　古公三王廟丁口錢、頭家爐主與寺廟組織現況

編號	寺廟名稱	丁口錢	頭家爐主	寺廟組織
1	二結王公廟	無	無	◎財團法人
2	大溪大安廟	有	有	◎管理委員會
3	美福鎮安廟	有	有	◎管理委員會
4	大富富安宮	有	有	◎管理委員會
5	南方澳鎮安廟	有	有	◎管理委員會
6	武荖坑大進廟	有	有	◎管理委員會
7	壯五鎮安廟	有	有	◎管理委員會
8	海口福元宮	有	有	◎管理委員會
9	冬山保安廟	無	有	◎管理委員會
10	壯二鎮安廟	無	有	◎管理委員會
11	花蓮鎮安宮	無	有	◎管理委員會
12	花蓮鎮安廟	無	有	◎管理委員會
13	西安鎮安廟	無	有	◎管理委員會
14	天送埤鎮安廟	無	有	◎管理委員會
15	南方澳鎮南廟	無	有	◎管理委員會
16	大洲開安宮	無	有	◎管理委員會
17	冬山進興宮	無	有	◎管理委員會
18	蓁巷二賢廟	無	有	◎協會

〔註65〕張珣，〈儀式與社會：大甲媽祖轄區之擴展與變遷〉，《信仰、儀式與社會》，
　　　　2003 年，頁 304。

19	板橋觀聖宮	無	有	管理委員會
20	吳全順天宮	無	有	管理委員會
21	新莊鎮安廟	無	有	管理委員會
22	洲美三王宮	無	有	管理委員會
23	下埔振興宮	無	有	管理委員會
24	溪北鎮安宮	無	有	管理委員會

（筆者製，2015 年）
寺廟組織具◎者為已向內政部登記立案之團體

在仍有丁口錢及頭家爐主兩項制度的古公三王廟中，其祭祀圈明顯以村或鄰為範圍，並且也是參加頭家爐主擲筊的基本資格。在未收取丁口錢的寺廟，其頭家爐主以自由參加的方式進行擲筊，大多以當地居民為主要參與對象。雖然參與者皆以在地居民為主，但在有收取丁口錢的寺廟，丁口錢的繳交直接伴隨著參與擲筊頭家爐主，因此能持續保持祭祀圈內居民的參與度。繳納丁口錢不僅是每個信徒履行對神明的義務，也具有各家多丁口的意涵，故丁口錢的停收無疑也對原有之人與神、家與神的密切關係有所影響。〔註66〕在未收取丁口錢的寺廟，因居民未有繳交丁口錢而欲參加頭家爐主的推力，故各廟每年參加擲筊人數約十至三十人之間，間接影響居民對廟務的參與與祭祀圈的維持。

至於二結王公廟的頭家爐主制，僅在民國六十二年（1973）以前之中元普渡中出現過，在廟方改為五大村輪祀後，頭家爐主制亦隨之取消，至於丁口錢的部分，目前未從任何文獻上發現曾有收取過的跡象。二結王公廟作為歷史悠久的古公三王在台祖廟，不論是祭祀圈內或外地信徒始終保持一定的數量，但卻未有王公的頭家爐主且未收取丁口錢，與台灣早期廟宇發展過程較為不同，為何出現此種情形，目前未有足夠的訊息進行分析探究，筆者推測，由於二結王公廟自日本時期起已非常興盛，並根據昭和十年（1935）十二月一日《臺灣日日新報》中〈二結鎮安廟建醮盛況〉一文的記載：「羅東郡五結庄二結，鎮安宮廟，以蘭陽三郡下信徒釀出萬餘圓，去二十九日為祝工事告畢，慶承建醮……而各甲民，備六祭壇，均陳列珍玩，假山，噴水，糊龍柱等，又牲豚三百餘頭，最大者有七百斤，演戲十餘臺，入夜，往觀者，有宜

〔註66〕林瑋嬪，〈台灣廟宇的發展：從一個地方庄廟的神明信仰、企業化經營以及國家文化政策談起〉，《國立台灣大學考古人類學刊》，2005 年，頁79。

蘭，蘇澳，羅東，五結方面，紅男綠女，陸續不絕，而各回乘合車，均告滿員，致一時觀眾推擠不開，極呈盛況，是日所用經費，據一般風評，大概要二萬餘圓云。」〔註 67〕以及昭和十二年（1937）一月三日《臺灣日日新報》關於王公生的報導：「羅東郡五結庄二結鎮安宮，去三十日，值主神古公三王誕辰，盛舉致祭，由祭典委員陳全、簡祠在及簡阿達諸氏，熱心鼓舞，而蘭陽三郡下諸信徒，陸續參拜。過火後，迎神輿出境，陣頭計二十餘陣，觀眾約五千名。壯丁團及青年員。出為取締交通。各回乘合車，均告滿員。其他，廟前演戲二臺，極呈熱鬧云。」〔註 68〕顯示建醮與王公生皆曾吸引宜蘭各地信徒前來參加，信徒對祭典或王公廟捐獻亦相當可觀，因此這有可能為二結王公廟未收取丁口錢的原因，亦因未收取丁口錢，無法界定參加頭家爐主的資格，故難以進行擲筊頭家爐主。

　　待信徒達到一定數量且對廟務參與到一定程度後，各廟開始組織信徒大會，並進一步成立管理委員會。目前在二十四間古公三王廟中，皆有成立管理委員會、協會或財團法人，其中六間寺廟因規模較小等因素，尚未向內政部正式登記立案。由於申請各組織的方式、資格門檻皆不相同，因此亦可藉此理解各廟發展情形，如蓁巷三賢廟因廟址位於農地上，不可申請管理委員會，故以協會的方式成立，並將管理委員會組織納入協會之下，至於二結王公廟則因參與者眾多以及地方派系等問題，造成廟方在決策、執行工作上推動的困難，故在各項條件符合下改制為財團法人，亦顯示其資金較其他寺廟雄厚。

　　管理委員會與財團法人的成員組成亦不相同，管理委員會成員由信徒大會選出，因此委員幾乎由在地人所擔任，而財團法人的董事多由推薦產生，成員包含政治人物、企業家、學者等，因此組織不再以在地人為主導。根據林瑋嬪與張珣分別對三寮灣東隆宮以及大甲鎮瀾宮組織由管理委員會轉變財團法人的研究觀察，兩者皆因取消丁口錢或頭家爐主制，使廟方開始以企業化的方式經營廟務，試圖尋求其他的經費來源，而二結王公廟由於未有收取丁口錢的傳統，開源並不是廟方組織改為財團法人後才面臨的問題，因此即

〔註 67〕臺灣日日新報編輯部，〈二結鎮安廟建醮盛況〉，《臺灣日日新報》，1935 年 12 月 1 日，6 版。

〔註 68〕臺灣日日新報編輯部，〈五結庄二結鎮安宮祭典〉，《臺灣日日新報》，1937 年 1 月 3 日，8 版。

使組織由管理委員會改變為財團法人，但在廟務經營上未有太大的轉變。

　　除了透過以上幾項傳統制度、寺廟組織檢視廟宇進展外，寺廟建築為另一項可直接觀察到廟宇發展情形。筆者將古公三王廟建築規模分成三個類型，第一種為民宅改建或屋身、屋頂未有太多雕刻裝飾，如：西安鎮安廟、板橋觀聖宮、吳全順天宮〔註69〕、溪北鎮安廟、花蓮鎮安廟。第二種為一般庄廟規模、屋身、屋頂具有裝飾雕刻，如：冬山保安廟、壯二鎮安廟、大溪大安廟、美福鎮安廟、下埔振興宮、大富富安宮、天送埤鎮安廟、南方澳鎮南廟、蓁巷三賢廟、大洲開安宮、南方澳鎮安廟、武荖坑大進廟、新莊鎮安廟、洲美三王宮、花蓮鎮安宮、海口福元宮，第三種則為廟體建築兩層以上二結王公廟〔註70〕、冬山進興宮與壯五鎮安廟。由於新建或重建寺廟需要大量經費投入，因此亦可從廟宇建築判斷該廟的財務與廟務經營情形。

圖4-7　西安鎮安廟　　　圖4-8　大洲開安宮　　　圖4-9　壯五鎮安廟

（筆者攝於 2015/10/9）　　（筆者攝於 2015/10/9）　　（筆者攝於 2015/11/27）

　　宗教社會學家涂爾幹（Emile Durkheim）對宗教儀式的研究，提出宗教儀式讓參與儀式的成員彼此產生親密關係，增進成員內心的「神聖感覺」。儀式也促使人神之間的真實存在，透過儀式人對神膜拜，神就存活下來；相對的，人在儀式過程中，與神進行溝通，人也得到了生存的意涵〔註71〕。信徒透過宗教儀式與自己所信仰的神進行最直接的接觸、交流，以自身的經驗進行神明靈力的驗證，同時，一個信仰的傳播或廟宇的延續，則有賴宗教儀式聯繫人神之間的關係後而進行。

　　在古公三王信仰下的各項宗教儀式，其功能除了為信徒解決各項疑難雜

〔註69〕於民國一〇四年（2015）興建新廟，新廟屬第二種類型。
〔註70〕目前二結王公廟為臨時行宮，因此以已完成廟體建築的新廟進行分類。
〔註71〕張家麟，〈宗教儀式與宗教領袖詮釋——以大甲鎮瀾宮的進香儀式變遷為焦〉，發表於：於民國九十六年（2007）台中縣政府主辦「媽祖國際學術研討會」，2008年。

症以及彰顯本身的神威外，廟宇經費的來源亦為宗教儀式進行前後所帶來的另一項功能。大部分的古公三王廟皆表示，因為社會環境的變遷，廟宇的經營越趨困難，目前廟方主要收入來自王公生的祭典，不論是透過丁口錢、緣金的收取或信徒自由樂捐等方式，其募款所得的金額幾乎為一整年廟方的開銷，這亦為各廟仍持續舉辦王公生祭典的原因。此外，仍提供辦事服務的寺廟，雖然不收取辦事相關費用，但一般前往問事的信徒皆會以添香油錢的方式以示感謝，因此，濟世類儀式亦為廟方另一個經費來源之處，即有廟方人員表示，由於該廟未提供辦事，故在經費募得上較為困難。從以上可以得知，宗教儀式的有無對廟宇經營及發展具有相當程度的影響，相對地，廟宇發展亦影響宗教儀式舉辦的次數與規模，例如：目前僅有二結王公廟分別在三個王公的聖誕進行過金火或過炭火的儀式，其餘古公三王廟則多於某一個王公聖誕進行過火或遶境活動。廟宇透過宗教儀式獲得信徒在精神與經費上面的支持，而宗教儀式隨著廟宇的財務狀況、發展現況而被舉行，顯示宗教儀式與廟宇發展緊緊扣連的關係。

　　然而，除了宗教儀式對信仰與廟宇的延續產生影響化，社會趨勢、在地組織與國家政策等皆對廟宇發展帶來改變。為符合現代人對傳統文化、宗教活動的想像及需求，許多廟宇開始舉辦文化節、文化祭，透過一系列與廟會相關的藝術、音樂、休閒娛樂活動，再搭配原來的宗教儀式，吸引更多非信徒的民眾、觀光客接觸民間信仰與寺廟，例如在二結王公文化節中，包含了歌仔戲表演、北管祝壽、卡拉 OK 歌唱比賽等，並將原來一天的祭儀延長為數天的活動，藉此增加民眾的參與度。由於寺廟管理委員會的組織型態，在政府機關下不易申請經費補助，因此在地組織與廟方的協力關係顯得關鍵，目前和在地組織關係密切的古公三王廟，如：二結王公廟、大富富安宮，除了在經費上獲得部分補助外，亦透過在地組織的行銷推廣、文史調查等項目的進行，對廟宇發展皆產生正面的影響。

第三節　王公廟與分香廟宇的互動

　　二結王公廟作為古公三王信仰在台灣的祖廟，對於信仰的傳佈與維持，無疑被賦予重要之責任，因此本節希冀透過二結王公廟與其他古公三王廟宇於進香活動的互動過程，以及理解中華道教古公三王弘道協會的成立背景、

組織架構、內部運作及外部連結，分析二結王公廟在台灣古公三王信仰中角色與功能的變化。

一、刈香與會香活動

　　香在中國民間信仰上，實有通神、去鬼、辟邪、祛魅、逐疫、返魂、淨穢、保健等多方面作用，尤以通神與避邪為最，則有香烟與香氣之二要素而演成者；蓋香烟裊裊直上昇天，可以通達神明，香氣蕩漾，自可辟禦邪惡，乃是人類所易於聯想到之作用〔註72〕。從劉枝萬對於香的功能及意義的初步說明，可以理解香在民間信仰中的重要性，而香枝必須透過火的焚燒產生香氣、香煙與香灰，其靈力的具有與功能的產生皆在被火點燃以後，靈力以火的形式存在，並以灰的形式進行靈力的分享，因此香與火逐漸被並稱使用，並逐漸形成漢人的香火觀以及衍生出各式和香火有關之儀式。

　　由於香灰代表著神明的靈力，因此在台灣的民間信仰中，會透過取香灰的儀式表示神明靈力的擴散、轉移等，張珣亦指出神明的分香儀式與祖先崇拜中分家時的「捻香灰」，以及分灶火的儀式是同源派生出的兩個儀式，香灰與香火可同時用來說明神明與祖先的靈力，也用以表示兩廟或兩家之間的淵源關係。〔註73〕不少在台灣的廟宇皆會透過向其他廟宇刈香、進香等儀式來獲取神明靈力，並藉此建立分香廟－祖廟的關係，因此，以下將從刈香、進香等儀式的進行，進一步探討古公三王信仰中，在台祖廟二結王公廟與其他分香廟的關係。

　　對於刈香、進香的概念，不論在學界或者民間都有不同的用法及理解。劉枝萬認為香為中國聖火崇拜之一環，因為在黑暗中點香除了香氣，香光與香火確實給古人帶來功名的崇拜感覺，而民間信仰中割香又稱割火，進香又可稱請火，也透露香與火之間的崇拜關係〔註74〕。吳永猛則認為台灣民間信仰中的進香具有兩層意義，一為刈香，指人對神明香火之乞求，二為刈火，指神與神之間香火之乞求，〔註75〕將刈香及刈火視為兩種不同形式的香火乞

〔註72〕劉枝萬，《台北市松山祈安建醮祭典——台灣祈安醮祭習俗研究之一，中央研究院民族學研究所專刊之十四》，1967年，頁129。

〔註73〕張珣，〈無形文化資產：民間信仰的香火觀念與進香儀式〉，《文化資產保存學刊》，2011年第16期，頁38。

〔註74〕張珣，〈無形文化資產：民間信仰的香火觀念與進香儀式〉，《文化資產保存學刊》，2011年第16期，頁41。

〔註75〕吳永猛、蔡相煇，《台灣民間信仰》，新北：國立空中大學，2001年，頁202。

求。黃文博在其《南瀛刈香誌》中，將刈香及進香的意義進行清楚的區分，以型態而言，刈香是繞境，進香是朝聖，以目的而言，刈香是綏靖祈安，進香是請火乞香，以意義而言，刈香為聯誼性質，進香則具有謁祖的意味〔註 76〕。林美容則依照目前民間對於進香的用法，對進香一詞及其概念給予更全面的解釋，進香所代表的宗教活動包含以下幾點，一為刈香或刈火，即到香火來源地之母廟進香，二為遊境，即本地的神明出外遊山玩水，拜訪其他神明，而本地的信徒亦同行，參訪的廟宇為多數，三為會香，即往同一香火來源地的姊妹廟或兄弟廟，與其姊妹神或兄弟神會香，兩廟有較親密的情誼關係，但非母廟與子廟的關係〔註 77〕。隨著學者在台灣不同地區或針對不同民間信仰的研究，在刈香、進香等其他與香火有關儀式上的解釋產生差異，在民間信仰多元發展的情形下，目前仍難以歸納出一個統一或固定的闡述。在古公三王信仰中，對於刈香與進香亦有不同的理解方式，並隨著儀式的進行或取消顯示古公三王廟間的關係變化。

　　綜合上述，筆者認為刈香為分香廟前往母廟、祖廟取香灰，以得到、補充靈力，並且目前在台灣的刈香活動多為每年或若干年分香廟的例行性公事。在古公三王廟中，屬於二結王公廟的分香廟共有十七間，部分廟宇習慣以刈香一詞指稱與二結王公廟的分香關係，而非例行性返回二結王公廟的取香灰的儀式，其原因與該廟是否例行性至二結王公廟取香灰有關。目前，分香廟仍至二結王公廟進行刈香取香灰儀式的廟宇不多，由於部分分香廟已前往中國大陸祖廟進行刈香或雕刻王公神像等，便不再前往二結王公廟刈香，因此在部分古公三王廟中，多將刈香指稱該廟第一次前往二結王公廟取香灰後所建立起的母廟與分香廟關係，並非例行性的返回母廟進行取香灰的儀式動作。

　　隨著中華道教古公三王弘道協會的成立，協會中的成員廟宇包含二結王公廟的分香廟與非分香廟，因此各廟間習慣以會香一詞指稱各廟宇間的訪宮活動，而非使用帶有母廟、子廟階層概念的進香一詞。會香通常指宮廟之間以聯誼交流形式互相拜會，表示其與友廟間的友誼關係，並無分香（靈）關係或香火上分取儀式，是近年常見之大型廟會活動〔註 78〕。如前述所提，加

〔註 76〕黃文博，《南瀛刈香誌》，台南：台南縣立文化中心，1994 年，頁 10。
〔註 77〕林美容，《媽祖信仰與台灣社會》，台北：博揚文化，2006 年，頁 280～281。
〔註 78〕林美容，《媽祖信仰與台灣社會》，台北：博揚文化，2006 年，頁 282。

入弘道協會的寺廟未有階層、角色的差異，每間古公三王廟皆為身份相同的
會員，二結王公廟作為母廟與分香廟的關係，亦不存在於弘道協會當中，在
會香當中，廟宇間以兄弟廟、姊妹廟的名義進行互訪交流，因此二結王公廟
作為母廟的角色亦在會香活動中逐漸淡化，並且部分分香廟會在開始介意
進香與會香詞彙的使用，因為在弘道協會中，二結王公廟與其分香廟的身
分相同，故應以會香指稱訪宮活動，而非分香廟至母廟訪宮或刈火習慣使用
的進香。

　　雖然大部分的分香廟多改以使用會香一詞，並不再進行取香灰的儀式，
但仍有部分分香廟維持每年返回二結王公廟取香灰的傳統，如桃園三王宮在
民國一〇三年（2014）的進香活動公告中，即說明該活動為前往宜蘭王公祖
廟謁祖刈火，另外，洲美三王宮在宜蘭地區的會香行程中，若該次行程包
含二結王公廟，則會於活動公告中特別註明刈火或刈香，若該次行程未包含
二結王公廟，則以會香聯誼一詞說明活動內容，以上皆顯示仍有進行取香
灰儀式之分香廟，其所使用的刈香一詞多指涉例行性返回二結王公廟的取香
灰的儀式。

　　至於二結王公廟與其他廟的訪宮活動，早期較少至其他宮廟、分香廟進
行互動聯誼，大約於民國九十三年（2004）前往花蓮縣分香廟會香，以及加
入弘道協會後，逐漸開始與其他古公三王廟有較頻繁的交流。

　　在花蓮縣的會香後，二結王公廟分別於民國九十四年（2005）十一月十
二、十三日以及民國九十五年（2006）十一月二十五、二十六日，舉行為期兩
天之「乙酉年二結古公三王公蘭陽靖安遶境覃恩大典」與「丙戌年二結古公
三王公蘭陽平安遶境大典」遶境活動，範圍遍及宜蘭縣十鄉鎮〔註79〕，遶境
參與之陣頭、信徒等將近千人，亦為近年二結王公廟規模最大的遶境。這兩
次的遶境活動雖然以靖安、祈安為主，但亦伴隨會香等儀式之進行，沿途共
會香十二間廟宇〔註80〕，其中六間為二結王公廟之分香廟宇，〔註81〕雖然二

〔註79〕十鄉鎮分別為五結鄉、宜蘭市、礁溪鄉、員山鄉、頭城鎮、羅東鎮、三星鄉、
　　　　冬山鄉、壯圍鄉及蘇澳鎮，未至大同鄉與南澳鄉。
〔註80〕利澤永安宮、南方澳進安宮、壯二鎮安廟、美福鎮安廟、壯五鎮安廟、壯圍
　　　　永鎮廟、大溪大安廟、頭城東嶽廟、礁溪協天廟、玉田慈天宮、南方澳鎮安
　　　　廟、天送埤鎮安廟。
〔註81〕六間分香廟分別為大溪鎮安廟、天送埤鎮安廟、南方澳鎮安廟、壯二鎮安廟、
　　　　美福鎮安廟、壯五鎮安廟。

結王公廟為古公三王之在台祖廟，但不以巡香巡視分香廟的名義前往，而以會香的方式進行交流，試圖降低身為祖廟的姿態，以打破過去二結王公廟與其他古公三王廟的互動隔閡，拉近祖廟與分香廟之關係。

　　近年，因加入弘道協會的古公三王廟每年固定進行會香活動，故身為成員之一的二結王公廟亦開始安排每年的會香活動，會香形式與其他古公三王廟未有不同，因此，二結王公廟與分香廟的關係，如何透過會香活動維持或改善，則是日後二結王公廟需要思考及規劃的。

二、中華道教古公三王弘道協會成立

　　民國九十年（2001）由創會理事長蔡國安、秘書長許榮財及冬山珍珠進興宮管理委員會，共同發起成立中華道教古公三王弘道協會，招募蘭陽、台北、桃園、花蓮、高雄等地區供奉祀古公三王之宮廟共襄盛舉。同年十一月二十五日成立〔註82〕，並於冬山進興宮召開第一屆第一次會員大會，通過協會組織章程並選出第一屆理監事成員，包含理事二十五人、監事七人〔註83〕，期待透過協會的成立，達成以下幾項目的與宗旨，例如整合團體會員規劃未來、帶領協會會員對信仰干公之正確方向、提升道教地位、闡述道教真義、設立道教祭拜禮儀規範、設立古公三王略歷與神蹟學術研究委員會、成立古公三王神蹟研究基金會以及修建大陸祖廟等。

　　隔年（2002）召開第一屆第一次臨時理監事聯席會議，討論與決議恭迎大陸祖廟古公三王寶尊渡台駐駕乙案，並於同年五月二十一日前往大陸祖廟恭請古公三王神尊來台，協會為鼓勵各宮廟前往接機，故在來回車資與餐費部分給予補助，將古公三王神像接駕至冬山進興宮長駐。〔註84〕根據目前弘道協會工作人員表示，當年前往中國大陸迎請的神尊是古公三王中的三王公，為了和台灣各廟之古公三王神像做區別，因此習慣以「大陸王公」稱之，這尊王公是在文化大革命時期未被破壞而留下的神像。當年，冬山進興宮的主委前去大陸祖廟時，始終感覺到三王公神像一直在注視著他，詢問後

〔註82〕至民國九十一年（2002）六月獲內政部准予立案備查，中華道教古公三王弘道協會正式成立。

〔註83〕於理事中選出常務理事七人，再由常務理事中選出理事長一人與副理事長二人，另於監事中選出常務監事一人。

〔註84〕中華道教古公三王弘道協會，《古公三王誕辰聯合慶典大會會員手冊》，頁 3～4。

才知道是三王公想到台灣，因此以進興宮為首開始籌畫古公三王弘道協會，並召集其他古公三王廟一同前去中國大陸將這尊神像恭請來台，無法前往者則至桃園國際機場迎接。

在大陸王公被恭請來台的期間，由於台灣方面擔心欲恭請來的三王公神像在過程中被掉包，因此在中國大陸的時候，便在三王公神像後面刻上記號，作為日後辨別的依據。此外，冬山進興宮另於中國大陸雕刻三尊較小的王公神像，讓中國大陸祖廟的鎮殿王公不需再出外協助民眾各項儀禮，改由小尊王公出外進行各項婚喪喜慶之活動。到三王公神像離開村子的當天，當地每戶人家皆以搓湯圓、放鞭炮等方式，夾道歡送三王公，之後弘道協會欲再至中國大陸祖廟恭請大王公與二王公來台，但祖廟方面已不願意而作罷。從上述事件可以觀察出，冬山進興宮在弘道協會或恭請祖廟王公來台等事務上的主導地位及重要性。

這尊大陸王公最早供奉於冬山進興宮，之後隨著各屆弘道協會理事長而移駕至理事長所在之廟宇。在黃乾鐘擔任弘道協會理事長期間，大陸王公被供奉於壯五鎮安廟，某一年在壯五鎮安廟農曆十一月十五日王公生時，大陸王公突然生氣不願參與過火儀式，詢問過後才得知中國大陸祖廟以農曆一月十五日作為王公生，大陸王公來台後都未在農曆一月十五日進行祝壽活動，因此使大陸王公發怒。黃乾鐘理事長因病過世後，由李訓標暫代理事長一職，大陸王公再次移駕至花蓮縣壽豐鄉的吳全順天宮，由於吳全順天宮廟宇建築較為狹隘，使得神尊高度較高的大陸王公頭上被麻雀築了鳥巢，因此蔡國安榮譽理事長決定再將大陸王公恭請回冬山進興宮供奉。針對大陸王公該供奉於何處，目前主要有兩種看法，冬山進興宮認為這尊大陸王公主要是該廟花費許多精力才恭請來台的，再者進興宮廟宇格局寬闊，因此大陸王公供奉於冬山進興宮較為合適，另外一方則認為，應延續及遵循最初大家所討論出的共識，大陸王公隨著理事長至不同的古公三王廟供奉，至今仍未有結論，故大陸王公依舊供奉於冬山進興宮，而進興宮為了歡迎大陸王公再次返回廟中，於每年的農曆一月十五日特別為大陸王公舉辦祝壽活動，以表示對王公之敬意。

目前弘道協會團體會員的部分，雖然未在組織章程上明文規定，但筆者將其參與方式分為以下兩種類型，第一種為正式之團體會員，需繳交入會費一萬元以及常年一萬五千元，並且加入團體會員之古公三王廟需推派兩名

成員作為理事，個人會員入會費為零元，常年會費六百元〔註85〕。由於台灣古公三王廟的規模不盡相同，會費的門檻對於私人宮廟或規模小的寺廟負擔較大，因此出現第二種類型的團體會員參與方式，不需繳交團體會費，但會一同參加每年度之古公三王聖誕聯合慶典，同時亦會安排至各古公三王廟會香等，例如：西安鎮安廟、板橋觀聖宮、溪北鎮安廟、林園一心宮及後龍福興宮等廟宇，皆屬於第二種類型之團體會員。弘道協會除了持續凝聚現今加入協會之古公三工廟外，也不斷向外招募尚未加入之古公三王廟，今年（2015）陸續前往拜訪大洲開安宮與大溪三王宮等寺廟，期待擴大弘道協會之規模。

　　雖然弘道協會理監事分散於各地之古公三王廟，但每三個月仍固定召開理監事會議，一年至少召開四次，討論內容主要包含年初各項目的預算編列、年末收支決算、返回祖廟相關事宜以及古公三王聖誕聯合慶典籌備等。在大陸王公恭請來台後四年，弘道協會成立七人小組籌畫大陸王公歸寧計畫，並透過擲筊請示王公，決定歸寧日期為民國九十六年（2007）四月八日至十二日，由各廟推派人員共一百四十四人參加。在歸寧活動後，參與人員對於祖廟低窄簡陋、內殿座過低過迫、無廟門等缺失，產生修建祖廟的想法，徵得眾多曾拜訪祖廟之信眾後，弘道協會在民國九十六年（2007）第二屆第五次理監事聯席會議中，成立大陸祖廟整建十人小組並決議逐年編列預算整修，前後共募得約一百五十萬人民幣，於民國一〇二年（2013）舉行祖廟重建工程落成典禮，重建後的廟殿由原來的八十平方公尺擴建至一百八十平方公尺。在祖廟重建工程落成後，弘道協會安排及召集各古公三王廟人員連續三年至中國大陸祖廟進香，並已於民國一〇四年（2015）完成第三年度之進香活動，未來是否每年皆至祖廟進香以及是否由弘道協會持續主辦活動，則有待理監事會議討論決議。

　　在兩岸開放交流後，許多台灣的分香廟、宗親會開始陸續捐錢予中國大陸祖廟、宗祠，協助寺廟建築的修建或重建，弘道協會在這樣的潮流下，亦積極協助中國大陸祖廟的重建工作，並形塑出對中國大陸祖廟的認同。然

〔註85〕會費資料參考民國一〇三年（2014）第三屆第四次會員大會大會手冊內之中華道教古公三王弘道協會組織章程，然而根據民國一〇四年（2015）訪談弘道協會工作人員的內容，個人會員常年會費為三千元，團體會員常年會費為一萬元。

而，並非所有信徒都認同弘道協會至中國大陸修建祖廟一事，信徒認為二結
王公廟在新廟興建過程中出現困難，弘道協會或各古公三王廟應先協助二結
王公廟的新廟工程，而非至中國大陸修建祖廟，由於對於祖廟概念認知、認
同上的差異，使信徒出現不同的想法。

中國大陸祖廟的整建工程為近年弘道協會的主要任務，除此之外，每年
度的古公三王聖誕全國聯合慶典亦為弘道協會另一項重要執行項目。聯合慶
典於每年三王公生前舉辦，為避免影響大部分廟宇王公生的前置準備工作，
因此多於農曆十月辦理。聯合慶典自民國九十二年（2003）起舉行，由弘道
協會團體會員輪流承辦，以未承辦過的廟宇優先，若無人願意承接則開放予
已舉辦過之廟宇重複承辦，截至民國一〇四年（2015）各年度辦理時間與承
辦廟宇如下表：

表 4-6　古公三王聖誕全國聯合慶典辦理時間及承辦單位表

次數	辦理時間	承辦單位	次數	辦理時間	承辦單位
1	2003/11/08	桃園市海口福元宮	8	2010/10/30	宜蘭縣大溪大安廟
2	2004/11/28	宜蘭縣壯五鎮安廟	9	2011/11/20	花蓮縣吳全順天宮
3	2005/11/27	宜蘭縣美福鎮安廟	10	2012/11/25	桃園市海口福元宮
4	2006/11/26	宜蘭縣冬山進興宮	11	2013/11/24	新北市新莊鎮安廟
5	2007/11/17	宜蘭縣壯二鎮安廟	12	2014/11/08	宜蘭縣冬山保安廟
6	2008/11/30	宜蘭縣二結王公廟	13	2015/12/05	花蓮縣花蓮鎮安廟
7	2009/11/22	花蓮縣大富富安宮			

（筆者製，2015 年）

在聯合慶典活動前，該年度的承辦寺廟需先至各地古公三王廟恭請王公
神尊至承辦寺廟，以利活動會場拜壇之布置及準備。聯合慶典皆在上午進
行，由各古公三王廟主委率領工作人員、信眾等依序進入拜壇祭拜，待全數
廟宇祭祀完畢後，再於活動現場一同享用王公福宴。

在聯合慶典的分工上，由弘道協會負責祭拜儀式中的三獻禮及收取參加
者每人六百元之活動費用，其餘籌辦工作則由該年度承辦廟宇負責。在活動
經費上，弘道協會將向每人收取的六百元費用中的五百元，補助予承辦廟宇
準備當天中午王公福宴，剩餘的一百元則由弘道協會協助支出活動當天的紀
念帽、請柬等各項行政費用。大部分的承辦廟宇為使聯合慶典更為豐富，會

特別提供其他餐飲服務或安排舞台表演等,這個部分則需要再由承辦單位額外支出活動費用,因此類似這樣規模的聯合慶典,可能造成部分廟宇無法尋得適當的場地且經費上難以負荷。

圖 4-10　第十二次恭祝
古公三王聖誕全國聯合慶典

圖 4-11
各廟依序進入拜壇行三獻禮

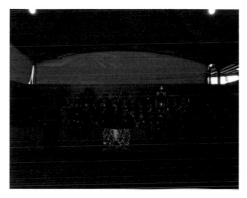

（筆者攝於冬山保安宮,2014/11/08）　　（筆者攝於冬山保安宮,2014/11/08）

除了由弘道協會主辦的祖廟進香及聯合慶典外,各古公三王廟每年度亦會安排會香活動,拜訪全台各地之古公三王廟,由於古公三王廟遍及不同縣市,因此極少廟宇能以一次數天的方式完成會香,大部分的路線安排可歸納出以下兩種類型,第一種為以宜蘭縣古公三王廟及其他縣市古公三王廟進行區分,規劃兩個梯次之會香行程,第二種則為宜蘭縣古公三王廟搭配其他縣市古公三王廟的多梯次會香行程。由於宜蘭縣古公三王廟眾多,部分廟宇習慣透過一次會香行程,拜訪所有宜蘭縣的古公三王廟會香,部分廟宇則習慣將宜蘭縣古公三王廟分成數批,再結合花蓮縣或新北市、台北市之古公三王廟安排會香行程。然而看似聯繫不同古公三王廟間情感的會香活動,卻因為過程中的餐點安排、香油錢多寡等原因,慢慢累積成部分廟宇間的嫌隙。

在弘道協會的會香行程中,即使到廟時間非用餐時間或者已於上一間古公三王廟用餐完畢,但每間寺廟仍皆以辦桌、自助式餐點等方式宴請前來會香之友宮,而到訪廟宇會則予以接待廟宇壓爐金,以表示對其招待之感謝。在訪談過程中,有不少廟宇曾表示,雙方互訪的壓爐金大致會給予相同的金額,但隨香信眾、廟方人員等所添的香油錢落差很大,而從招待之餐點內容亦可看出接待方的誠意等,進而造成不同廟宇間互有微詞,有的廟宇甚至在

隔年的行程取消至某些廟宇會香。不論是何種情形,皆可發現弘道協會在過程中未能即時提供協助或居中協調,造成各廟宇間的矛盾。

對於弘道協會未來的發展,蔡國安榮譽理事長期待未來可以興建一棟王公會館,並將大陸王公供奉於會館內,作為弘道協會的總部。其他古公三王廟則建議弘道協會可架設網站,提供古公三王信仰、各古公三王廟之資訊,藉此將古公三王行銷出去,並希望協會在整合各間廟宇上能有更多的作為。

雖然弘道協會將台灣各地的古公三王廟召集起來,並期待透過各廟的加入與參與協會事務進行交流,但藉由筆者觀察以及其他廟宇弘道協會的看法仍可發現,弘道協會除了統籌整建祖廟與聯合慶典兩項任務外,針對推展古公三王信仰或維繫各廟關係等,未有相關計畫或實際作為,此外,由於弘道協會未有強制力,因此無法要求各廟宇應如何配合或執行,使目前弘道協會的內部情形未能有效改善。

三、王公廟的角色變化

由冬山進興宮所發起的中華道教古公三王弘道協會,至今已成立超過十年,協會的成立看似整合目前台灣的古公三王廟,但它也同時打破原有廟宇間的關係,對於二結王公廟作為古公三王在台祖廟的角色產生影響。

在簡瑛欣《祖廟——台灣民間信仰的體系》博士論文中,針對中國大陸古公三王祖廟、二結王公廟與弘道協會有深刻的分析,其中探討弘道協會如何透過修建中國大陸祖廟的行動,重新塑造對中國大陸祖廟的認同,並討論二結王公廟如何藉由「歷史權威」及「儀式權威」維持其在台祖廟之地位。古公三王弘道協會的創建,除廟際聯誼的功能外,透過修建祖廟,也迎接中國祖廟神像來做為祖廟認同的象徵。因古公三王弘道協會的成立,也讓過去單純以二結為首的祖廟認同,產生認同的變化,延伸至中國原鄉的祖廟認同。同時,由於弘道協會創會廟宇冬山進興宮並不分香於二結王公廟,作者認為一種新建構的祖廟認同運動持續進行,宗教的政治、正統的權威在當代民間信仰依舊交互影響。因此,目前古公三王的祖廟認同呈現出兩種認同中心,第一種既非是民國的行政中心,也非是市場中心,在一個以移民社會為主的蘭陽平原,二結王公廟能提供解決地方瘟疫的信仰中心,是一種非行政亦非市場的靈力中心,此「靈力中心」運用了鮮明的過火儀式,來加強「靈力中

心」的靈力，另外一種則是藉由古公三王弘道協會之運作，將認同放置到更久遠的歷史情境，中國福建漳州湖西鄉的古公三王祖廟，也就是在這返鄉祭祖的脈絡中，被賦予一種更具權威的想像地位。〔註86〕

　　簡瑛欣所提出的兩種祖廟認同，確實都在田野調查中發現，並且部分二結王公廟的分香廟逐漸以對中國大陸祖廟認同，取代原先對二結王公廟的在台祖廟認同。在台灣二十四間古公三王廟中，共有十七間古公三王廟分香於二結王公廟，另有七間古公三王廟則由先民攜帶神像自中國大陸渡海來台或王公直接將神於土偶神像、降筆於鸞生等方式形成信仰。非分香廟的部分，除了先民自中國大陸恭請王公來台的大洲開安宮及海口福元宮，其餘皆為王公自行降神，因此大部分廟宇對於中國大陸祖廟的認同未非常強烈，但在說明其王公來源時會特別強調該廟王公非分香於二結王公廟，試圖劃清與在台祖廟的關係。

　　在宜蘭縣的九間分香廟，早期與二結王公廟的互動頻繁，每年固定返回二結王公廟刈香或參加王公生的過火儀式，在分香廟的重要祭儀中，亦會恭請二結王公廟的神尊前去參與。如《收伏群魔：古公三王濟世神蹟口述歷史座談會　成果初編》中所記載：「大溪王公做事必央請二結王公協助。神去、人去、轎也去，一應俱全，辦事完滿效率佳。大溪和二結情誼如同父子、兄弟。阮的王公每年都會回去二結娘家。乩童吳阿坤做事自己來，是大將之材。大溪一年做一次熱鬧過火，一定會邀請大王公蒞廟作客。」〔註87〕現今，大溪大安廟的大熱鬧改為四年一次，但廟方仍舊於活動前，召集管理委員會成員、爐主等人前往二結王公廟祭拜以及於廟埕扮仙排場，並且在大溪大安廟電子跑馬燈上的感謝名單，將祖廟二結王公廟列於弘道協會之前，展現對祖廟的敬意與重視。此外，分香廟在興建廟宇時，二結王公廟亦將其早期舊廟的柱子贈予分香廟，以協助其新廟工程，表現出祖廟與分香廟的緊密關係。再者，在二結王公廟興盛時期，分香廟之間曾互相爭論誰為最早的二結王公廟分香廟，顯示作為二結王公廟分香廟是一件榮譽與值得宣揚之事，對分香廟本身的發展亦有正面影響的。

〔註86〕簡瑛欣，《祖廟——台灣民間信仰的體系》，國立政治大學民族學系博士論文，2015 年，頁 102～103。

〔註87〕宜蘭縣大二結文教促進會，《收伏群魔：古公三王濟世神蹟口述歷史座談會成果初編》，宜蘭：大二結文教促進會，2008 年，頁 35。

　　然而近年因弘道協會帶領各古公三王廟成員前往中國大陸祖廟進行祭拜活動、恭請祖廟王公神尊來台以及募款重建祖廟等，加上往返中國大陸的交通運輸日趨便利，使分香廟在祖廟認同上產生變化，認同情形相較於非分香廟更為複雜。由於所供奉的第一尊王公分香自二結王公廟為既有之事實，廟方理所當然無法否認其為二結王公廟之分香，但目前已有不少分香廟對分香自二結王公廟的歷史僅輕描淡寫帶過，轉而強調至中國大陸祖廟分香的經驗。分香廟通常會例行性返回祖廟進行刈香／刈火等儀式，以維持其神明的神力，並藉此維繫與祖廟之關係，而目前在古公三王廟的案例中，刈香儀式也在認同轉變後逐漸被會香取代。

　　對於宜蘭縣部分分香廟在祖廟認同、刈香儀式上的轉變，筆者歸納出以下幾點原因。首先，在弘道協會中的古公三王廟未區分祖廟與分香廟，每一間寺廟的身分、地位、角色皆為相同，也使二結王公廟在協會中與其他分香廟的關係從原先的母子廟轉變為兄弟廟，因此分香廟返回祖廟的進香謁祖也隨之改變為會香聯誼。即有分香廟表示，在二結王公廟未加入弘道協會以前，由於並不熟悉，故未安排至二結王公廟會香，從以上例子即可得知，分香廟身為弘道協會成員的角色優先於或重要於作為二結王公廟的分香廟。其次，宜蘭縣為古公三王信仰最為蓬勃的縣市，古公三王廟除了作為所在村里的庄廟外，亦有許多來自其他鄉鎮的信徒，因此各廟宇在經營及推廣上必須展現其特殊之處，以吸引更多前來參拜的信徒，曾有分香廟表示，其對古公三王信仰、儀式等各方面的理解是超越二結王公廟的。

　　然而對於宜蘭縣部分分香廟選擇以弘道協會成員身分，即以兄弟廟的方式與二結王公廟進行交流，或者對於二結王公廟在信仰、儀式詮釋與理解上的質疑等，其根本原因與二結王公廟本身的負面形象有關。部分廟宇表示，因二結王公廟在新廟工程上的延宕等事件，讓大家對二結王公廟產生不信任感。二結王公廟作為古公三王的在台祖廟，應為所有古公三王廟的核心，但由於二結王公廟的負面消息以及民眾對其之疑慮，使分香廟試圖淡化與二結王公廟的關係，亦使目前的弘道協會由冬山進興宮與壯五鎮安廟主導。

　　第二個原因則為分香廟自行或跟隨弘道協會前往中國大陸祖廟謁祖進香。台灣廟宇到大陸「謁祖進香」的益處為，台灣的分靈廟可透過正宗祖廟進香這個儀式來提高神明的靈力，並親自確認廟宇的淵源，進而以分靈廟宇祖廟的聯結為後盾獲得分靈廟在台灣的權威，顯示台灣廟宇的謁祖進香圍繞

在廟宇之間操作權力關係的功能。〔註 88〕雖然分香廟非直接分香自中國大陸祖廟，但透過直接至最早的古公三王祖廟進香，試圖將其在台地位提高，不再作為二結王公廟的分香廟而是中國大陸祖廟的分香廟。黃美英在對大甲鎮瀾宮的研究亦指出，進香地點的取捨與選擇，牽涉到廟宇等級的操作，也就是說，分靈廟為了廟宇權威的合法化，而根據過去的歷史來選擇特定的分靈廟與祖廟的關係。大甲鎮瀾宮從民國七十六年（1987）赴湄洲媽祖廟進香前後，鎮瀾宮與北港朝天宮的關係從所謂的「割火」，即意味著分靈廟謁祖的進香，改稱為「交香」，表示兩廟之間平等的立場，意指欲變更兩廟之間的關係。換句話說，把湄洲媽祖搬出來，來提高鎮瀾宮的等級，表示鎮瀾宮與至今被視為台灣媽祖廟總代表的北港朝天宮具同等地位〔註 89〕。

　　其他縣市的分香廟對祖廟的認同則與宜蘭縣分香廟不太相同，至今仍會強調其分香自二結王公廟，其中花蓮縣的分香廟因距離較遠，每年凡至宜蘭會香，若時間長達兩天需要過夜，皆會將古公三王神像安置於二結土公廟，而非安置於其他寺廟或下榻的飯店，展現分香廟與祖廟間的情感。部份位於新北市或台北市的古公三王廟，因目前未舉行過火儀式，故於王公生時恭請古公三王神尊至二結王公廟參與過火，期待藉由祖廟的過火儀式驅除汙穢。早期亦有不少宜蘭的分香廟，於王公生時將該廟的古公三王神尊恭請回二結王公廟參加過火，但隨著分香廟之過火工作人員逐漸衰老，體力無法負荷儀式的執行，或者分香廟自行舉辦過火儀式等，目前幾乎未有宜蘭的分香廟至二結王公廟參加王公生的祭典。

　　分香廟對於二結王公廟祖廟認同上所產生的差異，筆者認為主要與地域性有關。二結王公廟被視為古公三王信仰在台灣的祖廟，每年王公生的抓乩童與過炭火儀式為全台灣獨有與最盛大的祭典，亦被國家文化總會評選為台灣十大民俗祭典以及宜蘭縣政府指定登錄為無形文化資產，二結王公廟無疑是目前台灣古公三王廟中最為知名之廟宇。因此，在宜蘭縣以外的其他縣市，因古公三王信仰並不興盛，分香廟會期待透過二結王公廟在台灣的知名度，試圖提升該廟在該縣市的能見度以及一般民眾對古公三王信仰的了解。

〔註 88〕三尾裕子，〈從兩岸媽祖廟的交流來談台灣的民族主義〉，《媽祖信仰的發展與變遷》，台北：台灣宗教學會，2003 年，頁 196～197。

〔註 89〕三尾裕子，〈從兩岸媽祖廟的交流來談台灣的民族主義〉，《媽祖信仰的發展與變遷》，台北：台灣宗教學會，2003 年，頁 196。

至於宜蘭縣的分香廟，則如上述所討論，在古公三王信仰普遍的宜蘭縣，分香廟不需要再透過宣示其與二結王公廟的關係來說明該廟的信仰特色。

二結王公廟除了上述因素使分香廟對其祖廟認同產生變化外，於民國一〇四年（2015）被弘道協會發現與邀請加入的大洲開安宮，為另一個在未來可能對二結王公廟祖廟地位產生影響的因素。根據大洲開安宮的歷史沿革記載：「乾隆戊戌年（乾隆四十三年，1778）陳乩先生，親自奉請老三王公來臺，在縣內壯圍大福村（大堀）過夜隨開發金章成（大洲）地區群眾到達，即善男信女設香案參拜，所求應驗，從茲地方瘴氣亦漸消沉，瘟疫避開，諸上事蹟神祇靈感焉。乃於光緒辛未（民前四一）年〔註90〕在本地火車站處建立土角造廟奉祀，使人稀地荒之金章成增加人口，由貧荒成為富足。日據即大正捌年（1919）開發製糖在二結設廠，定本地區為原料甘蔗繁殖供應，並設運輸樞紐站。大正玖年（1920）由地方人士籌備，王公自擇地理在本宮現址建造土角墻磚瓦木造窰脊廟宇，同時塑像：大王公、二王公、陳姓聖王公，及殿主（大王公）神像並列祭祀。」〔註91〕大洲開安宮的陳乩早於二結王公廟的廖地，自中國大陸將王公神像恭請至台灣。因此，若從先民來台的時間點來看，大洲開安宮應為古公三王在台祖廟。

簡瑛欣認為台灣祖廟的基本元素建立在祖廟權威的來源，又可分為歷史權威論、神物權威論與儀式權威論。歷史權威論強調一所廟宇的歷史是否悠久，廟宇歷史越久，越有因聚落移民而形成的分香網絡，因而建立祖廟的地位。神物權威論則強調神尊與文物的權威，如自中國大陸祖廟迎回的千年古爐、製作程序嚴謹的神像或歷史悠久且保存完善的文獻史蹟等。最後的儀式權威論則為在廟宇儀式同類的信仰中，其儀式規模、複雜性與象徵意義是否足以凌駕其他廟宇。此外，作者將二結王公廟的悠久廟史及最大規模過火、唯一抓乩童儀式視為歷史權威與儀式權威的表徵與交集，以表現其祖廟地位〔註92〕。

由以上三項權威論進一步探討大洲開安宮作為古公三王廟在台祖廟的可

〔註90〕光緒年間未有辛未年，若按民前四一年推算，應為同治辛未年（同治十年，1871）。

〔註91〕大洲開安宮管理委員會，〈本宮沿革〉，宜蘭：大洲開安宮管理委員會，1978年。

〔註92〕簡瑛欣，《祖廟——台灣民間信仰的體系》，國立政治大學民族學系博士論文，2015年，頁120、124～125。

能性，目前大洲開安宮按照其寺廟沿革，應具有歷史權威，但在歷史權威上僅為歷史悠久，並未有其他分香網絡的形成，而神物權威及儀式權威，目前則未有相關事項符合權威特徵。筆者認為，大洲開安宮近期之內無法取代二結王公廟作為古公三王在台祖廟的地位，從歷史權威進行分析，雖然大洲開安宮在歷史上較二結王公廟更為悠久，但其沿革未有相關歷史文獻加以佐證，如第三章所討論，廟方本身亦出現不同版本之沿革，故較難令人信服，此外，大洲開安宮未有分香廟的建立，而二結王公廟至今已有十七間分香廟，因此在古公三王信仰當中，二結王公廟更容易被其他廟宇視為母廟或祖廟。在儀式權威上，目前大洲開安宮於王公生時進行過金火儀式，其規模與一般廟宇無異，且主要執行儀式之工作人員來自王公會館及五結鄉溪底城平安神轎會，王公會館為分香自二結王公廟之私人宮廟，五結鄉溪底城平安神轎會為二結王公廟祭祀圈內的團體並與二結王公廟關係密切，顯示大洲開安宮在儀式執行上仍依賴外來團體，甚至是由二結王公廟相關團體協助。而二結王公廟在其儀式權威上，除了規模最大的過火與全台獨有的抓乩童儀式外，二結王公廟本身或與二結王公廟相關的團體，如：五結鄉溪底城平安神轎會、宜蘭縣二結祈安擇轎文化傳承協會、王公會館等，亦經常於其他古公三王廟王公生時，前去協助過火儀式的進行，展示二結王公廟在過火儀式上的專業性。綜合以上兩點，二結王公廟作為古公三王在台祖廟的角色與地位，在短時間內是難以被取代的。

　　然而祖廟這樣一個概念或是對祖廟的認同，對一般信眾而言是陌生的甚至是不在乎的，一般信眾經常接觸到的是自己前去祭祀的廟宇及王公神尊，信眾在乎的是自己與神明直接的互動經驗，自己所信仰的神明是否靈驗等，如同前述信徒對於弘道協會修建中國大陸祖廟的負面評價，即可明確得知，對於信徒而言，後來所建構出的中國大陸祖廟認同，是較難去理解或想像的，因此，對於是否產生祖廟的認同以及對哪間祖廟產生認同，幾乎為管理委員會或是廟方主事者所決定，其決定的考量包含祖廟的名聲、與祖廟的關係等。將來待二結王公廟新廟完工以及修復與分香廟之關係後，分香廟對祖廟認同是否會再產生變化，則可持續進行觀察。

結　論

　　本篇論文主要以二結王公廟為研究對象，藉此探討台灣古公三王信仰的
發展。透過長期於二結王公廟的田野調查，釐清大二結社區不同階段的社會
發展與歷史脈絡，進而理解二結王公廟的建廟歷程及在地互動，以此為中心
向外討論目前台灣各古公三王廟的分布情形、發展概況等，從深入訪談及參
與觀察所蒐集之材料，探究二結王公廟在古公三王信仰中的角色、傳播上的
重要性及其各項祭儀之特色。以下將從二結王公廟對在地居民的意義、祭儀
的特色與角色定位三面向總結本研究之成果。

一、社區信仰中心：凝聚在地居民的向心力

　　二結王公廟作為大二結地區的信仰中心，對於在地居民而言，除了原有
宗教功能外，它在近年所產生的社會功能，更讓大二結地區朝向另一個階段
的發展。二結王公廟自清代建立以來，不論是日本政府對台灣民間信仰的打
壓政策抑或近期工商業社會下的新時代思潮，二結王公廟始終不受外在因素
影響，持續作為大二結居民的信仰寄託，也由於二結王公廟與古公三王對於
在地人的特殊意義，因此在二結王公廟的重建工程上，在地居民做出了不一
樣的選擇。在地人認為二結王公廟不只是宗教場所，更凝聚了大二結人之間
的向心力與情感，因此在社區組織、社區民眾及專業團隊經過充分討論後，
決定採取平移方式，將舊廟整體遷移保存，並將其規劃成社區居民信仰、
休憩、活動的綜合場所。

　　二結王公廟的重建工程及舊廟保存計畫，激發社區居民對公共事務的關
心及參與，成為大二結社區社區營造的一個起點，往後更從二結王公文化

節、大二結王公藝術研究所、王公盃社區籃球錦標賽、二結庄生活文化館等活動、計畫，清楚看見大二結社區如何在原有的古公三王信仰基礎上，運用社區營造的概念，讓單純的宗教活動文化添增創新的元素，以現代的手法保存及宣揚廟宇文化，同時也在這樣的過程中，再次拉近社區居民之間的關係，加深對社區的認同及情感。

二、祭儀特色：輦轎辦事與王公生過火儀式

　　二結王公廟最為人知的宗教祭儀為每年農曆十一月十五日的王公生，其中的抓乩童及過炭火儀式更獲選為十大民俗祭典，並被登錄為無形文化資產，使王公生儼然成為二結王公廟的特色。然而，除了王公生慶典外，王公廟的濟世類祭儀保留了傳統關輦出字方式，替信徒解決各項疑難雜症，即使在醫學、科技發達的今日，每個禮拜二與禮拜六仍有許多信徒至王公廟問事尋求協助。至於歲時祭儀與公事類祭儀，雖與一般廟宇未有太多不同，但依舊可從儀式進行上的些微差異，進而理解二結王公廟的發展背景與經營情形。

　　根據田野調查所蒐集的材料，二結王公廟由於建廟歷程、和分香廟的關係以及與在地組織合作等因素，使得過往文獻關於儀式作用和意義的論述，無法完全適用。在屬於公事類祭儀的遶境中，林開世認為超庄頭遶境進行的意義為嘗試以平等的移動來製造更大集體的同一性，並藉由儀式以確保轄區的不同庄廟之間的階序。[註1]在王公廟遶境規模遍及蘭陽地區的案例中，由於遶境所通過的範圍，並非祂的管轄區域，與沿途其他大廟之間的關係，屬於「交陪」，而非巡視，更未有請火謁祖的儀式。在遶境沿途所經的廟宇中，亦包含二結王公廟的分香廟，廟方以會香取代巡視的名義進行交流，試圖打破過去二結王公廟與其他古公三王廟的互動隔閡，拉近祖廟與分香廟之關係，故在二結王公廟超庄頭之遶境中，可以觀察出廟方以平等的移動嘗試與分香廟製造更大集體的同一性，但並不去處理或突顯廟宇間的階序層面以避免惡化與分香廟之關係。此外，雖然遶境整體看似去地域化，打破二結王公廟的原有祭祀圈，但廟方試圖以遶境的方式，再次將二結王公打造為屬於宜蘭人的神，亦為一種更大範圍的在地化表現。至於在規模較小的遶境中，則

〔註 1〕林開世，〈移動的身體：一個遶境儀式的分析〉，《空間與文化場域：空間之意象、實踐與社會的生產》，頁 199。

透過集結社區各團體的參與，達到增進居民對地方意識與地方認同的社會功能外，並藉由至各五營處的巡視，更加穩固其祭祀圈的範圍。

雖然濟世類祭儀的過程看似複雜，但仍可以現代醫學看診程序進行對照，以扛木把脈如同醫生診間問診，關輦出字與桌頭解釋如同醫生說明病因，抽藥籤、藥符等如同領藥、打針，求許儀式的進行則如同病患回診，歸結出王公廟看診的一套程序。由於關輦出字的不可預測性，仍未有明確的對應關係及化解方法，依目前所蒐集到的材料，從問事類型分類，可歸納出王公主要處理以及能夠解決的，皆與鬼神造成的問題有關，如：健康、運勢，並以抽藥籤、符令、求許、出煞、祭解、護體燈等儀式進行化解。若非鬼神造成者，如：學業、錢財、婚姻等，王公多以提供意見為主。

在王公廟的濟世類祭儀中，從問事者的請示動機、病理產生原因的解釋至後續調和化解的方式，象徵著漢人的致中和宇宙觀，小自個人的身體健康，大至整個宇宙的運作，都需要個體系統、自然系統及人際關係系統三層面維持和諧均衡。〔註 2〕由於多數者未能與超自然界保持和諧之關係，因此直接或間接影響至個人身心狀況、家庭運勢等，王公在處理超自然界之事物時，透過與超自然界溝通、調解的方式，如求許儀式，再次恢復問事者與超自然界之關係，維持三個層面的和諧均衡。問事者除了事後透過修復關係來重新達到個人、自然與社會的和諧外，在自然系統的部分，則可藉由事前的預防性儀式以減低或避免日後轉變為不和諧關係的可能性，包含於過年期間進行之安太歲、建設樓房前的請示等，皆屬於維持與時間、空間上的和諧，以達到致中和的境界。未來則期待能蒐集到更多不同古公三王廟問事、辦事的材料，藉由豐富的案例進行病因與化解方式對應之分析，歸納古公三王信仰濟世類儀式的特色與其思考模式。

每年王公生的所舉行的過火儀式，其意義可從人與神兩個面向進行解析，信徒藉由親身踏過火堆、撿取過火後的炭火、將衣物於火堆上揮動等方式，祈求王公的保佑賜福。至於王公本身則透過過火達到潔淨、除穢的作用，以增強神力並展現祂的神威。過火被視為極為神聖的儀式，因此藉由相關禁忌規範確保儀式順利進行，包含女性不可過火、在過火前一週吃素、不得行房，一個月內進入月內房或服喪者，亦不能參與過火儀式，女性被屏除在神聖的儀式祭典外，除了兩性在社會上的分工差異之外，另一個原因主要

〔註 2〕李亦園，《文化與修養》，台北：幼獅文化，1996 年，頁 127。

為女性具有生理期及坐月子時期，皆被視為不乾淨的，見血具有煞氣，會妨礙人與神鬼的接觸或儀式的進行。〔註3〕若從 Mary Douglas 對於不潔的定義進行解析，涉及到身分、地位轉變的性行為、分娩與服喪，因家庭、社會關係處於曖昧不明的狀態，其隱含了對既有社會秩序的破壞或威脅，故被視為不潔。〔註4〕此外，二結王公廟在過火儀式舉行的火場，進行人員管制並規劃出界線，讓神聖／世俗的空間明顯區分為二，神轎亦不斷於火場的五營處與兩個出入口以關輦方式進行場地淨化，使神聖空間的界線更為清楚與穩固。

近年，由於文化部文化資產局、宜蘭縣政府、五結鄉公所、五結鄉民代表會等政府單位的支持，以及在地團體學進國小、興中國中、大二結文化基金會、五結鄉各村辦公室及社區發展協會、二結祈安擇轎文化傳承協會與五結鄉溪底城平安神轎會等團體的協助，使二結王公廟之王公生祭典可持續維持至今，並逐漸打出二結王公文化節的名號。除了外在資源的挹注外，廟方對於祭典的態度同樣影響著祭典的未來發展，在近兩次的抓乩童儀式中，乩童躲藏的位置並未於二結王公廟傳統之祭祀圈範圍內，而是躲藏於靠近羅東地區的上四村與四結村，呈現廟方企圖將王公生祭典規模擴大，將其影響力延伸至鄰近區域。

三、古公三王信仰：祖廟角色與信仰傳播中心

根據內政部宗教團體登記與中華道教古公三王弘道協會會員名單，目前台灣共有二十四間古公三王廟，其中共有三間寺廟的王公來源為早期由先民自中國大陸攜至台灣，另有四間為王公直接降神於土偶神像或降筆於鸞生，最大宗的則為直接或間接自二結王公廟分香而來，共有十七間寺廟，顯示出二結王公廟在古公三王信仰傳播上的重要性。

古公三王廟因各時代的社會環境等因素，產生不同的建立與傳播模式。清朝時代的移民，通常會將他們在中國大陸家鄉的守護神隨船帶來台灣，以乞求渡海平安及開墾順利，因此在清朝時代建立的三間古公三王廟，皆由先民自中國大陸恭請來台。日本時代為宜蘭縣古公三王廟建立的興盛期，共有九間寺廟建立於此時期，其中六間分香於二結王公廟，另外的壯五鎮安廟及

〔註3〕 蔡文婷，〈眾神的女兒——廟會生力軍〉，《台灣光華雜誌》，1998 年第 11 期，頁 102。
〔註4〕 翁玲玲，〈漢人社會女性血餘論述初探：從不潔與禁忌談起〉，《近代中國婦女史研究》，1999 年。

武荖坑大進廟雖非分香於二結王公廟，但其建立仍與二結王公有所關係，因此可以知道二結王公廟在日本時期於宜蘭地區的影響力，即使日本政府對台灣民間信仰的打壓，但因王公種種的靈驗神蹟，使古公三王信仰仍在宜蘭地區持續擴散。民國時期，主要為古公三王信仰向外傳播的階段，除在宜蘭縣建立四間古公三王廟外，分別於花蓮縣、新北市、台北市興建共八間古公三王廟。外縣市的八間古公三王廟皆分香自二結王公廟，其傳播原因多與二結人、宜蘭人向外遷徙移居有關，呈現古公三王作為宜蘭人地方神的特色。

　　過去古公三王信仰的傳播多與二結王公廟密切相關，透過各地分香廟的建立，形成以二結王公廟為中心的廟際網絡。民國九十年（2001），中華道教古公三王弘道協會的成立開始對以二結王公廟為中心的廟際網絡產生影響，弘道協會透過集資至中國大陸重修祖廟、恭迎中國大陸王公神像來台祀奉以及組團進香謁祖等計畫，建立與加深在台古公三王廟對中國大陸祖廟的認同，亦使對二結王公廟在台祖廟的認同逐漸產生變化。

　　分香廟對二結王公廟認同產生變化的原因可歸納為以下三點：

　　（一）分香廟自行或跟隨弘道協會前往中國大陸祖廟謁祖進香。雖然分香廟非直接分香自中國大陸祖廟，但透過直接至最早的古公三王祖廟進香，試圖將其在台地位提高，不再作為二結王公廟的分香廟而是中國大陸祖廟的分香廟。

　　（二）作為弘道協會成員的平等身分。在弘道協會中的古公三王廟未區分祖廟與分香廟，每一間寺廟的身分、地位、角色皆為相同，使二結王公廟在協會中與其他分香廟的關係從原先的母子廟轉變為兄弟廟，而分香廟返回祖廟的進香謁祖也隨之改變為會香聯誼。

　　（三）二結王公廟的負面形象。二結王公廟作為古公三王的在台祖廟，應為所有古公三王廟的核心，但由於二結王公廟新廟工程延宕多年，加上早期未與分香廟建立良好的互動，使分香廟試圖淡化與二結王公廟的關係。

　　然而，並非所有分香廟對二結王公廟的認同產生明顯改變，可依照區域進行分類討論，宜蘭縣分香廟對二結王公廟的認同較為薄弱，外縣市分香廟則較為強烈，以上差異主要與地域性有關。二結王公廟每年王公生的抓乩童與過炭火儀式為全台灣獨有與最盛大的祭典，無疑是目前台灣古公三王廟中最為知名之廟宇。因此，在宜蘭縣以外的其他縣市，因古公三王信仰並不興盛，分香廟會期待透過二結王公廟在台灣的知名度，試圖提升該廟在該縣市

的能見度以及一般民眾對古公三王信仰的了解。至於宜蘭縣的分香廟,在古公三王信仰普遍的宜蘭縣,分香廟不需要再透過宣示其與二結王公廟的關係來說明該廟的信仰特色,而是在經營及推廣上展現其特殊之處,以吸引更多前來參拜的信徒。

除了上述幾點對二結王公廟祖廟認同產生改變的原因外,大洲開安宮的角色定位則是另一個值得注意的因素。大洲開安宮陳乩自中國大陸將土公神像恭請至台灣的時間早於二結王公廟廖地,因此,若從先民來台的時間點來看,大洲開安宮應為古公三王在台祖廟。以簡瑛欣所提出的台灣祖廟權威建立來源——歷史權威論、神物權威論與儀式權威論進行分析,目前大洲開安宮只具有歷史權威,但在歷史權威上僅為歷史悠久,並未有其他分香網絡的形成。而二結王公廟至今在向內政部登記或弘道協會成員中已有十七間分香廟,若包含未登記及未加入協會之廟宇,其分香廟的數量更多,因此在古公三王信仰當中,二結王公廟更容易被其他廟宇視為母廟或祖廟,此外,在其儀式權威上,除了規模最大的過火與全台獨有的抓乩童儀式外,二結王公廟本身或與二結王公廟相關的團體,如:五結鄉溪底城平安神轎會、宜蘭縣二結祈安撐轎文化傳承協會、王公會館等,亦經常於其他古公三王廟王公生時,前去協助過火儀式的進行,展示二結王公廟在過火儀式上的專業性。綜合以上兩項權威,二結王公廟作為古公三王在台祖廟的角色與地位,在短時間內是難以被取代的。

以上主要探討分香廟或其他古公三王廟對於二結王公廟的想法及認同,至於二結王公廟目前對於與分香廟或其他古公三王廟的交往情形,態度則顯為保守及謹慎,以會香取代巡香的名義與分香廟交流,並不主動凸顯其作為祖廟的角色及地位,試圖修補改善與其他廟宇之關係。

在本研究中,對目前台灣古公三王廟進行初步的探究,釐清二結王公廟在凝聚大二結地區以及古公三王信仰擴散的重要性,歸納出二結王公廟在祭儀上的特色,並分析在弘道協會成立後,二結王公廟作為在台祖廟地位的變遷。其中的祖廟認同,是隨著時代變遷、社會環境等因素持續作用而有所變化,未來是否受到二結王公廟新廟落成、負面形象淡化、與分香廟關係改善、大洲開安宮定位等原因,使祖廟認同再次產生改變則是可持續觀察探究的重點。

此外,除了目前的二十四間古公三王廟外,台灣仍有許多以古公三王作

為主祀神之寺廟，如：桃園大溪三王宮、宜蘭國際鎮安廟、羅東國際鎮安廟、三結王公會館、宜蘭新生帝王廟、宜蘭新南震安廟、七股篤加鎮安廟、高雄林園一心宮、苗栗後龍福興宮等，未來若能將尚未向內政部登記與尚未加入弘道協會之寺廟、王公會納入討論，探討在未有弘道協會影響下的廟宇，對祖廟的認同情形與廟際關係，藉此更能全面性地了解台灣古公三王信仰的發展。

參考文獻

一、期刊論文

1. 三尾裕子，〈從兩岸媽祖廟的交流來談台灣的民族主義〉，《媽祖信仰的發展與變遷》，台北：台灣宗教學會，2003 年，頁 196～201。

2. 于國華，〈二結王公廟的省思—— 公共藝術與常民生活美感的追尋〉，《建築師》，2002 年第 328 期，頁 94～99。

3. 王文徑，〈漳浦湖西三王古公史跡考辨〉，《臺灣源流》，1997 年第 6 期，頁 115～118。

4. 西尾昌浩，蘇睿弼譯，〈建築專業者在社區整合中的角色——宜蘭二結鎮安廟的社區營造經驗〉，1998 年第 284 期，頁 104～105。

5. 李亦園，〈和諧與超越的身體實踐——中國傳統氣與內在修練文化的個人觀察〉，《氣的文化研究：文化，氣與傳統醫學學術研討會論文集》，臺北：中央研究院民族所，2000 年，頁 2。

6. 李嘉嵩，〈日本治台——宗教政策考（一）〉，《滅光》，1963 年第 128 期，頁 709。

7. 李豐楙，〈安太歲的信仰與習俗〉，《關係我》，1992 年第 43 期，頁 30～31。

8. 汪碧芬、何明泉，〈建構空間中神聖場域設計之基礎模式〉，《設計學報》第 17 卷第 4 期，2012 年，頁 22。

9. 洪惟仁、許世融，〈宜蘭地區的語言分佈〉，發表於：台灣的語言方言分佈與族群遷徙工作坊，會議日期：2009/3/23，頁 107。

10. 林承緯，〈火的民俗信仰及宗教祭典：以澎湖、北台灣的法教過火為探討中心〉，《澎博百年‧百年蓬勃：澎湖研究第 11 屆學術研討會論文輯》，澎湖：澎湖縣政府文化局，2012 年，頁 154。

11. 林美容，〈從祭祀圈來看臺灣民間信仰的社會面〉，《臺灣風物》第 37 卷第 4 期，1987 年，頁 143～168。

12. 林茂賢，〈宜蘭俗語初探〉，《「宜蘭研究」第三屆學術研討會》，2000 年，頁 332～333。

13. 林祥瑞，〈漳浦的三王公信仰初探〉，《臺灣源流》，1997 年第 8 期，頁 54～58。

14. 林祥瑞，〈漳浦的「王公」信仰〉，《臺灣源流》，1998 年第 12 期，頁 99～107。

15. 林開世，〈移動的身體：一個遶境儀式的分析〉，《空間與文化場域：空間之意象、實踐與社會的生產》，台北：漢學研究中心，2009 年，頁 198。

16. 林福春，〈寺廟在社區總體營造中所具的角色探討——以二結鎮安廟為例〉，《宜蘭農工學報》，1997 年第 14 期，頁 159～187。

17. 林瑋嬪，〈台灣廟宇的發展：從一個地方庄廟的神明信仰、企業化經營以及國家文化政策談起〉，《國立台灣大學考古人類學刊》，2005 年。

18. 林奠鴻，〈二結‧王公‧咱的埕——文化資產保存與社區營造結合的典範〉，《文化視窗》，2001 年第 29 期，頁 56～59。

19. 南瀛佛教會，〈寺廟祭神調〉，《南瀛佛教》第 15 卷第 8 期，1937 年，頁 60。

20. 姚瑩，〈埔裏社紀略〉，《東槎紀略》，1986 年，頁 88～89。

21. 胡珍妮，〈「新人類」跨進「老廟埕」——二結王公廟歡慶之後〉，《光華》第 19 卷第 3 期，1994 年，頁 34～41。

22. 翁玲玲，〈漢人社會女性血餘論述初探：從不潔與禁忌談起〉，《近代中國婦女史研究》，1999 年。

23. 許世融，〈臺灣最早的漢人祖籍別與族群分布：1901 年「關於本島發達之沿革調查」統計資料的圖像化〉，《地理研究》，2013 年第 59 期，頁 94。

24. 張珣，〈儀式與社會：大甲媽祖轄區之擴展與變遷〉，《信仰、儀式與社會：第三屆國際漢學會議論文集——人類學組》，台北：中央研究院民族

學研究所，2003 年，頁 300。

25. 張珣，〈民間寺廟的醫療儀式與象徵資源：以臺北市保安宮為例〉，《新世紀宗教研究》第 6 卷第 1 期，台北：財團法人世界宗教博物館發展基金會附設出版社，2007 年，頁 8。

26. 張珣，〈無形文化資產：民間信仰的香火觀念與進香儀式〉，《文化資產保存學刊》，2011 年第 16 期，頁 38。

27. 張家麟，〈宗教儀式與宗教領袖詮釋——以大甲鎮瀾宮的進香儀式變遷為焦〉，發表於：於民國九十六年（2007）台中縣政府主辦「媽祖國際學術研討會」，2008 年。

28. 陳其南，〈古蹟、建築與社區營造——從臺中摘星山莊到宜蘭二結王公廟的省思〉，《中華民國建築師雜誌》，1998 年第 278 期，頁 46～48。

29. 陳秀蓉，〈日據時期台灣民間信仰的發展〉，《歷史教育》，1998 年第 3 期，頁 146。

30. 陳瑞樺，〈起新廟，留古情——宜蘭二結土公廟平移建立臺灣傳統建築保存新模式〉，《交流》，1997 年第 36 期，頁 47～50。

31. 黃雯娟，〈日治時代叭哩沙地域的產業開發與人口成長〉，《宜蘭文獻雜誌》2004 年第 69、70 期合訂本，頁 93。

32. 游謙，〈後山日先照，香火盛傳——二結王公過火、吉安慈惠堂母娘香期〉，《新活水》，2007 年第 10 期，頁 66～69。

33. 蔡文婷，〈眾神的女兒——廟會生力軍〉，《台灣光華雜誌》，1998 年第 11 期，頁 102。

34. 簡單文圖，〈二結王公廟的黑狗血平安符〉，《源雜誌》，1992 年第 38 期，頁 42～43。

35. 戴寶村，〈移民臺灣：臺灣移民歷史的考察〉，《台灣月刊雙月電子報》第 96 卷第 8 期，2007 年。

二、專書

1. Cohen, E，巫寧等譯，《旅遊社會學綜論》，天津：南開大學，2007 年。

2. Douglas, Mary，黃劍波、盧忱、柳博譯，《潔淨與危險》，北京：民族出版社，2008 年。

3. Durkheim, E.，渠東、汲喆譯，《宗教生活的基本形式》，上海：上海人民出版社，2006 年。

4. Tuan, Y.-F.，周尚意、張春梅譯，《逃避主義》，新北：立緒文化，2008 年。

5. 王惠民，《轉化與沉澱——社區空間營造與社區主體性的重建》，台灣大學建築與城鄉研究所碩士論文，1998 年。

6. 王鏡玲，《台灣廟宇建構儀式初探——以 Mircea Eliade 神聖空間建構的觀點》，輔仁大學宗教學系碩士論文，1991 年。

7. 中華道教古公三王弘道協會，《古公三王誕辰聯合慶典大會會員手冊》，宜蘭：中華道教古公三王弘道協會，2007 年。

8. 仇德哉，《臺灣之寺廟與神明（四）》，南投：台灣省文獻委員會，1982 年。

9. 古國順，《臺灣客語概論》，台北：五南圖書出版股份有限公司，2007 年。

10. 朱苾舲，《千人移廟百年情——二結王公廟平移活動紀念》，宜蘭：財團法人仰山文教基金會，1997 年。

11. 呂理政，《傳統信仰與現代社會》，台北：稻香出版社，1992 年。

12. 李心儀、陳建志，《認識傳統建築——認識二結王公廟》，宜蘭：大二結文教促進會，2004 年。

13. 李亦園，《文化與修養》，台北：幼獅文化，1996 年。

14. 李進益，《地方博物館內／外的「地方感」差異：以南方澳漁村為例》，國立交通大學社會與文化研究所碩士論文，2006 年。

15. 李豐楙、朱榮貴，《儀式、廟會與社區：道教、民間信仰與民間文化》，臺北：中央研究院中國文哲研究所，1996 年。

16. 吳永猛、謝聰輝，《台灣民間信仰儀式》，新北：國立空中大學，2005 年。

17. 吳永猛、蔡相輝，《台灣民間信仰》，新北：國立空中大學，2001 年。

18. 吳美杏，《台南市光明燈信仰之研究》，國立台南大學台灣文化研究所碩士論文，2009 年。

19. 吳康，《中華神秘文化辭典》，海南：海南出版社，2001 年。

20. 林宏仁，《蘭陽溪南二結地區區域發展研究》，國立花蓮教育大學鄉土文化學系碩士論文，2009 年。

21. 林志成，《宜蘭古公三王的祭祀與慶典之研究——以二結王公廟為中心》，

國立花蓮教育大學鄉土文化學系碩士論文，1998 年。

22. 林坤和，《二結王公廟的過火儀式研究》，佛光大學宗教學系碩士論文，1998 年。

23. 林柔辰，《枋寮義民廟義民爺信仰之擴張與演變》，國立中央大學客家社會文化研究所碩士論文，2012 年。

24. 林美容，《台灣人的社會與信仰》，台北：自立晚報出版社，1993 年。

25. 林美容，《媽祖信仰與台灣社會》，台北：博揚文化，2006 年。

26. 林美容，《祭祀圈與地方社會》，台北：博揚文化，2008 年。

27. 林茂賢，《臺灣民俗記事》，臺北：萬卷樓，1999 年。

28. 林福春，《大二結社區地方總體營造文物採集田野調查》，宜蘭：二結鎮安廟管理委員會，1999 年。

29. 宜蘭縣大二結文教促進會，《收伏群魔：古公三王濟世神蹟口述歷史座談會　成果初編》，宜蘭：大二結文教促進會，2008 年。

30 柯廣宇，《移廟建新垣　以廟宇帶動社區活力的大二結》，台北：行政院文化建設委員會，1999 年。

31. 桃園郡大園庄役場，《大園庄志》，桃園：桃園郡大園庄役場，1933 年。

32. 施承毅，《「神的厝‧咱的廟埕」轉化中的宗教空間意義——宜蘭二結王公廟新廟空間生產過程》，國立臺灣大學建築與城鄉研究所碩士論文，2003 年。

33. 施添福，《蘭陽平原的傳統聚落：理論架構與基本資料（上、下冊）》，宜蘭：宜蘭縣立文化中心，1997 年。

34. 高志彬，《中興紙廠產業人文研究調查報告書》，宜蘭：宜蘭縣文化局，2003 年。

35. 財團法人仰山文教基金會，《宜蘭縣社區日曆》，宜蘭：財團法人仰山文教基金會，2008 年。

36. 曹曦，《臺灣藍姓畬民研究初探》，淡江大學歷史學系碩士論文，2011 年。

37. 陳其南，《婚姻、家庭與社會》，台北：允晨，1993 年。

38. 陳雪玉，《桃園閩客族群與地方政治關係的歷史探討（1950～1996）》，國立中央大學歷史研究所碩士論文，2003 年。

39. 陳淑均，《噶瑪蘭廳志》，南投：臺灣省文獻會，1993 年。

40. 陳進傳,《宜蘭傳統漢人家族之研究》,宜蘭:宜蘭縣立文化中心,1995年。

41. 陳瑞樺,《民間宗教與社區組織——「再地域化」的思考》,國立清華大學社會人類學研究所碩士論文,1996年。

42. 陳蓮笙、黎顯華、張繼禹領授(陳耀庭語譯),《太歲神傳略》,北京:宗教文化出版社,2005年。

43. 張崑振,《台灣傳統齋堂神聖空間之研究》,國立成功大學建築研究所博士論文,1999年。

44. 張靜芳,《民間信仰與地域社會:以桃園大園仁壽宮為例》,國立中央大學歷史研究所碩士論文,2015年。

45. 許宇承,《台灣民間信仰中的五營兵將》,台北:蘭臺出版社,2009年。

46. 莊佩珊,《從舊廟改建到認同轉化——宜蘭縣大二結地區社區營造之研究》,國立臺北大學社會學系碩士論文,2004年。

47. 黃文博,《南瀛刈香誌》,台南:台南縣立文化中心,1994年,頁10。

48. 黃文博,《台灣民間信仰與儀式》,台北:常民文化,1997年。

49. 黃淑玫,《台灣省營中興紙業的經營(1959～1971)》,東華大學歷史學系碩士論文,2013年。

50. 黃偉漢,《六房媽信仰變遷之研究——以臺北分靈宮壇為例》,國立政治大學民族學系碩士論文,2012年。

51. 游謙、施芳瓏,《宜蘭縣民間信仰》,宜蘭:宜蘭縣政府,2003年。

52. 鈴木清一郎,馮作民譯,《增訂台灣舊慣習俗信仰》,台北:眾文圖書股份有限公司,1989年。

53. 輔仁大學宗教學系,《宗教學概論》,台北:五南圖書出版股份有限公司,2013年。

54. 趙榮俊,《先秦巫術之研究》,國立台灣大學中國文學系碩士論文,2002年。

55. 廖風德,《清代之噶瑪蘭:一個台灣史的區域研究》,台北:里仁出版社,1993年。

56. 潘朝陽,《心靈‧空間‧環境——人文主義的地理思想》,台北:五南圖書,2005年。

57. 盧世標,《宜蘭縣志‧卷首下‧史略》,宜蘭:宜蘭縣文獻委員會,1960年。

58. 簡瑛欣,《宜蘭廟群 KHIAM(示簽)祭祀圈之研究》,國立政治大學民族學系碩士論文,2003年。

59. 簡瑛欣,《祖廟——台灣民間信仰的體系》,國立政治大學民族學系博士論文,2015年。

60. 劉枝萬,《台北市松山祈安建醮祭典——台灣祈安醮祭習俗研究之一,中央研究院民族學研究所專刊之十四》,台北:中研院民族所,1967年。

61. 劉還月,《台灣民間信仰小百科——迎神卷》,台北:台原出版社,1994年。

62. 臨時台灣土地調查局,《宜蘭廳管內埤圳調查書》,台北:臺灣日日新報社,1905年。

63. 龔宜君,《宜蘭縣人口與社會變遷》,宜蘭:宜蘭縣政府,2001年。

三、外文專書

1. Bell, Catherine, "Ritual: Perspectives and Dimensions", New York: Oxford University Press, 1997.

2. Norberg-Schulz, C. "Genius loci: Towards a phenomenology of architecture", NY: Rizzdi, 1979.

3. 鈴木清一郎,《台湾旧慣冠婚葬祭と年中行事》,台北:南天書局有限公司,1934年。

4. 增田福太郎,《台湾の宗教》,台北:南天書局有限公司,1935年。

四、網路資源

1. 內政部,〈開安宮歷史沿革〉,全國宗教資訊網,檢索網址:http://religion.moi.gov.tw/Religion/FoundationTemple,檢索日期:2015/10/21。

2. 內政部,《全國寺院宮廟基本資料》,2010年,檢索網址:http://www.moi.gov.tw/files/civil_download_file/21.%E8%8A%B1%E8%93%AE%E7%B8%A3.pdf,檢索日期:2015/11/6。

3. 台灣製糖工場百年文史地圖,〈二結製糖所〉,台灣製糖工場百年文史地圖,2013年,檢索網址:http://map.net.tw/?dir-item=%E5%AE%9C%E8%

98%AD%E7%B3%96%E5%BB%A0，檢所日期：2015/3/8。

4. 李心儀、陳世一，《礁溪鄉志——增修版・沿革篇》，2010 年，檢索網址：
   https://3d9fc27b3a26975b47dd9cd71e5fd687d620f992.googledrive.com/host/
   0B-kiAkXUv0bBNzcwYmFrR0V4NkU/index.htm，檢索日期：2014/12/22。

5. 李溫良，〈大洲陳茂山竹圍〉，《蘭陽博物館電子報》，2008 年第 9 期，檢
   索網址：http://enews.lym.gov.tw/content.asp?pid=48&k=239，檢索日期：
   2015/12/1。

6. 呂嵩雁，《花蓮客語及相關方言分布》，2014 年，檢索網址：http://www.
   hakka.gov.tw/dl.asp?fileName=5114164371.pdf，檢索日期：2015/11/02。

7. 林會承，〈二結王公廟保存事件〉，臺灣大百科全書，2009 年，檢索網址：
   http://taiwanpedia.culture.tw/web/content?ID=4898，檢索日期：2012/6/20。

8. 宜蘭縣政府，《宜蘭寺廟一覽表》，1993 年，檢索網址：www.moi.gov.tw/
   files/civil_download_file/d_39149_5698032407.doc，檢索日期：2015/10/21。

9. 海口福元宮管理委員會，〈海口福元宮沿革誌〉，檢索網址：http://www.
   hkfuyuangong.org/aa_1.asp，檢索日期：2015/12/1。

10. 高宜涔，《花蓮縣客家聚落產業的發展轉型與創新模式》，2014 年，檢索
    網址：http://www.hakka.gov.tw/dl.asp?fileName=511416355971.pdf，檢索
    日期：2015/11/02。

11. 財團法人大二結文化基金會，〈大二結王公藝術研究所〉，二結穀倉稻農文
    化館部落格，2012 年，檢索網址：http://tw.myblog.yahoo.com/drj9600277，
    檢索日期：2012/6/20。

12. 國家文化資料庫，〈宜蘭縣五結鄉鎮安廟古公三王神禡雕版〉，檢索網址：
    http://nrch.culture.tw/view.php?keyword=%E5%8F%A4%E5%85%AC%E4
    %B8%89%E7%8E%8B&advanced=&s=80586&id=0004708059&proj=MO
    C_IMD_001，檢索日期：2015/3/7。

13. 莊建緒，〈宜蘭縣五結鄉鎮安廟籤詩雕板第一籤第三籤〉，國家文化資料
    庫，檢索網址：http://nrch.culture.tw/view.php?keyword=%E5%AE%9C%
    E8%98%AD%E5%9F%8E%E9%9A%8D%E5%BB%9F&advanced=&s=81
    060&id=0004709079&proj=MOC_IMD_001，檢索日期：2015/3/7。

14. 漳浦縣湖西畬族鄉人民政府，〈走進湖西〉，檢索網址：http://hxx.
    zhangpu.gov.cn/xqjs4.asp，檢索日期：2015/11/15。

15. 黃文博，〈五營信仰總論〉，台灣民間信仰教學資源網，檢索網址：http://web.nutn.edu.tw/pbt/b-1-2.htm，檢索日期：2015/12/13。

五、報紙

1. 臺灣日日新報編輯部，〈祭王宰犬〉，《臺灣日日新報》，1911 年 1 月 9 日，3 版。

2. 臺灣日日新報編輯部，〈二結開市式〉，《臺灣日日新報》，1920 年 11 月 9 日，6 版。

3. 臺灣日日新報編輯部，〈二結鎮安廟建醮盛況〉，《臺灣日日新報》，1935 年 12 月 1 日，6 版。

4. 臺灣日日新報編輯部，〈五結庄二結鎮安宮祭典〉，《臺灣日日新報》，1937 年 1 月 3 日，8 版。

六、廟誌沿革

1. 二結鎮安廟管理委員會，〈二結王公廟沿革〉，宜蘭：二結鎮安廟管理委員會，1972 年。

2. 大洲開安宮管理委員會，〈本宮沿革〉，宜蘭：大洲開安宮管理委員會，1978 年。

3. 大富富安宮管理委員會，〈大富富安宮略志〉，花蓮：大富富安宮管理委員會，1984 年。

4. 洲美三王宮管理委員會，〈三王宮簡介〉，台北：洲美三王宮管理委員會。

5. 財團法人二結王公廟，〈財團法人二結王公廟折頁〉，宜蘭：財團法人二結王公廟，2003 年。

6. 新莊鎮安廟管理委員會，〈新莊鎮安廟沿革〉，新北：新莊鎮安廟管理委員會，2008 年。